GEISTESTRAINING DURCH ACHTSAMKEIT

GEISTESTRAINING
DURCH ACHTSAMKEIT

Die buddhistische Satipaṭṭhāna-Methode

NYANAPONIKA

 VERLAG BEYERLEIN & STEINSCHULTE

8. Auflage
(unveränderter Nachdruck der 5., revidierten Auflage)
© 2000 by Verlag Beyerlein & Steinschulte
Herrnschrot, D-95236 Stammbach
Tel. 09256/460, Fax 09256/8301
Alle Rechte vorbehalten
Druck: Christiani, Konstanz
ISBN 3-931095-02-9

VORWORT

Dieses Buch beschreibt eine Methode buddhistischer Geistesschulung, die aber in ihrer Anwendung keineswegs auf solche beschränkt ist, die sich zur buddhistischen Welt- und Lebensanschauung bekennen oder auch nur an ihr (und anderen religiösen Lehren) interessiert sind. Wohl ist das Endziel der hier dargelegten Schulung in rechter Achtsamkeit und Besonnenheit das gleiche wie in der Buddha-Lehre, nämlich die endgültige Aufhebung von Gier, Haß und Verblendung, doch eine große und entscheidende Wegstrecke zu diesem Ziel ist gangbar und überaus hilfreich für alle, die bereit sind, die ersten einfachen Schritte auf diesem Wege zu gehen.

Dieses Buch wendet sich daher an jeden, der inmitten der vielfältigen Spannungen und Verwicklungen unserer Zeit die Notwendigkeit für eine innere Festigung und Klärung des menschlichen Bewußtseins einsieht. Denn diese ist notwendig, um die inneren Möglichkeiten des menschlichen Geistes zu entfalten, damit Wirklichkeitserkenntnis, Weisheit und Allgüte im Leben des einzelnen und der Gesellschaft einen stärkeren Einfluß erhalten.

Das ist gewiß von allgemein menschlichem Belang, und daher wurden dem Buche Form und Inhalt gegeben, die diesem Bedürfnis entsprechen. Eine frühere Fassung des Buches* war hauptsächlich an die an der buddhistischen Lehre Interessierten gerichtet und enthielt, neben dem Pāli-Text der Lehrrede von den «Grundlagen der Achtsamkeit», auch den sehr umfangreichen alten Kommentar dazu. Beides wurde in diesem Buche fortgelassen, und statt dessen wurde der übrige Inhalt jener ersten Auflage durch die zusätzlichen Kapitel V bis VIII um das Doppelte vermehrt. Diese neuen Kapitel enthalten genaue Übungsanweisun-

---

* Satipaṭṭhāna. Der Heilsweg buddhistischer Geistesschulung. Konstanz 1950, Verlag Christiani, jetzt bei Verlag Beyerlein & Steinschulte, Herrnschrot.

gen sowie Ratschläge und Betrachtungen von allgemeiner (und nicht nur rein buddhistischer) Bedeutsamkeit. Während die erste Auflage eine kürzere Fassung jener grundlegenden Lehrrede des Buddha enthielt, wurde hier deren längere Version wiedergegeben, mit Hinzufügung erläuternder Anmerkungen.

Eine wichtige Ergänzung zu diesem Buch bildet die vom Verfasser herausgegebene Anthologie «Der einzige Weg»*, auf die in den Anmerkungen häufig verwiesen wird.

Eine teilweise abweichende englische Fassung erschien in bisher vier Auflagen unter dem Titel *The Heart of Buddhist Meditation*» (Rider & Co., London) und fand Verbreitung in allen vier Erdteilen.

Der Buddha sagt einmal, daß «die Achtsamkeit ein Helfer für alles» ist, und wir dürfen hinzufügen: ein Helfer für *alle*. Möge dieses Buch für viele ein solcher Helfer sein!

Kandy, Sri Lanka   NYANAPONIKA
Forest Hermitage   *Buddhistischer Mönch*
Juni 1969

---

* Der einzige Weg. Buddhistische Texte zur Geistesschulung in rechter Achtsamkeit. Aus dem Pali und Sanskrit übersetzt von Nyānaponika. Konstanz 1956, Verlag Christiani, jetzt bei Verlag Beyerlein & Steinschulte, Herrnschrot.

INHALT

I. DER WEG DER ACHTSAMKEIT
Bedeutung · Ziel · Methode

BEDRÄNGNIS UND AUSWEG

Stets voller Furcht ist dieses Herz,
Stets voll Besorgnis ist der Geist
Durch Nöte, welche droh'n und solche, welche sind.
Furchtfreies Leben, gibt es solches denn?
O künd' es an, von mir befragt![1]

Wirrsal innen, Wirrsal außen –
In Wirrsal ist verwirrt das Volk.
Dies frag' ich nun, o Gotama:
Wer kann die Wirrsal wohl entwirren?[2]

Wie zeitgemäß klingen diese Verse! Und doch wurden diese besorgten Fragen schon vor über 2500 Jahren im fernen Indien gestellt; und gerichtet wurden sie damals an jenen großen Menschheitslehrer, den Buddha. Und nicht weniger zeitnahe ist auch die Antwort, die der Buddha durch die Gesamtheit seiner Lehre gab, in welcher er den Weg wies hinaus aus Furcht, Besorgnis und Wirrsal. Den Ursprung dieser uralten Bedrängnis, in der der Mensch seit jeher lebt, sah der Buddha im menschlichen Geiste selber. Doch er sah auch, daß in der Grundstruktur eben dieses Geistes der Weg angelegt ist, der aus dieser Bedrängnis herausführt, und er sprach davon in diesem Verse:

Auch in Bedrängnis finden sie die Lehre,
Die zur Erlangung des Nibbāna[3] führt,
Die rechte Achtsamkeit entfalten:
Vollkommen wird ihr Geist geeint.[4]

Die Bedrängnis, von der dieser Vers spricht, wird vom heutigen Menschen besonders stark empfunden. Inmitten der beängstigend anwachsenden Bevölkerung dieser Erde und einer sich zunehmend komplizierenden Gesellschaftsstruktur wird es dem einzelnen immer schwerer, sich ein kleines Maß persönlicher Freiheit zu wahren. Immer schwerer wird es, die durch Familie und Beruf sich aufdrängenden «gesellschaftlichen Pflichten» einzuschränken, um sich ein wenig Freizeit und Entspannung oder gar Alleinsein zu sichern. Innere und äußere Spannungen und Konflikte vermehren noch den Druck. So ergibt sich für den, der sich nicht einfach dieser Situation widerstandslos überläßt, sondern noch einen inneren Widerstand dagegen fühlt, ein wachsendes Gefühl der Bedrängnis, der Einengung und der Sinnlosigkeit dieses Getriebes.

In dem oben zitierten Vers sagt nun der Buddha, daß selbst inmitten solcher Bedrängnis ein Weg ins Offene gefunden und begangen werden kann, und zwar mit Hilfe der *Rechten Achtsamkeit;* und er fügt hinzu, daß dieser Weg sogar zur endgültigen Leidbefreiung, dem Nibbāna, führt.

Um nun in einer so einfachen und unscheinbaren Grundfunktion des Geistes, wie es die Achtsamkeit ist, solch gewaltige Möglichkeiten zu entdecken und sie zu entfalten, dazu bedurfte es gewiß eines Vollkommen Erwachten (denn dies bedeutet ja das Wort *Buddha).* Auch im Westen hat es nicht gänzlich an Ahnungen der weitreichenden Bedeutung der Achtsamkeit gefehlt.[5] Hier wollen wir nur jenes, sicher für manche verblüffende Wort Jean Pauls erwähnen: «Genie ist Besonnenheit». Und ein solches Genie war der Buddha, wenn er in eben dieser Besonnenheit, der Bewußtseinsklarheit, d. i. der Rechten Achtsamkeit, den Weg aus der inneren und äußeren Bedrängnis sah und ihn deutlich beschrieb.

Er sprach davon vor allem in seiner Lehrrede von den «Grundlagen der Achtsamkeit» (Satipaṭṭhāna-Sutta), deren Übersetzung in diesem Buch enthalten ist (Kapitel X). Dieser Lehrtext beginnt und schließt mit so eindringlichen Worten, wie sie kaum eine andere Lehrrede des Buddha enthält; und das ist bezeichnend für die Bedeutung, die der Buddha diesem Weg der Rechten Achtsamkeit beimaß. Diese einleitenden und abschließenden Worte des Textes geben wir hier zur Verdeutlichung in einer freien, leicht erweiterten Fassung wieder:

«Es gibt einen einzigen (und direkten) Weg, ihr Jünger, der zur Läuterung der Wesen führt (d. i. zur Klärung des Geistes von aller Wirrsal); zur Überwindung der Besorgnis und des Lamentierens darüber; der (in vieler Weise) zum Schwinden (und zunächst zur Verringerung) von Schmerz und Leid, von Mißstimmung und Trübsal führt; zur Gewinnung des rechten Weges (nämlich einer wirksamen Methode); und zur Verwirklichung der Wahnerlöschung, Nibbāna. Und dieser Weg besteht in der Ausbildung der vier Grundlagen der Achtsamkeit.»[6]

Wenn einer, der seit über 2500 Jahren vielen Millionen Menschen als der Erleuchtete (Buddha) und als der unvergleichliche Lehrer gilt, einer seiner Unterweisungen solchen Nachdruck und eine solch hohe Zielsetzung gibt wie in den obigen Worten, so ist diese Unterweisung sicherlich der ernsten Beachtung wert.

Die Absicht dieses Buches ist es daher, Hilfe zu geben für das Verständnis dieses bedeutsamen Lehrtextes und Anweisungen für die Praxis der darin dargelegten Methode der Geistesschulung. Dies geschieht in der Überzeugung, daß die hier gelehrte systematische Ausbildung der Achtsamkeit und Bewußtseinsklarheit eine einfache, gründliche und wirksame Methode darstellt, um dem Menschen in seiner alltäglichen Bedrängnis und Wirrsal zu helfen; und darüber hinaus ihn für das höchste Ziel vorzubereiten: für die endgültige Befreiung des Geistes von den drei großen Leidbringern, Gier, Haß und Verblendung.

Rechte Achtsamkeit ist die unerläßliche Grundlage für rechtes Leben und rechtes Denken und hat daher eine lebenswichtige Botschaft für jedermann: nicht nur für den überzeugten Buddhisten, sondern für alle, die sich bemühen wollen um die Meisterung des eigenen, so schwer zu lenkenden Geistes; und die seine verborgenen und gehemmten Möglichkeiten entwickeln wollen für eine größere innere Kraft und ein größeres und reineres Glück. Es ist ein Weg, der heute ebenso gangbar ist wie vor 2500 Jahren; in den Ländern des Westens ebenso wie in denen des Ostens; für den Menschen im weltlichen Getriebe ebenso wie für den Mönch im Frieden seiner Zelle.

In den oben zitierten ersten Worten der Lehrrede heißt es, daß dieser Weg zur Überwindung von Leid und Besorgnis führt. Ist es nicht eben das, was jedermann erstrebt? Denn um zu erreichen, was immer auch der Mensch für sein Glück hält, muß er ja versuchen, das, was ihn am Glücklichsein hindert, nämlich die alltäglichen Sorgen, Enttäuschungen und Konflikte, zu beseitigen oder doch zu verringern. Leiden in seinen mannigfachen Formen ist eine allgemein menschliche Erfahrung, und ein Weg zur Linderung und schließlichen Aufhebung dieses Leidens ist daher gewiß von höchster allgemein menschlicher Bedeutung.

Das letzte Ziel des Weges rechter Achtsamkeit ist ebenso, wie in der Gesamtlehre des Buddha, die endgültige Leidaufhebung durch die gänzliche Überwindung von Gier, Haß und Wahn. Dieses Ziel mag freilich für den einzelnen noch in recht weiter Ferne liegen, doch der Weg dahin wurde vom Buddha klar und deutlich gewiesen. Es ist dies der Edle achtfache Pfad zur Leidaufhebung, und die Rechte Achtsamkeit ist ein unerläßlicher und nie versagender Helfer auf allen Etappen dieses allmählich ansteigenden Pfades. Um einen *stetigen* Fortschritt auf ihm zu erzielen, ist freilich meditative Geistesschulung unerläßlich.

Nehmen wir das Wort «Meditation» in einem weiten Sinne, als Bewußtseins-Erhellung und Bewußtseins-Erhöhung, so darf die Satipaṭṭhāna-Methode des Buddha, d. i. die Ausbildung Rechter Achtsamkeit, als der für den westlichen Menschen geeignetste Zugang zur Meditation bezeichnet werden.

In dieser meditativen Geistesschulung ist gewiß die methodische Übung mit einigen ausgewählten Achtsamkeitsobjekten ein entscheidender Fortschrittsfaktor, und Anweisung für eine solche Übung wird hier gegeben werden. Doch von nahezu gleicher Wichtigkeit wie methodische Meditation ist hier die Anwendung und Entfaltung der Achtsamkeit im Rahmen des Alltagslebens. Eine dadurch erzielte gleichmäßige Erhöhung des Bewußtseinsniveaus wird der methodischen Meditationsübung helfen; und die Anfangserfolge bei der Alltagsachtsamkeit werden eine Ermutigung sein, mit dem für viele im Westen ungewohnten Weg methodischer Meditation überhaupt erst zu beginnen.

Wie schwer aber ist solches Beginnen, wenn es sich um eine Neuorientierung des Lebens und Denkens handelt! Doch wie *notwendig* es ist, wird deutlich werden, wenn wir nochmals einen Blick auf den Ausgangspunkt unserer Betrachtungen werfen: auf die Situation des Menschen in seiner Welt, die stets so voller Bedrängnis und Besorgnis ist. Krisen im Leben des einzelnen und im Leben von Menschengruppen und Nationen lösen einander unaufhörlich ab, und die Zwischenperioden des Friedens und der Sicherheit sind zeitlich und auch im räumlichen Bereich nur allzu begrenzt. Ebenso begrenzt ist aber auch die Möglichkeit des einzelnen und von Menschengruppen, diese Krisen zu überstehen, und zwar ohne allzu starke körperliche, wirtschaftliche, geistige und moralische Schäden. Denn es sollte nicht vergessen werden: Die äußeren Möglichkeiten und auch die innere Kraft zum Wiederanfangen oder für eine Umkehr und Selbsterneuerung sind nicht unerschöpflich. Nie wissen wir, ob nicht gerade dieser Augenblick oder diese gegenwärtige Situation zum letzten Mal das Tor der Möglichkeit für uns geöffnet hält. Wir wissen nicht, ob die Kraft, die wir jetzt, wenn auch noch so schwach, in unseren Adern spüren, vielleicht die letzte ist, die uns noch über unsere Not hinwegzutragen vermag. Daher ist eben dieser Augenblick so kostbar. Lasset ihn nicht vorübergehen! mahnt der Buddha.

Die Buddha-Botschaft kommt zum Westen als ein Weg der Hilfe aus dieser Gegenwartsnot, die nichts anderes ist als eine der Erscheinungsformen des stets gegenwärtigen Leidens. Die Buddha-Lehre kündet keine Flucht aus dieser Gegenwart, denn auch in ihrer entschiedensten Verwirklichung ist diese Lehre nicht Weltflucht, sondern Weltüberwindung durch Welterkenntnis und Weltmeisterung. Die Buddha-Lehre ist auch keine Ausflucht in eine wirklichkeitsfremde, abstrakte Spekulation, welche der Auseinandersetzung mit den Gegenwartsproblemen mit billig überlegener Geste ausweicht. Sie ist kein Trank des Vergessens, durch den man aus dem grauen oder gar quälenden Alltag in einen farbenfreudigen exotischen Kult zu entrinnen trachtet. Sie will keine Nahrung geben dem Sehnen, das aus der allzuvertrauten und als drückende Enge empfundenen Nähe nach einer lockenden Ferne verlangt, die man für eine befreiende Weite hält. Nicht bedenkt man aber bei solchem Sehnen, daß jene Ferne für den, der in ihr lebt, eben auch nur Nähe ist und daß sie, wie unsere Nähe hier, beides in sich birgt: Enge und Weite. Welches von beiden sie ist, hängt von uns selber ab, von unserem eigenen Geist.

DIE LEHRE VOM GEIST

Die Buddha-Lehre handelt nicht von etwas Fernem und Fremdem, sondern vom Nahen und Naheliegenden, ja vom uns Allernächsten: dem menschlichen Geist. Der menschliche Geist ist der Einsatz- und Angelpunkt der Buddha-Lehre und auch ihr Höhepunkt, soweit in Worten lehrbar: nämlich als befreiter, heil gewordener Geist.

Es ist bezeichnend und des Nachdenkens wert, daß die Bibel mit den Worten beginnt: «Im Anfang schuf Gott Himmel und Erde . . .», während das «Dhammapada», eines der schönsten und bekanntesten Bücher des buddhistischen Kanons, mit den Worten anhebt: «Vom *Geiste* gehen die Dinge aus, sind geistgeboren, geistgeführt . . .» Diese Worte, die sich dem, der sie hört, unweigerlich tief einprägen, sind die stille und streitlose, doch unerschütterbare Antwort des Buddha auf jenen Bibelglauben.

Geist ist das uns allernächste, weil uns allein durch ihn, d. h. durch das Bewußtsein und seine verschiedenen Funktionen, die sogenannte Außenwelt einschließlich unseres eigenen Körpers gegeben ist. «Ist der Geist erkannt, so sind alle Dinge erkannt.» (Ratnamegha-Sūtra, ein Mahāyāna-Text.)

Geist ist der Ursprung alles Guten und Bösen, das sich in uns vollzieht und uns von außen widerfährt. So lehren es schon die beiden ersten Verse des «Dhammapada», deren Beginn wir vorstehend zitierten, sowie auch das folgende Buddha-Wort:

«Was es auch an schlechten Dingen gibt, die dem Schlechten verbunden sind, dem Schlechten angehören, – sie alle gehen vom Geiste aus. Was es auch an guten Dingen gibt, die dem Guten verbunden sind, dem Guten angehören, – sie alle gehen vom Geiste aus.»

Anguttara-Nikāya (Angegliederte Sammlung)
Einer-Buch, Text 13

Daher ist die Umkehr, die der menschliche Geist in seiner gegenwärtigen Krise zu vollziehen hat, notwendig eine Einkehr in sich selbst. Nur durch innere Wandlung wandelt sich das Außen, auch wenn es noch so langsam nachfolgt. Ist die innere Mitte stark und geordnet, so bleibt es nicht aus, daß das Wirrsal der Peripherie sich allmählich klärt und sich wie von selbst ordnet um die Klarheit der inneren Mitte. Die Ordnung oder Wirrnis der Gemeinschaft folgt aus der Ordnung oder Wirrnis des Geistes. Dies bedeutet nicht etwa die Notwendigkeit, auf jenen Nimmerleins-Tag zu warten, «wenn einmal alle Menschen gut sind». Vielmehr lehren Erfahrung und Geschichte, daß es häufig nur einer außerordentlich geringen Anzahl von edlen, entschlossenen und einsichtsvollen Menschen bedarf zur Bildung von «Kraftzentren des Guten», um die sich dann diejenigen scharen, welche nicht den Mut haben voranzugehen, doch bereit sind zu folgen. Entsprechendes gilt freilich, wie die jüngste Geschichte zeigte, auch von den Mächten des Übels. Doch es ist eines der tröstlichen Dinge in dieser Welt, daß nicht nur das Schlechte, sondern auch das Gute Ansteckungskraft besitzt, wenn es nur den Glauben an sich selbst hat. Daher, so heißt es in einem Mahāyāna-Text,

»soll man eben den eigenen Geist gründen in den Wurzeln alles Guten; ihn durchtränken mit den befruchtenden Regenschauern der Wahrheits-Lehre; ihn reinigen von den hemmenden Dingen; ihn stark machen durch Tatkraft«.   Gaṇḍavyūha-Sūtra

Darum besteht die helfende Botschaft des Buddha eben in einer Hilfe für den Geist. Von keinem außer Ihm, dem Erleuchteten, ward diese Hilfe in so vollkommener, gründlicher und wirksamer

Weise geboten. Dies wird behauptet trotz größter Hochschätzung für die bedeutenden Erkenntnisse und Heilerfolge der modernen Tiefenpsychologie, die, vor allem in der großen Persönlichkeit C. G. Jungs, eine entschiedene Wendung zum Religiösen und zu östlicher Weisheit vollzogen hat. Die Tiefenpsychologie kann gewiß die Geistlehre des Buddha in theoretischen wie praktischen Einzelheiten ergänzen, sie in die moderne Begriffssprache umsetzen und sie in ihrer Heil-Anwendung auf die besonderen Zeitprobleme beziehen. Doch die entscheidenden Grundprinzipien der buddhistischen Geistlehre, vor allem in ihren praktischen Teilen, bleiben unberührt vom Wechsel der Zeiten und vom Wandel wissenschaftlicher Theorien. Denn die Grundsituationen des menschlichen Daseins kehren immer wieder, wenn auch in neuem Gewand, und die Grundtatsachen des menschlichen geistig-körperlichen Organismus, mit denen jede Geistesführung rechnen muß, bleiben im wesentlichen unverändert. Auf der klaren Erfassung dieser Grundtatsachen und Grundsituationen der menschlichen Existenz basiert die buddhistische Geistlehre, und dies verleiht ihr ihren überzeitlichen und stets zeitgemäßen Charakter.

Die Buddha-Botschaft als Lehre vom menschlichen Geist lehrt ein Dreifaches:

den Geist zu *erkennen*, ihn, der so nahe ist und doch so unbekannt;

den Geist zu *formen*, ihn, der so widersetzlich ist und doch so willfährig;

den Geist zu *befreien*, ihn, der so vielfach gefesselt ist und doch auch frei sein kann: hier und jetzt.

RECHTE ACHTSAMKEIT,
DER KERN DER BUDDHISTISCHEN GEISTLEHRE

Der Einsatz-, Angel- und Endpunkt der Heilsbotschaft des Buddha und das Kernstück seiner Geistlehre liegt in jenem einfachen Mahnwort: *Sei achtsam!* Die Achtsamkeit erfüllt somit die gleichen Funktionen, die wir der Geistlehre des Buddha im allgemeinen zuschrieben. Denn die Achtsamkeit ist

der selbst das Verborgene öffnende Schlüssel zur *Erkenntnis* des Geistes und damit der Einsatzpunkt;

das nie versagende Werkzeug zur *Formung* des Geistes und damit der Angelpunkt;

das Wahrzeichen der gewonnenen *Befreiung* des Geistes und damit der Höhe- und Endpunkt.

Daher wurde die Entfaltung der Achtsamkeit vom Buddha mit Recht als «der einzige Weg» bezeichnet.

Was ist diese Achtsamkeit?

Die Achtsamkeit, so hoch gepriesen und so hoher Ergebnisse fähig, ist aber keineswegs ein mystischer Geisteszustand, der nur wenigen Erlesenen verständlich und zugänglich ist. Achtsamkeit in ihrer elementarsten Erscheinungsform ist vielmehr eine der Grundfunktionen des Bewußtseins, ohne welche es keinerlei Objektwahrnehmung gibt. Tritt nämlich irgendein genügend starker äußerer oder innerer Reiz auf, so wird Achtsamkeit geweckt, und zwar zunächst in ihrer einfachsten Form, als das anfängliche Aufmerken, die erste Zuwendung des Geistes zum Objekt. Damit durchbricht das Bewußtsein den trägen, dunklen Strom des Unterbewußten, ein Vorgang, der sich während des Wachbewußtseins in jeder Sekunde unzählige Male vollzieht. Diese anfängliche Funktion der Achtsamkeit als erste Reiz-Reaktion ist noch ein recht primitiver Vorgang, doch er ist von entscheidender Bedeutung als das erste Sich-Abheben des Bewußtseins von seinem unterbewußten Grunde.

Dieses erste Aufmerken wird lediglich ein ganz allgemeines und noch sehr undeutliches Bild des Objektes liefern. Wenn daraufhin weiteres Interesse am Objekt vorhanden oder dessen Einwirkung auf die Sinnesorgane genügend stark ist, wird sich eine schärfere Aufmerksamkeit auf die Einzelheiten des Objektes richten. Sie wird sich nicht nur mit den verschiedenen charakteristischen Merkmalen des Objekts befassen, sondern auch mit seiner Beziehung zum Subjekt des Erkennens. Hierdurch wird eine vergleichende Einordnung der Wahrnehmung in frühere Erfahrungen (Assoziation) ermöglicht (siehe Seite 151). Dies bedeutet eine wichtige Phase in der Geistesentwicklung und zeigt auch, in der Beziehung auf frühere Wahrnehmungen, den engen Zusammenhang von Achtsamkeit und Gedächtnis, die beide im Pāli, der Sprache der buddhistischen Texte, mit dem einen Begriff «sati» bezeichnet werden. Ohne die Gedächtniskraft würde die Achtsamkeit nur isolierte, unzusammenhängende Tatsachen auffassen, wie es zum großen Teil bei den Wahrnehmungen der Tiere der Fall ist. Aus der auf dieser Stufe erfolgenden Ichbeziehung der Wahrnehmung und aus Fehlassoziationen können sich aber schwerwiegende Fehlerquellen der Erkenntnis ergeben.

Aus dem assoziierenden Denken ergibt sich ein weiterer wichtiger Schritt in der Geistesentwicklung, nämlich die Zusammenfassung von Einzelerfahrungen (Generalisierung), d. i. die Fähigkeit abstrakten Denkens. Für die Zwecke unserer Darlegung schließen wir diese Phase in die zweite Stufe der durch die Entwicklung der Achtsamkeit bewirkten Bewußtseinsentwicklung ein. Wir haben somit vier charakteristische Züge dieser zweiten Stufe festgestellt: genauere Objektkenntnis (zunehmende Kenntnis von Einzelheiten), engere Beziehung auf das Subjekt (Subjektivierung der Erfahrung), assoziierendes und abstraktes Denken.

Auf dieser zweiten Ebene einer entwickelteren Achtsamkeit spielt sich der weitaus größte Teil des geistigen Lebens der heutigen Menschheit ab; sie umfaßt ein weites Gebiet: beginnend mit jeder genauen Beobachtung, der aufmerksamen Beschäftigung mit irgend einer Arbeit, bis zur Verfeinerung der Achtsamkeit in den kritischen Untersuchungsmethoden der wissenschaftlichen Forschung. Die Wahrnehmungsbilder, die sich auf dieser Stufe bieten, sind aber meist noch eng verquickt mit allerlei Vorurteilen des Gefühls und Denkens, mit Fehlassoziationen, unzugehörigen Zutaten und vor allem mit der Hauptursache aller Täuschung, der Annahme von etwas Substanzhaftem in den Dingen oder etwas Ichhaftem in den Lebewesen. Durch alle diese Faktoren ist die Verläßlichkeit manchmal sogar der einfachsten Wahrnehmungen und Urteile sehr beeinträchtigt. Auf dieser Entwicklungsstufe der Achtsamkeit bleiben die weitaus meisten derjenigen stehen, die ohne die Buddha-Belehrung geblieben sind oder sie nicht auf ihr alltägliches Leben und Denken anwenden.

Mit der nächsten Entwicklungsstufe betreten wir das eigentliche Gebiet der *Rechten* Achtsamkeit *(sammā-sati)* im buddhistischen Sinne. Die Achtsamkeit wird hier als «recht» bezeichnet, weil sie den Geist von verfälschenden Einflüssen frei hält; weil sie Grundlage und Bestandteil rechter Erkenntnis ist; weil sie den Menschen lehrt, das «rechte Ding» in rechter Weise zu tun; und weil sie dem vom Buddha gewiesenen rechten Ziele dient: der Aufhebung des Leidens durch rechte Wirklichkeitserkenntnis und der Überwindung in einem selber von allem Unrechten, das seine Wurzel hat in Gier, Haß und Wahn.

Wenn Wahrnehmungen und Gedanken gleich bei ihrem Entstehen mit rechter Achtsamkeit aufgenommen und geprüft werden, so bieten sie sorgfältig gesichtetes Erfahrungsmaterial und einen mit Vorurteilen unvermischten Gedankenrohstoff, wodurch dann die praktischen und sittlichen Entscheidungen des Menschen, sowie seine Denkurteile einen unvergleichlich höheren Grad von Verläßlichkeit erhalten. Vor allem aber werden solch nüchtern geprüfte und unentstellte Wirklichkeitsbilder eine verläßlichere Grundlage bilden für die buddhistische Hauptmeditation: die Betrachtung aller Daseinsvorgänge als veränderlich, unbefriedigend und substanzlos.

Einem ungeschulten Geist wird freilich solch intensiver Einsatz Rechter Achtsamkeit durchaus nicht «nahe» oder «vertraut» vorkommen, da er sie nur allzu selten geübt hat. Doch auf dem durch die Satipaṭṭhāna-Methode gewiesenen Wege kann sie zu etwas Nahem und Vertrauten *werden,* da sie ja, wie wir zeigten, in etwas so Nahem und Vertrautem wurzelt. Denn auch diese Rechte

Achtsamkeit erfüllt im Grunde die gleichen Funktionen wie auf den beiden früheren Entwicklungsstufen, wenn auch auf einer höheren Ebene. Geistigen Fortschritt hat man mit Recht mit einer spiralenartigen Bewegung verglichen, d. h. die Grundsituationen wiederholen sich auf verschiedenen Ebenen. Die gemeinsamen Grundfunktionen der verschiedenen Achtsamkeits-Grade sind die Auslösung einer zunehmend höheren Bewußtseins-Klarheit und Bewußtseins-Intensität sowie die Gewinnung einer zunehmend von Fehlerquellen gereinigten Wirklichkeitserkenntnis. Wir haben oben diese Entwicklungslinie kurz verfolgt: in ihrem Aufsteigen vom Unbewußten zum Bewußten; vom ersten flüchtigen Bewußtseins-Eindruck zu einer deutlicheren Objektvorstellung; von einer immer noch lückenhaften und durch Wille und Vorurteil getrübten Wahrnehmung zu einem klaren und unverfälschten Wirklichkeitsbild. Wir haben hierbei gesehen, wie es besonders eine erhöhte und geschärfte Achtsamkeit ist, die, natürlich von anderen Faktoren unterstützt, zu der jeweils höheren Entwicklungsstufe führt: zu einer zunehmenden Bewußtseins-Erhellung und Bewußtseins-Erhöhung. Wenn der menschliche Geist aus seiner gegenwärtigen Krise heraus will und seinen weiteren Fortschritt in der Richtung der in ihm angelegten Entwicklung wünscht, so muß er diesen Weg wiederum durch das königliche Tor der Achtsamkeit betreten.

DER WEG ZU HÖHEREM MENSCHTUM

Die vorerwähnte zweite Entwicklungsstufe, d. i. die genauere, aber noch vielen Vorurteilen unterworfene Objekt-Kenntnis, ist bereits ein gesichertes Besitztum des menschlichen Bewußtseins geworden. Sie ermöglicht wohl noch ein fortgesetztes Wachstum in die Breite und Überfülle vielfältiger Erfahrung und ihrer ichbezogenen Verwertung für materielle Zwecke. Doch durch solche Breitenentwicklung droht der modernen Zivilisation die Gefahr einer Überspezialisierung, deren biologische Konsequenzen bekannt sind: Degenerierung und schließlicher Untergang der Rasse, wie im Fall der prähistorischen Riesenechsen mit ihren gewaltigen Körpern und kleinen Gehirnen. Für den modernen Menschen ist die Gefahr freilich eher die Überentwicklung seines Gehirns und dessen vorwiegender Gebrauch für Zwecke des Genußlebens und des Machttriebs. Die begleitende Gefahr ist, daß die Menschheit eines Tages den Geschöpfen ihres eigenen «Übergehirns» zum Opfer fällt: ihren leibtötenden, mörderischen Erfindungen und ihren geisttötenden «Zerstreuungen». Es mag zur Wiederholung werden jener alten sinntiefen Mythe vom Babylonischen Turm, jenem zusammenstürzenden technischen Wunder, dessen Erbauer einander nicht verstanden und daher nichts Besseres wußten als einander zu bekämpfen.

Das Heilmittel, welches solche zur Katastrophe führende extreme Entwicklungen verhindern kann, ist des Buddha Mittlerer Pfad, der auch deutlich in der hier gelehrten Geistesschulung erscheint. Er ist der ewige Wächter, der, wenn man ihm nur Gehör schenkt, die Menschheit retten kann vor einem Schiffbruch an den Felsen der Extreme.

Wenn die Menschheit fortfährt, sich lediglich auf der Ebene jener zweiten Entwicklungsstufe des Geistes und der Achtsamkeit zu bewegen, so hat sie nur Stagnation oder Katastrophe zu erwarten. Lediglich durch einen neuen Fortschritt in der Klarheit und Intensität des Bewußtseins, d. h. in der Qualität der Achtsamkeit, kann wieder ein Element der Bewegung und Entwicklung in die gegenwärtige geistige Struktur der Menschheit gebracht werden. Dies vermag die hier gelehrte Geistesschulung zu bieten, gestützt auf das sichere Fundament einer ebenso erhabenen wie realistischen Sittenlehre, wie sie gleichfalls in der Buddha-Lehre zu finden ist.

Rechte Achtsamkeit oder «Satipaṭṭhāna» wurde vom Buddha ausdrücklich als der Weg zur Befreiung des Geistes und damit zu wahrer menschlicher Größe erklärt. Es ist der Weg zur Entfaltung hohen und höchsten Menschtums, dem *wahren* Übermenschen, von dem so viele edle Geister geträumt haben und dem so viele fehlgerichtete Anstrengungen galten. Das folgende bemerkenswerte Gespräch ist uns in den alten buddhistischen Schriften überliefert:

Sāriputta, einer der Hauptjünger des Meisters, sprach:

«Man spricht, o Herr, vom ‹Großen Menschen›. Inwiefern nun, o Herr, ist man ein Großer Mensch?» – «Mit befreitem Geist, sage ich, o Sāriputta, ist man ein Großer Mensch; mit unbefreitem Geist, sage ich, ist man kein Großer Mensch.

Wie nun, o Sāriputta, ist der Geist befreit?

Da weilt, o Sāriputta, der Mönch beim Körper in Betrachtung des Körpers, eifrig, wissensklar und achtsam, nach Überwindung von Begierde und Trübsal hinsichtlich der Welt. Ihm, der beim Körper in Betrachtung des Körpers weilt, wird der Geist ohne Anhaften von den Trieben entsüchtet und befreit. Er weilt bei den Gefühlen in Betrachtung der Gefühle – beim Geist in Betrachtung des Geistes – bei den Geistobjekten in Betrachtung der Geistobjekte, eifrig, wissensklar und achtsam ...

So, o Sāriputta, ist der Geist befreit. Mit befreitem Geist, sage ich, ist man ein Großer Mensch; mit unbefreitem Geist, sage ich, ist man kein Großer Mensch.» Saṁyutta-Nikāya 47, 11

II. SATIPAṬṬHĀNA

Bevor wir mit der Darlegung dieser Methode der Geistesschulung beginnen, sollen einige allgemeine Informationen gegeben werden: zunächst über das Pāli-Wort *Satipaṭṭhāna,* unter dem diese Methode in den buddhistischen Ländern des Ostens bekannt ist und das nun auch manchen im Westen vertraut geworden ist als der Titel jener Lehrrede des Buddha, die der Grundtext dieser Methode ist.

Satipaṭṭhāna ist ein Lehrbegriff in der Pāli-Sprache, in der die älteste Fassung der Buddhalehre überliefert ist. Das Wort ist ein Kompositum. Der erste Wortbestandteil, *sati,* hat die Grundbedeutung «Gedächtnis», und im nicht-buddhistischen Sanskrit ist dies der vorwiegende Gebrauch des entsprechenden Wortes *smṛti.* Im Schrifttum des Pāli-Buddhismus ist diese Bedeutung jedoch sehr selten. In buddhistischem Gebrauch bedeutet das Hauptwort *sati* mehr als die bloße Fähigkeit, sich an Vergangenes zu erinnern. Hier ist es vorwiegend die auf die Gegenwart gerichtete wache Aufmerksamkeit, die klare Bewußtheit und Besonnenheit, so daß «Achtsamkeit» die weitaus beste Übersetzung des Wortes ist. Wiedergaben in älteren deutschen Übersetzungen, wie «Einsicht», «Verinnerung», «Gedenken» oder gar «Andacht», sind unzutreffend.

Der zweite Wortbestandteil, *paṭṭhāna,* kann, den alten Kommentaren zufolge, zweifach verstanden werden: erstens als «Grundlage», weil nämlich die vier Hauptobjekte der Achtsamkeit (Körper, Gefühl, Bewußtseinszustand und Geistobjekte) ihre Basis und «Hauptstätte» bilden; zweitens kann das Wort als eine Kürzung von *upaṭṭhāna* (wörtlich: das Nahebei-Stellen) aufgefaßt werden und hat dann den Sinn des Gegenwärtighaltens der Achtsamkeit. Für diese Erklärung spricht der Umstand, daß verwandte Wortformen sehr häufig in Verbindung mit *sati* gebraucht werden, z. B. *upaṭṭhita-sati,* «gegenwärtig gehaltene Achtsamkeit»; und im Satipaṭṭhāna-Sutta selber: *satiṁ parimukhaṁ upaṭṭhapetvā,* «die Achtsamkeit vor sich gegenwärtig haltend». Ein altes exegetisches Werk (der Subkommentar zur Lehrrede) erklärt wie folgt: «Nach Aufnehmen des Objekts den Gegenstand nicht fallen lassen, das ist das Gegenwärtighalten *(upaṭṭhāna)».* Im buddhistischen Sanskrit heißt demzufolge unsere Lehrrede *smṛty-upasthāna-sūtra.*

Doch um einer besser verständlichen und sprachlich einfacheren Wiedergabe willen wurde hier (entgegen der ersten Auflage dieses Buches) die Übersetzung «Grundlagen der Achtsamkeit» gewählt.

STELLUNG IM BUDDHISTISCHEN LEHRGEBÄUDE

Die Achtsamkeit erscheint in einer Anzahl von Lehrbegriffs-Reihen, von denen hier nur die wichtigsten genannt werden.

Rechte Achtsamkeit *(sammā-sati)* bildet das siebente Glied des «zur Leidensaufhebung führenden achtfachen Pfades» und wird in der Erklärung dieses Pfades ausdrücklich als die «vier Grundlagen der Achtsamkeit» definiert (siehe Seite 188).

Achtsamkeit ist das erste der sieben «Erleuchtungsglieder» *(bojjhaṅga),* d. h. jener Eigenschaften, die Wachstumsbedingungen wie auch wesentliche Bestandteile der Erleuchtung *(bodhi)* sind. Die Achtsamkeit steht an erster Stelle, nicht nur in der formalen Reihenfolge, sondern auch weil ihre Ausbildung grundlegend ist für die volle Entfaltung der anderen sechs Eigenschaften, und besonders für das zweite Erleuchtungsglied, «Wirklichkeitsergründung». Denn ohne eine ausgebildete Achtsamkeit ist eine Erkenntnis der Wirklichkeit, d. i. der körperlichen und geistigen Vorgänge, nicht möglich (siehe Anm. 71 zur Lehrrede; Kap. X).

Achtsamkeit ist ferner eine der fünf «geistigen Fähigkeiten» *(indriya)*. Die anderen vier sind: Vertrauen, Energie, Sammlung und Weisheit. Abgesehen von ihrer Eigenfunktion, hat die Achtsamkeit hier die wichtige Rolle, über die harmonische Entwicklung und das Gleichgewicht der anderen vier Fähigkeiten zu wachen.

EINTEILUNGEN

Die Achtsamkeit ist vierfach entsprechend ihren Objekten. Sie richtet sich 1. auf den Körper, 2. auf das Gefühl, 3. auf den Geist, d. h. den Bewußtseinszustand im allgemeinen, 4. auf die Geistobjekte *(dhamma)*, d. h. auf die Bewußtseinsinhalte im einzelnen, die mit Hilfe der Achtsamkeit allmählich die Denkformen der Buddhalehre *(dhamma)* annehmen. Dies sind die vier «Betrachtungen» *(anupassanā)*, welche die Haupteinteilung der Lehrrede bilden. Sie werden auch manchmal «die vier Satipaṭṭhānas» genannt, im Sinne von Hauptgegenständen der Achtsamkeit.

Im buddhistischen Schrifttum wird die Achtsamkeit häufig mit einem anderen Begriff verbunden, den wir hier mit «Wissensklarheit» *(sampajañña)* wiedergeben. Diese beiden Begriffe formen in der Pāli-Sprache meist ein Kompositum, *sati-sampajañña*. In diesem Zusammenhang mag die *Achtsamkeit* weitgehend identifiziert werden mit der Geisteshaltung und Übung des *Reinen Beobachtens,* der ein großer Teil dieses Buches gewidmet sein wird. Der zweite Begriff, *Wissensklarheit,* bezieht sich hier auf klar bewußtes, klar erkennendes und gerichtetes Handeln und Denken.[7]

Diese beiden Aspekte rechter Achtsamkeit sollen hier zunächst behandelt werden.

III. ACHTSAMKEIT UND WISSENSKLARHEIT

DIE ÜBUNG DES REINEN BEOBACHTENS

Von diesem Begriffspaar, Achtsamkeit und Wissensklarheit, ist es die Achtsamkeit, und zwar im Sinne ihrer besonderen Funktion des Reinen Beobachtens, die für die gesamte Satipaṭṭhāna-Methode in ihrer Eigenart besonders charakteristisch ist. Das Reine Beobachten ist die Haupthilfe in der Alltagsanwendung dieser Methode und begleitet auch die systematische Übung von den ersten Anfängen bis zur Erreichung des höchsten Zieles.

Was ist Reines Beobachten?

Reines Beobachten ist das klare, unabgelenkte Beobachten dessen, was im Augenblick der jeweils gegenwärtigen Erfahrung (einer äußeren oder inneren) wirklich vor sich geht. Es ist die unmittelbare Anschauung der eigenen körperlichen und geistigen Daseinsvorgänge, soweit sie in den Spiegel unserer Aufmerksamkeit fallen. Dieses Beobachten gilt als «rein», weil sich der Beobachter dem Objekt gegenüber rein aufnehmend verhält, ohne mit dem Gefühl, dem Willen oder Denken bewertend Stellung zu nehmen und ohne durch Handeln auf das Objekt einzuwirken. Es sind die «reinen Tatsachen», die hier zu Wort kommen sollen. Wenn sich nun aber an ein anfänglich reines Registrieren dieser Tatsachen aus alter Gewohnheit doch wieder gleich Bewertungen und andere Reaktionen anschließen, so sollen dann eben diese Reaktionen selber sofort wieder zum Gegenstand Reinen Beobachtens gemacht werden. Eine so gewonnene innere Freiheit dem Objekt gegenüber wird durch Einübung allmählich zu einer vertrauten Geisteshaltung, die leicht verfügbar ist, wenn sie benötigt wird.

Es braucht wohl kaum besonders bemerkt zu werden, daß dieses Reine Beobachten nicht etwa für alle Lebenssituationen empfohlen werden soll, und gewiß nicht für solche, die Entscheidungen in Wort und Tat, sowie planendes Handeln erfordern. Hier ist der Platz für die *Wissensklarheit,* von der wir später sprechen werden. Doch gerade in Situationen, die einen aktiven Respons verlangen, kann das Reine Beobachten eine wichtige vorbereitende Funktion erfüllen, die den Entscheidungen eine größere Verläßlichkeit und den Handlungen eine größere Erfolgsaussicht verleiht.

Das Reine Beobachten wird hier empfohlen als eine methodische Übung in dafür bestimmten kürzeren oder längeren Perioden der Freizeit; sowie zur Anwendung in jenen, auch im geschäftigen Alltag möglichen Momenten, in denen man für eine Weile, und sei es nur für eine Minute, vom Getriebe zurücktritt, oder auch vor wichtigen Entscheidungen einige Minuten der Besinnung einfügt.

Gründlichkeit

Jede Bemühung erfordert Gründlichkeit, wenn sie ihr Ziel erreichen soll; und besonders gilt dies von der so hohen und schwierigen Aufgabe, für die der Arbeitsplan vorliegt in jenem Edlen achtfachen Pfad, der zur Leidaufhebung führt. Innerhalb jener acht Pfadglieder ist es die Rechte Achtsamkeit, die neben ihren anderen Funktionen jenes unentbehrliche Element der Gründlichkeit beiträgt, das so sehr die Entwicklung der anderen Pfadglieder zu fördern vermag. «Nicht-Oberflächlichkeit» wird im buddhistischen Schrifttum als eine der charakteristischen Eigenschaften der Achtsamkeit genannt; und in positiver Formulierung ist dies nichts anderes als eben Gründlichkeit.

Auch bei der methodischen Entwicklung der Achtsamkeit selber muß natürlich ein hoher Grad von Gründlichkeit angewandt werden. Mangel an Gründlichkeit würde dem Geiste Rechter Achtsamkeit widersprechen und dem Bemühen um ihre Entfaltung jegliche Erfolgsaussicht nehmen. Wie eine nachlässig-fehlerhafte Fundierung den ganzen Bau gefährden muß, so wird sich auch bei der Geistesschulung der Segen einer sorgfältig gelegten Grundlage weit in die Zukunft erstrecken.

Daher geht die Rechte Achtsamkeit zu den Anfängen zurück: sie beginnt «von unten», denn nach Laotses Weisheitswort «steht hoch auf tief». Mit Hilfe des Reinen Beobachtens geht die Achtsamkeit hinab zu den Wurzeln der Dinge; und für den Ablauf geistiger Vorgänge heißt dies, daß sie sich zunächst auf jene (oben erwähnte) erste Phase des Wahrnehmungsprozesses richtet, wo sich der Geist noch rein aufnehmend verhält. Dieses Stadium ist gewöhnlich von kaum wahrnehmbar kurzer Dauer und gibt auch meist nur flüchtige, unvollständige und fehlerhafte Vorstellungen des Objekts. Es ist die Aufgabe der nächsten Wahrnehmungsphase, jenen ersten Eindruck zu korrigieren und zu vervollständigen. Doch dies ist keineswegs immer der Fall. Allzu häufig werden die ersten Eindrücke ungeprüft mit all ihren Mängeln hingenommen und neue, tiefer greifende Entstellungen, die dem mehr komplexen Charakter der zweiten Phase entsprechen, werden hinzugefügt. Auf solch fehlerhafte, unvollständige und mit Vorurteilen aller Art durchsetzten Wahrnehmungen gründen sich dann fehlerhafte Schlußfolgerungen und Entschlüsse von oft weittragender Bedeutung. Solche, häufig durch Leidenschaften gefärbte und mit ihnen eng verknüpfte Wahrnehmungsbilder mögen immer wieder den Bau sittlicher und meditativer Entwicklung gefährden.

Hier setzt nun das Reine Beobachten ein, als eine bewußte Pflege und Stärkung der ersten rein rezeptiven Wahrnehmungsphase, wodurch diese eine bessere Möglichkeit erhält, ihre wichtige Funktion sorgfältiger zu erfüllen. Das Reine Beobachten erweist die Gründlichkeit seines Vorgehens, indem es den Boden sorgfältig säubert und vorbereitet, auf dem dann die der ersten Phase folgenden Geistesfunktionen sicher weiterbauen können. Mit seiner säubernden und klärenden Funktion dient das Reine Beobachten jener Zielsetzung der Methode, von der der Beginn der Lehrrede spricht, nämlich «der Läuterung der Wesen»; diese nämlich besteht, wie der Kommentar bemerkt, in der Reinigung und Klärung des Geistes.

Einen wichtigen Anteil an dieser Gründlichkeit der Methode hat die *Gewinnung des Reinen Objekts.*

Die Gewinnung des Reinen Objekts

Reines Beobachten ist das bloße Registrieren des Objekts, seine genaue Bestimmung und Abgrenzung. Dies ist, wie der Anfänger in der Übung merken wird, durchaus keine so leichte Aufgabe, wie es den Anschein hat. Das erste wichtige Ergebnis der Übung wird nämlich sein, daß man zu seiner Bestürzung feststellt, wie selten man sich ein reines, unvermischtes Objekt vergegenwärtigt. Eine Seh-Wahrnehmung z. B. wird, wenn sie von irgendwelchem Interesse für den Betrachtenden ist, selten das reine Sehobjekt ergeben, sondern wird durchsetzt sein mit ich-bezogenen Wertfärbungen wie: schön oder häßlich; angenehm oder unangenehm; nützlich, nutzlos oder schädlich. Wenn es sich um ein lebendes Wesen handelt, wird dann noch das Vorurteil hinzukommen: «Dies ist eine Persönlichkeit, ein Ich- oder Seelenwesen, wie auch ‹ich› es bin.» Ein nicht durch Rechte Achtsamkeit kontrollierter Geist nimmt meist nur solche mit verschiedenen Beimischungen (Wertungen, Assoziationen usw.) versehene Objekte vollbewußt in sich auf. Mit diesen Beimischungen verquickt, sinkt dann die Wahrnehmung in das Gedächtnis-Reservoir und beeinflußt so auch künftige Objektvorstellungen, Urteile, Entscheidungen, Stimmungen usw. in oft verhängnisvoller Weise.

Die Aufgabe der Achtsamkeit beim Reinen Beobachten ist es nun, alle diese fremden Zutaten auszusondern, sie, wenn erwünscht, für sich allein zu betrachten, das anfängliche Wahrnehmungsobjekt aber von ihnen frei zu halten. Dies erfordert beharrliche Übung, bei der die sich allmählich schärfende Achtsamkeit gleichsam Siebe von zunehmender Feinheit benutzt, die zunächst die gröberen und dann immer feinere Beimischungen ausscheiden.

Die Notwendigkeit solch genauer Bestimmung und Abgrenzung des Objekts wird in der Satipaṭṭhāna-Lehrrede durch eine regelmäßige zweimalige Erwähnung des Achtsamkeits-Objekts betont: «Er weilt beim Körper in Betrachtung des Körpers», d. h. nicht etwa in Betrachtung des hierauf bezüglichen Gefühls, wie vom Kommentar ausdrücklich erklärt. Wenn man z. B. eine schmerzende Wunde an seinem Körper betrachtet, so besteht das hier zur Körperbetrachtung gehörende Sehobjekt lediglich in der in einem bestimmten Zustand befindlichen Körperstelle. Der empfundene Schmerz ist ein Objekt der Gefühlsbetrachtung. Das mehr oder weniger bewußt gehegte Vorurteil, daß hiermit ein Ich betroffen wird, gehört zur Geistbetrachtung («verblendeter Geist») oder zur Geistobjekt-Betrachtung (über die «Fesseln», die durch den Kontakt des Körpers mit einem berührbaren Objekt entstehen). Der etwa empfundene Unwille gegen den Verursacher der Wunde gehört zur Geistbetrachtung («haßerfüllter Geist») oder zur Geistobjekt-Betrachtung («Hemmung der Abneigung»). Dieses eine Beispiel möge genügen.

Eine Hauptfunktion des Reinen Beobachtens ist also die Gewinnung eines *reinen Objekts,* ohne Beimischungen und ohne Ich-Bezogenheit. Die gleiche Absicht verfolgt jene bedeutsame Übungsanweisung des Buddha an den Mönch Bāhiya: «Das Gesehene soll lediglich ein Gesehenes sein, das Gehörte lediglich ein Gehörtes, das (durch die drei anderen Körpersinne) Empfundene lediglich ein (so) Empfundenes, das Erkannte lediglich ein Erkanntes.» (Udāna I, 10.) Dieser Ausspruch möge als Leitwort dienen, das die Übung des Reinen Beobachtens begleitet.

Der dreifache Wert des Reinen Beobachtens

Abgesehen von seinen eben beschriebenen, besonders für den Beginn der Übung wichtigen Funktionen, nämlich der gründlichen

Fundierung und der Gewinnung des reinen Objekts, hat das Reine Beobachten den gleichen dreifachen Wert, wie wir ihn oben der buddhistischen Geistlehre und der Achtsamkeit im Allgemeinen zuschrieben, nämlich für die *Erkenntnis,* für die *Formung* und für die *Befreiung* des Geistes.

Der Wert für die Erkenntnis des Geistes

«Nur von der Achtsamkeit genau geprüfte Dinge erkennt die Weisheit, nicht aber verworrene.» (Komm. zu Sutta-Nipāta.) Wie der Gegenstand einer mikroskopischen Untersuchung sorgfältig vorbereitet, gesäubert, isoliert und unter der Linse festgehalten werden muß, ebenso bedarf auch das Objekt der Erkenntnis einer genau entsprechenden Vorbereitung. Eben diese Vorarbeit wird vom Reinen Beobachten geleistet in seiner Gewinnung des reinen Objekts: das Reine Beobachten «säubert» den Untersuchungs-Gegenstand von den mit ihm assoziierten und ihn entstellenden Vorurteilen des Gefühls und des Denkens; es «isoliert» ihn von nicht dazugehörenden Betrachtungsthemen; es «hält ihn fest», indem es den Übergang vom rein aufnehmenden Beobachten zur aktiven Stellungnahme verlangsamt oder hintanhält und damit dem betrachtenden Blick der Erkenntnis die Möglichkeit genauer Untersuchung gibt.

Dies ist nicht nur für die analytische, d. h. zergliedernde und unterscheidende Funktion der Erkenntnis von Bedeutung, an die man zuerst denken wird, sondern ebenso auch für die Synthese, d. h. für das Erkennen von Zusammenhängen und Abhängigkeiten, von denen viele einem die Beobachtungsphase voreilig abbrechenden Denken entgehen. Vor allem aber können Beziehungen nur dann zuverlässig erkannt werden, wenn vorher die einzelnen Beziehungsglieder ebenso sorgfältig in all ihren Aspekten geprüft worden sind. In der mangelhaften analytischen Vorbereitung liegt eine häufige Fehlerquelle vieler philosophischer Systeme und wissenschaftlicher Theorien.

Das Reine Beobachten läßt die Dinge zunächst selber sprechen; es erlaubt ihnen, sich gleichsam *aus*zusprechen. Es läßt sie ausreden, ohne sie durch ein voreiliges abschließendes Urteil zu unterbrechen, wenn sie noch so vieles zu sagen haben. Weil das Reine Beobachten die Dinge immer wieder neu sieht, ohne die nivellierende Wirkung gewohnheitsmäßiger Urteile, deshalb werden die Dinge auch häufiger Neues zu sagen haben. Das geduldige Innehalten beim Reinen Beobachten eröffnet manchmal gleichsam mühelos tiefe Einblicke und erschließt verborgene Beziehungen, die sich dem ungeduldigen Zerren eines allzu aggressiven Intellekts versagen. Das entweder vorschnelle oder gewohnheitsmäßige Be-werten oder Be-handeln der Dinge (in Tat und Gedanke) versperrt oft wichtige Erkenntnisquellen. Der westliche Geist muß vom östlichen wieder lernen, sich auch rein empfangend verhalten zu können und dies nicht nur als ein Mittel der Stillewerdung, sondern auch der Erkenntnis.

Es sollen nun einige Beispiele dafür gegeben werden, wie das Reine Beobachten zur Erkenntnis des menschlichen Geistes beitragen kann.

Im Licht des Reinen Beobachtens wird der scheinbar einheitliche Vorgang eines einzelnen Wahrnehmungsaktes allmählich deutlich werden als eine schnell ablaufende Folge mehrerer, differenzierter Phasen, von denen jede ihre eigene Funktion zum Endergebnis eines vollständigen Erkenntnisaktes beiträgt. Wenn wir einen Gegenstand sehen, z.B. eine große, rote Rose, so glauben wir gewöhnlich, daß dies ein einheitlicher, uns unmittelbar gegebener Seheindruck ist. Doch was wir zu allererst wahrnehmen, ist bloß ein Farbfleck, der sich von seiner Umgebung in Farbe und Umrissen absetzt. Einzelheiten der Form und Struktur werden erst durch eine Folge weiterer, schnell ablaufender Wahrnehmungsakte hinzugefügt, die den Gegenstand gleichsam von allen Seiten abtasten. Wenn es sich um ein für den Betrachter neues oder nur selten wahrgenommenes Objekt handelt, so wird dieser Vorgang des Sammelns von Einzelmerkmalen dem Bewußtsein viel deutlicher werden als bei einem vertrauten Objekt.

Die Bezeichnung «Rose» aber, die wir scheinbar gleichzeitig jener Sehwahrnehmung geben, gehört zu einer ganz anderen Bewußtseinsklasse (nämlich zum geistigen Bewußtsein und nicht zum Sehbewußtsein) und stammt aus Erinnerungsbildern ähnlicher Sehwahrnehmungen und deren gewohnheitsmäßiger Assoziierung mit dem Wort «Rose». Und wiederum etwas gänzlich Verschiedenes ist das Werturteil «schön» und ein etwaiger Wunsch des Besitzenwollens. Zunehmende Schärfe und Verfeinerung des Beobachtens wird eine Fülle weiterer Einzeltatsachen zu Tage fördern, die wertvolle Einsichten vermitteln können, nicht nur über den Gegenstand selber, sondern auch über den Erkenntnisakt. Es dürfte auch unmittelbar klar sein, wie wichtig und aufschlußreich es ist, die Stadien der Begriffsbildung und Bewertung vom reinen Wahrnehmungsakt zu unterscheiden.

Bei einer methodischen Übung im Reinen Beobachten wird wahrscheinlich der erste starke Eindruck sein: die direkte und ständige Konfrontierung mit der allgegenwärtigen Vergänglichkeit, dem unaufhörlichen Wechsel. In der Lehre des Buddha ist die Vergänglichkeit *(anicca)* das erste der drei Merkmale aller Daseinsgebilde. Das Reine Beobachten zeigt uns nun bei uns selber, wie die einzelnen körperlichen und geistigen Vorgänge unaufhörlich geboren werden und sterben: und dies wird zu einer eindringlichen, hundertfältigen Illustrierung des Vergänglichkeitsmerkmals werden. Besonders eindrucksvoll wird dies sein bei den eigenen Gedanken und Gefühlen, mit denen sich ja der Mensch hauptsächlich identifiziert. Dieses Erlebnis der Wandelbarkeit wird im Verlauf der meditativen Übung an Stärke und Nachdruck gewinnen, und allmählich werden auch die anderen beiden Merkmale des Daseins, die Ich- und Substanzlosigkeit *(anattā)*, sowie die Leidhaftigkeit und Unzulänglichkeit *(dukkha)* bei eben denselben Meditationsobjekten zu Tatsachen eigener Erfahrung werden und nicht bloß abstrakte Begriffe bleiben. Solches Erfahrungswissen von der Vergänglickeit ist aber der Einsatzpunkt für die Klarblicksmeditation *(vipassanā-bhāvanā),* deren Erkenntnisstufen mit der Einsicht in das Entstehen und

·Vergehen *(udayabbaya-ñāṇa)* der körperlichen und geistigen Vorgänge beginnen.

Obwohl die Tatsache der Vergänglichkeit alles Geschehens so allgemein bekannt ist, daß es nahezu banal ist, davon zu sprechen, so denken doch die meisten Menschen nur dann daran, wenn diese Vergänglichkeit sie persönlich, und meist schmerzhaft, berührt. Doch durch die Übung des Reinen Beobachtens wird es uns erst so recht zum Bewußtsein kommen, daß Vergänglichkeit unser ständiger Begleiter ist und daß selbst im Bruchteil einer Sekunde eine Veränderungsfrequenz abläuft, die sich dem normalen Beobachtungs- und Vorstellungsvermögen entzieht. Vielleicht zum erstenmal wird uns dann die wirkliche Beschaffenheit der Welt, in der wir leben, zum vollen Bewußtsein kommen; nämlich ihre restlos dynamische Natur, innerhalb deren statische Begriffe nur praktisch orientierende oder wissenschaftlich und philosophisch ordnende Bedeutung haben können. Wir beginnen nun, die Dinge zu sehen, wie sie wirklich sind; und dies gilt besonders von den «Dingen des Geistes», der geistigen Dingwelt. Das Geistige im Menschen kann in keiner seiner Äußerungen verstanden werden, ohne daß man weiß und sich auch dessen bewußt bleibt, daß es durch und durch dynamisch, d. h. wandelbar ist.

Indem das Reine Beobachten dem Übenden direkten Einblick gewährt in die Tatsache und die Natur der Veränderlichkeit, leistet es einen wichtigen Beitrag zur *Erkenntnis des Geistes*. Die *Tatsache* der Veränderlichkeit wird jede statische Konzeption des Geistes ausschließen, d. h. den Glauben an unveränderliche psychische Substanzen in monistischer oder pluralistischer Form, sowie an unveränderliche Eigenschaften. Der Einblick in die *Natur* der Veränderlichkeit wird eine Fülle von Einzelheiten bieten über die dynamische Natur der geistigen Vorgänge; über den unterschiedlichen Charakter der körperlichen und geistigen Abläufe und ihre Wechselwirkung; sowie über die «Objektbindung» des Bewußtseins, das nach einer alten buddhistischen Definition eben in der Objekterkenntnis besteht. Es wird deutlich werden, daß der Geist nichts anderes ist als seine erkennende Funktion und daß sich dahinter keinerlei beharrende individuelle oder Seelensubstanz birgt. So wird der das Reine Beobachten Pflegende durch eigene Erfahrung zur Nicht-Ich-Lehre des Buddha *(anattā)* geführt werden.

Diese so einfache Methode des Reinen Beobachtens wird uns auch ebenso überraschende wie hilfreiche Einsichten geben in den Mechanismus unserer Gefühle und Leidenschaften, in die größere oder geringere Zuverlässigkeit unserer Denkfunktion, in unsere wahren oder vorgeschobenen Motive, unsere Vorurteile usw. Helles Licht wird fallen auf die schwachen wie auch starken Seiten unseres Charakters, und solche Selbsterkenntis wird unser Bemühen um Geistesschulung und Charakterbildung erfolgreicher machen. Dieser hier kurz umrissene Dienst des Reinen Beobachtens an der Erkenntnis des eigenen Geistes und der Dingwelt deckt sich mit der Haltung des echten Forschers und Wissenschaftlers: klare Bestimmung des Gegenstandes und der Begriffe, Ausschaltung oder doch Reduzierung des subjektiven Faktors, wache Aufnahmebereitschaft für die aus den Dingen selber kommende Belehrung, Zurückstellung des eigenen Urteils bis nach sorgfältiger und allseitiger Prüfung. Dieser echte Forschergeist, der sich in der Grundhaltung des Reinen Beobachtens manifestiert, wird die Buddha-Lehre stets dem Geiste wahrer Wissenschaft verbinden, wenn auch nicht notwendig jedem ihrer ja stets nur provisorischen Ergebnisse. Doch die Zwecke der Buddha-Lehre wie auch des Reinen Beobachtens sind nicht die der Wissenschaft und beschränken sich auch nicht auf die rein theoretische Erkenntnis des Geistes und seiner Inhalte. Sie richten sich vielmehr auf die Geistes- und Lebens-*Formung*.

Der Wert für die Formung des Geistes

Ein großer Teil des Leidens in der Welt entsteht nicht so sehr durch bewußte Schlechtigkeit als durch Unachtsamkeit, Unüberlegtheit, Voreiligkeit und Unbeherrschtheit. Ein einziger Moment der Besinnung würde oft genügen, um eine weitreichende Verkettung von Unheil oder Schuld zu verhindern. Hier gilt wahrlich: Zeit gewonnen, alles gewonnen! Das *Innehalten,* an das man sich durch die Haltung des Reinen Beobachtens gewöhnt, ermöglicht es nun, eben jenen entscheidenden Moment zu erfassen und gleichsam festzuhalten, wo der Geist noch formbar ist, sich noch nicht festgelegt hat. Denn das Reine Beobachten verlangsamt oder hemmt den Übergang von der rezeptiven zur aktiven Geisteshaltung und gibt so der Entscheidung eine längere Frist. Solche Verlangsamung ist von großer Wichtigkeit, so lange das Unheilsame und nicht das Heilsame im menschlichen Geiste eine starke Spontaneität besitzt und sich unmittelbar durchzusetzen sucht. Durch das Innehalten wird Voreiligkeit in Wort und Tat verhindert, und weises Überlegen und Selbstkontrolle werden sich besser durchsetzen können. Wenn unerwünschte und unüberlegte Reaktionen sich dann nicht mehr so häufig und gewohnheitsmäßig einstellen, wird dadurch die Formbarkeit und Zugänglichkeit des Geistes beträchtlich wachsen.

Das Reine Beobachten gibt uns ferner Zeit für die Überlegung, ob in der gegebenen Situation überhaupt eine Aktivität oder Stellungnahme erforderlich oder ratsam ist. Besonders das Abendland zeigt eine allzu schnelle Bereitwilligkeit zu unnötigem und unerbetenem Eingreifen und Sich-Einmischen. Hierin liegt eine weitere vermeidbare Ursache vielen Leides und vieler überflüssiger Komplikationen des inneren und äußeren Lebens. Reines Beobachten führt zur Entwöhnung davon und, durch den sich daraus ergebenden Fortfall unnötiger Spannungen, wiederum zu einer größeren Bildsamkeit des Geistes.

Das Reine Beobachten richtet sich auf die Gegenwart und lehrt, was so viele nicht mehr können, *bewußt in der Gegenwart zu leben.* Wachsam auf seinem Auslug, läßt es die Dinge aus der Zukunft auf sich zukommen, zur Gegenwart werden und in die Vergangenheit entgleiten, ohne an ihnen zu haften. Wieviel Energie wird verschwendet durch fruchtloses Zurücksehnen nach der Vergangenheit, durch ein sinnlos-geschwätziges «Wiederkäuen» (in Wort oder Gedanke) all ihrer Banalitäten sowie durch vergebliche Reue! Wie viele Kräfte werden vergeudet durch Gedanken an die Zukunft, wie Hoffen und Planen, Fürchten und Sorgen! Auch dies ist wieder eine der durch das Reine Beobachten vermeidbaren Quellen des Leids und der Enttäuschung. Indem das Reine Beobachten uns immer wieder auf die Gegenwart verweist, bringt es uns wieder in den Besitz unserer Freiheit, die nur in der Gegenwart zu finden ist.[8]

Die Gedanken an Vergangenheit und Zukunft bilden auch ein Hauptmaterial für das halbbewußte Tagträumen, dessen zähklebrige Gedankenmasse den engen Raum des gegenwärtigen Bewußtseins verstopft und keine Möglichkeit zu seiner Formung gibt, ja es immer formloser macht. Diese Tagträume sind auch ein Haupthindernis der Konzentration. Ein Mittel, ihnen zu entgehen, ist die sofortige Hinwendung zum Reinen Beobachten, sobald keine Notwendigkeit oder kein Impuls zu zielgerichtetem Denken oder Handeln besteht und somit ein geistiges Vakuum droht, dessen sich diese Tagträume gern bemächtigen. Sind sie bereits aufgetreten, so braucht man sie nur selber zum Gegenstand der Beobachtung zu machen, um ihnen ihre den Geist entkräftende Wirkung zu nehmen und sie zu vertreiben. Dies ist auch ein Beispiel für jene «Verwandlung von Meditations-Störungen in Meditations-Objekte», von der später gesprochen werden soll.

Das Reine Beobachten schafft Ordnung in den unaufgeräumten Ecken unseres Inneren. Es zeigt die vielen verschwommenen Wahrnehmungen, unbeendeten Gedankengänge und erstickten Gefühle, die täglich durch das Bewußtsein gehen und eine stets wachsende Schutthalde des Geistes bilden. Einzeln genommen sind diese Bruchstücke und Schuttschichten des Geistes schwach, doch in ihrer Summierung beeinträchtigen sie allmählich die Schärfe der Geistesfunktionen und die Formbarkeit des Bewußtseins im allgemeinen; dies letztere auch deshalb, weil diese Fehl- und Abfallprodukte des Geistprozesses weitgehend die Struktur des Unterbewußtseins bestimmen, das seinerseits einen starken Druck auf das Bewußtsein ausübt. Die durch das Reine Beobachten ermöglichte Innenschau wird den inneren Widerstand gegen einen solchen Zustand geistiger Verschlackung und Unordnung wecken, und beharrliche Übung im Reinen Beobachten wird ein weiteres Anwachsen auf ein Mindestmaß beschränken. Es ist die selbsttätig ordnende Funktion des Reinen Beobachtens, welche hier der Formung des Geistes dient.

Das auf uns selber gerichtete Reine Beobachten dient der Ermittlung unseres wahren inneren Standortes und ist daher für die Formung des Geistes unentbehrlich. Indem es die volle Aufmerksamkeit auf jeden in uns aufsteigenden Gedanken lenkt, zeigt es uns deutlich viele unserer Schwächen und Stärken und damit unsere Schwierigkeiten und Möglichkeiten. Selbsttäuschung über die einen und Unkenntnis der anderen macht Selbsterziehung unmöglich. Gewöhnlich neigt man dazu, über Gedanken, Worte und Taten, die der innere Richter in uns mißbilligt, möglichst schnell hinwegzugehen, ebenso wie man nicht gern von anderen an seine Schwächen oder Mißerfolge erinnert wird. Ebenso wie vor anderen wünscht man vor sich selber im besten Licht dazustehen, und schafft sich ein Trugbild seiner selbst, das eines Tages zusammenbrechen muß. Solche Selbsttäuschung erleichtert das wiederholte Auftreten der betreffenden Schwächen, ermöglicht ihr ungestörtes Wachstum und mag auch eine «Verdrängung der Selbsterkenntnis» schaffen, die ebenso verhängnisvoll ist wie eine Verdrängung von Trieben.

Gewöhnt man sich aber daran, üble oder schädliche Dinge sofort beim rechten Namen zu nennen, so hat man den ersten Schritt zu ihrer Überwindung getan. Wenn man sich z. B. in der Geist-Betrachtung bewußt ist: «Lustbehaftet ist jetzt der Geist» oder in der Geistobjekt-Betrachtung: «Die Hemmung der Aufgeregtheit ist jetzt in mir», so wird sich schon durch die Gewöhnung an solche einfache Konstatierung ein innerer Widerstand gegen jenen unerwünschten Geisteszustand bilden, der sich zunehmend geltend machen wird. Gerade diese nüchterne und knappe Form des «Registrierens» der inneren Vorgänge wird sich als wirksamer erweisen als ein Aufgebot von Wille, Gefühl oder Verstandesgründen, wodurch vielfach nur die Gegenkräfte ins Feld gerufen werden. Das Reine Beobachten richtet sich natürlich auch auf die edlen und positiven Kräfte des eigenen Inneren und bringt sie in gleicher Weise zum vollen Bewußtsein. Damit stärkt es das für den inneren Fortschritt so wichtige Selbstvertrauen und hilft dem noch keimhaften, sonst vielleicht unbeachtet bleibenden Guten in uns zu voller Entfaltung. So erweist sich die einfache und «gewaltlose» Methode des bloßen Registrierens und Konstatierens als ein überaus wirksamer Faktor in der Formung des Geistes.

Der Wert für die Befreiung des Geistes

Wenn man es zunächst an einigen Versuchstagen nach besten Kräften durchführt, sich Menschen und Geschehnissen gegenüber rein beobachtend zu verhalten, so wird man sofort empfinden, um wieviel harmonischer solche Tage verlaufen als diejenigen, in denen man der leichtesten Versuchung zum «Eingreifen» in Tat, Wort, Gefühl oder Gedanke nachgab. Wie durch einen unsichtbaren Harnisch gegen die Banalitäten und Zudringlichkeiten der Außenwelt geschützt, so geht man mit einem wohltuenden Gefühl von Freiheit und selbstgenügsamer Heiterkeit durch solche Tage. Es ist, als ob man sich aus dem Stoßen und Drängen einer großen Menschenmenge auf eine menschenleere Anhöhe gerettet hat und nun aufatmend auf das Gewühl zurückblickt. Wenn man derart von den Dingen und Menschen zurücktritt, wird durch solche Zurückhaltung auch die Einstellung ihnen gegenüber freundlicher werden. Denn die Verflechtung mit ihnen (durch Eingriff und Abwehr, Verlangen und Furcht), die sich aus der Ichbezogenheit ergibt, wird gelöst oder doch gelockert werden. Das Reine Beobachten lehrt damit auch das Abstehen vom weltbauenden und dadurch leidschaffenden karmischen Handeln, sei es gut oder böse. Es schult im Lassen, entwöhnt vom Greifen und Eingreifen.

Die Übung im Reinen Beobachten ist auch der direkte Zugang zu jener Wirklichkeitserkenntnis, welche die endgültige Leidbefreiung bringt und die im Buddhismus als Klarblick *(vipassanā)* bezeichnet wird; und hier liegt der Hauptwert dieser Methode und die höchste Form ihrer den Geist befreienden Funktion.

Der *Klarblick* ist die direkte und tiefdringende Einsicht in die drei Merkmale alles Daseins, d. h. in seine Vergänglichkeit, Leidhaftigkeit und Ich-und Substanzlosigkeit. Dieser Klarblick besteht aber nicht etwa bloß in einer begrifflich-abstrakten Kenntnis dieser Wahrheiten oder ihrer rein intellektuellen Anerkennung, die für die persönliche Lebenshaltung unverbindlich bleibt. Er ist vielmehr ein Erfahrungswissen, das erworben wird durch die wiederholte klar beobachtende Konfrontierung mit den eigenen körperlichen und geistigen Vorgängen. Es gehört zu jener Art von wirkungskräftigem Wissen, von dem der französische Denker J. M. Guyau sagte: «Wer etwas weiß und nicht danach handelt, weiß es nur unvollkommen».

Solche Konfrontierung mit der Wirklichkeit, die im meditativen Klarblick zur Reife gelangt, wird ermöglicht durch das Reine Beobachten sowie durch Rechte Achtsamkeit *(satipaṭṭhāna)* im allgemeinen. Deren methodische und meditative Entwicklung wird in späteren Kapiteln dieses Buches dargestellt werden. Aber schon die gelegentliche Anwendung im Alltagsleben, wenn immer man es vermag, wird eine befreiende und auflockernde Wirkung auf den Geist haben und bessere innere und äußere Bedingungen schaffen für eine strikte, methodische Übung.

Es gehört zum Charakter des Klarblicks, die Dinge der Innen- und Außenwelt als «reine Vorgänge» *(suddha-saṅkhārā)*, d. i. als unpersönliche Prozesse zu erkennen und in solcher Erkenntnis zeitweilig frei zu sein von Gier, Haß und Verblendung. Eben dies eignet aber auch (in gewissem Grade und für beschränkte Frist) schon dem anfänglichen Reinen Beobachten, das somit eine allmähliche Akklimatisierung des Geistes an die Höhenluft der Klarblickserkenntnis bewirkt.

Der durch das Reine Beobachten gewonnene Abstand von den Dingen und auch von uns selber zeigt uns in der eigenen Erfahrung die Möglichkeit und das Glück völliger Loslösung. Es verleiht uns die Zuversicht, daß solch zeitweises Beiseitetreten zum völligen *Hinaus*treten aus dieser Leidenswelt werden kann. Es gibt ein Vorgefühl oder doch eine Ahnung jener höchsten Freiheit, der «Heiligkeit bei Lebzeiten», die gekennzeichnet wurde mit den Worten *«In* der Welt, doch nicht *von* der Welt».

Dieses höchste Ziel mag noch etwas sehr Fernes sein, doch durch die innere Erfahrung beim Reinen Beobachten ist es nicht mehr etwas gänzlich Fremdes. Es gewinnt für den Übenden eine gewisse Vertrautheit und damit eine positive Anziehungskraft, die es nicht haben könnte, wenn es etwas rein Abstraktes bleibt, dem nichts in der eigenen Erfahrung entspricht. Für den, der in solcher Weise übt, wird das Ziel der Befreiung einem hohen Bergmassiv am fernen Horizonte gleichen, dessen Konturen für den Wanderer, der darauf zuschreitet, allmählich eine freundliche Vertrautheit gewinnen. Wohl hat die Haupt-Aufmerksamkeit des Wanderers den Schwierigkeiten und Windungen seines Weges zu gelten, doch nicht minder wichtig ist es, daß sein Blick von Zeit zu Zeit auf die Gipfel seines Zieles fällt, wie sie am Horizont seines eigenen Inneren auftauchen. Sie geben ihm die Richtung, an der er die Ab- und Umwege seiner Wanderschaft berichtigen kann; sie verleihen seinen müde gewordenen Schritten erneute Kraft, Ermunterung und Zuversicht, wie er sie nicht erfahren könnte, wären diese Gipfel seinem Blicke stets versperrt oder hätte er von ihnen bloß gehört oder gelesen; sie mahnen ihn auch, über den «kleinen Freuden am Wege» nicht das große Gipfelglück der Befreiung zu vergessen, das ihm am Horizonte winkt.

In solcher Weise dient die Übung des Reinen Beobachtens unmittelbar der höchsten Befreiung.

DIE ÜBUNG DER WISSENSKLARHEIT

Die rezeptive Haltung des Reinen Beobachtens kann und soll gewiß einen weit größeren Raum in unserem geistigen Leben einnehmen, als es gewöhnlich der Fall ist. Doch abgesehen von Zeit-

Wissensklarheit ⇒ zielgerichtete
Achtsamkeit —

perioden, die dieser Übung ausdrücklich gewidmet werden, kann diese Haltung im allgemeinen nur von sehr begrenzter Dauer sein. Denn fast jede Stunde des Tages verlangt irgend eine Aktivität in Tat, Wort oder Gedanke. Zunächst sind da die mannigfachen Anforderungen körperlicher Betätigung oder Bewegung, sei es auch nur die zweckhafte Veränderung der Körperstellung. Ebenso haben wir immer wieder den Schutz und die Selbstgenugsamkeit des Schweigens zu verlassen und im Wort zu anderen Menschen in Beziehung zu treten. Und auch der Geist kann sich einer aktiven Stellungnahme zu sich selber und zur Außenwelt nicht entziehen: er muß wählen, werten, entscheiden und urteilen. Hier ist es nun die *Wissensklarheit (sampajañña),* der wir diese drei Funktionen anzuvertrauen haben: ein Handeln, Sprechen und Denken, das zweckbewußt ist und zweckdienlich, wirklichkeitsgemäß und im Einklang mit unserer höchsten Erkenntnis. In der «Wissensklarheit» tritt somit zur Wachheit und «Klarheit» des aufmerksamen Beobachtens das richtunggebende «Wissen». In diesem Sinne hat man den Doppelbegriff «Wissensklarheit» zu verstehen.« Wissensklarheit» ist also gleichbedeutend mit auf rechter Achtsamkeit gegründeter Erkenntnis *(ñāṇa)* und Weisheit *(paññā),* von der alle unsere Lebensäußerungen in Tat, Wort und Gedanken bestimmt werden sollten.

Wohl wird in der Lehrrede selber nur das wissensklare Handeln und Sprechen erwähnt und die Wissensklarheit im Abschnitt von der «Betrachtung des Körpers» behandelt, doch es versteht sich von selbst, daß auch das Denken unter die Kontrolle der Wissensklarheit gebracht werden muß.

Die vier Arten der Wissensklarheit

Die alte buddhistische Überlieferung unterscheidet vier Arten der Wissensklarheit: 1. Die Wissensklarheit über den Zweck, 2. die Wissensklarheit über die Eignung, 3. die Wissensklarheit im Meditations-Gebiet, 4. die Wissensklarheit der Unverblendung.

1. *Die Wissensklarheit über den Zweck* stellt den Menschen, bevor er handelt, vor die Frage, ob die von ihm beabsichtigte Tätigkeit auch wirklich seinem Zweck, Ziel oder Ideal entspricht, d. h. ob sie in diesem, sowie auch im engeren praktischen Sinne tatsächlich zweckmäßig ist. Wohl mag es einige geben, welche meinen, daß sie dies nicht besonders zu lernen oder zu üben brauchten, da sie als «Vernunftwesen» ohnehin stets zweckmäßig handelten. Wer sich aber ernstlich prüft, wird zugeben, daß dies durchaus nicht immer der Fall ist, nicht einmal bei naheliegenden und grob materiellen Zwecken. Man wird zugeben müssen, daß man sich nicht nur von leidenschaftlicher Unüberlegtheit, sondern auch recht häufig von ganz gelegentlichen Oberflächen-Reizen und augenblicklicher Laune oder Neugier in eine Richtung treiben läßt, die dem eigenen Lebensziel oder gar dem Selbstinteresse völlig entgegengesetzt ist. Unter dem Einfluß einer unendlichen Fülle von Eindrücken, die auf den Menschen aus der «Vielheitswelt» *(papañca)* des Innen und Außen eindringen, ist eine gelegentliche Abweichung von der allgemeinen Zielrichtung des Lebens gewiß verständlich und für den Durchschnittsmenschen unvermeidlich. Um so notwendiger ist es, ihr Vorkommen auf ein Mindestmaß zu beschränken und nach ihrer völligen Ausschaltung zu streben. Diese Abirrungen von der großen Lebenslinie im allgemeinen und vom Zweckdienlichen im besonderen können allerdings nicht vermieden werden durch eine erzwungene Unterordnung unter die Gebote eines starren Pflichtgefühls oder eines trockenen Vernünftelns. Die emotionelle Seite im Menschen würde dann sicher dagegen revoltieren und sich durch ein demonstrativ irrationales Verhalten zu entschädigen suchen. Denn für das Emotionale sind solche Launen und Eskapaden eine Art Ventil oder Protestaktion. Um nun die irrationalen Bereiche des Geistes für eine willige Teilnahme an wissensklarem und zielgerichteten Denken und Handeln auf friedliche Weise zu gewinnen, muß man wieder «von Anfang beginnen», d. h. auf der sicheren Grundlage des Reinen Beobachtens. Durch diese einfache, zwang- und konfliktfreie Methode werden allmählich die

emotionellen Kräfte des Geistes in den Gesamtcharakter und seine Ziele und Ideale integriert werden, bevor sie Konflikte und Spannungen erzeugen können. Eine zielgerichtete Koordinierung der verschiedenen Bedürfnisse und Betätigungen des menschlichen Geistes kann nur erreicht werden durch eine Ausweitung der Bewußtseinskontrolle auf einem natürlich-organischen und zwangfreiem Wege, wie dem der Rechten Achtsamkeit.

Oft mag ein hohes Ziel, das man um einer flüchtigen Laune willen vergessen oder beiseite geschoben hat, völlig unerreichbar geworden sein durch die veränderte äußere Situation, in die man sich törichterweise begeben hat. Auch durch eine Veränderung der *inneren* Situation mag das Ziel unerreichbar werden: gibt man gewohnheitsmäßig all seinen Launen nach, so werden nämlich die zielstrebigen Energien des Geistes, besonders die Willenskraft, allmählich so verwässert und geschwächt, daß sie schließlich nicht mehr zur Verwirklichung oder auch nur zur ernsthaften Schätzung des Ziels ausreichen. Diese Bemerkungen dürften genügen, um die Wichtigkeit wissensklarer Entscheidungen über den Zweck und die Zweckmäßigkeit jeden Handelns deutlich zu machen.

Die «Wissensklarheit über den Zweck» hat die negative Funktion, dem weitgehenden Leerlauf, der Planlosigkeit, Zerfahrenheit und Willkür eines allzu großen Teiles der menschlichen Lebensäußerungen entgegenzuwirken, im Handeln sowohl wie im Sprechen und Denken. Ihre positive Funktion ist es, die zerstreuten Kräfte des Menschen zu sammeln, sie in den Dienst einer bewußten Lebensgestaltung zu ziehen, sie zielstrebiger zu machen und damit an der Bildung eines Lebenszentrums zu wirken, das stark genug ist, um allmählich alle Tätigkeiten des Menschen, auch die der äußersten Peripherie, um sich zu gruppieren. Die «Wissensklarheit über den Zweck» stärkt die Führerrolle des Geistes; sie gibt ihm die *Initiative* dort, wo bisher blinde Reaktion auf Reize und Triebmechanismen herrschte. Innerhalb einer Welt der verwirrenden Vielfalt von Eindrücken vollzieht die «Wissensklarheit über den Zweck» die notwendige *Auswahl* und Wertung.

Der Maßstab, das bestimmende Prinzip, für diese Auswahl ist das *Wachstum in der Lehre* des Erhabenen, hinsichtlich Verständnis und Verwirklichung. Dies eben ist, wie die alten Kommentar-Lehrer sagen, der Zweck der hier behandelten Wissensklarheit. Denn hat man einmal die Leidenswahrheit in ihrem vollen Gewicht verstanden, so liegt im Fortschritt auf dem Pfad der Leidbefreiung tatsächlich das dringlichste Interesse des Menschen, der wahre und eigentliche Zweck seines Lebens.

2. *Die Wissensklarheit über die Eignung* einer Handlung unter den gegebenen Umständen trägt der Tatsache Rechnung, daß das Wählen des an sich Zweckmäßigen und Wünschenswerten nicht immer in unserer Macht liegt, sondern eingeschränkt ist durch die begrenzten Möglichkeiten der äußeren Situation und der eigenen Fähigkeiten. Sie lehrt die «Kunst des Möglichen», die Anpassung an die Gegebenheiten von Zeit, Ort, Charakter-Veranlagung usw. Sie zügelt auch die blind vorwärts stürmende Eigenwilligkeit der Leidenschaften, Wünsche, Zielsetzungen und Ideale. Sie erspart dadurch manche unnötigen Fehlschläge, welche die Enttäuschung dann fälschlich dem Ideal, Ziel oder Zweck selber zur Last legt. Die «Wissensklarheit über die Eignung» lehrt die Befähigung in der Wahl der rechten Mittel *(upāya-kosalla)*, eine Eigenschaft, die dem Buddha selber in hohem Maße eignete und die er in so bewundernswerter Weise auf Unterweisung und Menschenführung anwandte.

3. *Die Wissensklarheit im Meditations-Gebiet.* – Die beiden ersten Arten der Wissensklarheit sind auch für die rein praktische Anwendung innerhalb der Notwendigkeiten des täglichen Lebens gedacht, wenn auch unter steter Beziehung auf das religiöse Ideal. Mit der dritten Wissensklarheit betreten wir nun das eigentliche Gebiet der Lehre. Durch sie sollen die charakteristischen Methoden der Lehre und mit der vierten, der «Wissensklarheit der Unverblendung», ihre Grunderkenntnis unmittelbar in das tägliche Leben eingeführt werden.

Die «Wissensklarheit im Meditations-Gebiet» erklärt der Kommentar als das «Nicht-Verlieren des Meditationsobjekts» während der täglichen Verrichtungen. Dies ist auf zweierlei Weise zu verstehen:

a) Hat man ein spezielles, begrenztes Meditationsobjekt, so soll man versuchen, die jeweiligen Verrichtungen und Gedankengänge des Alltags hierzu in Beziehung zu setzen. Oder anders ausgedrückt: die jeweilige Tätigkeit soll, wenn möglich, in das Meditationsthema eingegliedert werden als dessen praktische Illustrierung. Der Vorgang des Essens zum Beispiel kann leicht bezogen werden auf die Betrachtungen der Vergänglichkeit des Körpers, der vier Elemente, der Bedingtheit des Lebensvorgangs, usw. Auf solche Weise können Meditation und Alltagstätigkeit in eine enge Verbindung gebracht werden, zum Vorteile beider. Wenn aber, wie in vielen Fällen, eine solche Verbindung nicht hergestellt werden kann oder wenn sie zu unbestimmt oder gekünstelt wäre, so soll man, wenn nötig, das Meditationsthema bewußt ablegen und dann nicht vergessen, es wieder aufzunehmen, wenn es die Gelegenheit erlaubt («wie ein Gepäckstück», sagt der alte Kommentar). Auch dies gilt dann als ein «Nichtverlieren des Meditationsobjekts».

b) Besteht aber die Übung im allgemeinen «Gegenwärtighalten der Achtsamkeit» (satipaṭṭhāna), so braucht sie niemals «abgelegt» zu werden, sondern soll allmählich auf alle körperlichen, sprachlichen und geistigen Tätigkeiten ausgedehnt werden. Das erstrebte Ziel ist hier, daß das ganze Leben zur meditativen Übung wird und die meditative Übung Leben gewinnt. Wie weit dies gelingt, wird von der verfügbaren Geistesgegenwart und Achtsamkeit abhängen, sowie von der wachsenden und gewohnheitsformenden Kraft ernster, regelmäßiger Übung.

Das Meditations-Gebiet der Achtsamkeits-Übung hat keine starren Grenzen, es ist vielmehr ein Reich, das ständig wächst, das sich immer weitere Bezirke des Lebens angliedert. Im Hinblick auf diesen allumfassenden Geltungsbereich der Satipaṭṭhāna-Methode war es wohl, daß der Meister sagte: «Was ist nun, ihr

Mönche, das (heimatliche) Gebiet *(gocara)* des Mönchs[10], sein eigenes, angestammtes Bereich? Es ist eben dieses vierfache Gegenwärtighalten der Achtsamkeit.»[11] Der Jünger dieser Geistesschulung soll sich daher ständig mit *Sāntideva* fragen:

«Wie kann wohl unter diesen Umständen die Übung der Achtsamkeit betätigt werden?»

Bodhicaryāvatāra VII, 73

Wer es nicht vergißt, diese Frage zu stellen, und dann in rechtem Wissen demgemäß handelt, der besitzt Rechte Achtsamkeit als «Wissensklarheit im Meditationsgebiet».

Sie zu erwerben, ist gewiß nicht leicht. Doch die Schwierigkeiten werden geringer sein, wenn die beiden ersten Arten der Wissensklarheit den Boden bereitet haben. Denn durch die «Wissensklarheit über den Zweck» hat das Bewußtsein bereits einen gewissen Grad von Festigkeit und Zielstrebigkeit erhalten; und die «Wissensklarheit über die Eignung» hat die ergänzenden Eigenschaften der Formbarkeit und Anpassungsfähigkeit des Geistes gefördert. Wenn so bereits eine gewisse Annäherung an das meditative Bewußtseinsniveau erfolgt ist, so wird sowohl die anfängliche Hinwendung zum Meditationsgebiet wie auch dessen allmähliche Ausweitung leichterfallen. Daher sagt der alte Kommentar ausdrücklich: «Nachdem der Mönch die beiden ersten Arten der Wissensklarheit gemeistert hat», wählt er ein Meditationsobjekt als sein «Gebiet».

4. *Die Wissensklarheit der Unverblendung* beseitigt durch das klare Licht wirklichkeitsgemäßen Wissens jene tiefste Verblendung, die den Menschen umfängt, den Ich-Wahn. Daher gilt sie als «Unverblendung» *(asammoha).* Sie besteht im klaren und gegenwärtigen Wissen, daß in den von den anderen drei Arten der Wissensklarheit vollzogenen Funktionen kein beständiges, beharrendes Ich da ist, kein Seelenwesen, keinerlei sich gleichbleibende Substanz. Hier wird der Übende vor dem stärksten inneren Widerstand stehen. Denn gegen die Anerkennung dieser größten Denkertat des Buddha, der Lehre vom Nicht-Ich, wehrt sich die unausdenklich lange Gewohnheit des Ich- und Mein-Denkens und

der als Selbstbehauptung erscheinende instinktive Lebenswille. Die Schwierigkeit wird nicht so sehr im rein intellektuellen Verstehen und Billigen des Nicht-Ich-Gedankens liegen, als in seiner wiederholten, geduldigen und geistesgegenwärtigen Anwendung auf die einzelnen Gelegenheiten des Handelns und Denkens. Dieses eben ist die besondere Aufgabe der «unverblendeten Wissensklarheit». Nur wenn man sich immer wieder übt, die gerade jetzt vollzogenen Körperbewegungen und die gerade jetzt auftauchenden Gedanken oder Gefühle als rein unpersönliche Vorgänge zu betrachten, – dann nur wird es gelingen, die Macht der alten ichhaften Denk- und Triebgewohnheiten allmählich einzuschränken und schließlich ganz zu brechen.

Diese vierte Art der Wissensklarheit erfüllt noch eine besondere Funktion, die für den stetigen Fortschritt auf dem Wege der Leid-Befreiung von großer Wichtigkeit ist. Mit den drei ersten Arten der Wissensklarheit hat der Übende die relative Sicherheit und Abgelöstheit des Reinen Beobachtens verlassen und ist in die Welt der Zwecke und des zielgerichteten Handelns zurückgekehrt. Zum Unterschied von der im Reinen Beobachten möglichen und notwendigen Zurückhaltung steht er nun hier vor der Tatsache, daß ihn fast jedes Wirken weiterführen will in die Labyrinthe der Weltausbreitung *(papañca)*, an denen er selber baut. Wirken hat die Tendenz sich zu vervielfältigen, sich fortzusetzen, sich zu verstärken und auszubreiten. Selbst in seinem Bemühen um die drei ersten Arten der Wissensklarheit wird der Übende die Erfahrung machen, daß ihn sein Wirken (selbst innerhalb des «Meditationsgebietes») weiterlocken und verstricken will in neue Interessen, neue Aufgaben, Ziele, Bindungen, Pflichten und Verwicklungen. Das heißt, er wird vor der Gefahr stehen, das Erreichte zu verlieren oder doch aus dem Auge zu verlieren. Hierbei nun wird die Unpersönlichkeitsbetrachtung der vierten Wissensklarheit ein Helfer und Schützer sein: «Hier innen ist kein Ich, das handelt, und außen ist keines, *für* das oder *gegen* das man handelt!» Wenn man sich dies immer wieder vergegenwärtigt, nicht nur bei wichtigen Unternehmungen, sondern auch bei den nicht minder bedeutsamen kleinen täglichen Verrichtungen, dann wird sich allmählich ein wohltuender innerer Abstand gegenüber dem sogenannten «eigenen» Wirken einstellen, eine wachsende innere Unabhängigkeit hinsichtlich Erfolg oder Mißerfolg, Lob oder Tadel, die das Wirken einbringt. Das Wirken, dessen Zweck und Eignung vorher erkannt wurden, geschieht nun um seiner selbst willen. Daher bedeutet auch die sich durch die Unpersönlichkeits-Betrachtung ergebende scheinbare Indifferenz keinen Energieverlust im Handeln, sondern einen Energiezuwachs und eine Mehrung der Erfolgsaussicht.

Wenn man nicht mehr mit allen Fasern seines Herzens an seinem Wirken hängt, sich nicht mehr mit ihm identifiziert, sich nicht mehr von Erfolg und Anerkennung abhängig macht, dann wird auch die Gefahr verringert, daß man von der Triebkraft der selbstgeschaffenen Wirkens-Strömung fortgerissen wird in immer neue Weiten des Saṁsāra-Meeres. Man wird leichter die Möglichkeit behalten, den weiteren Verlauf der Wirkenskette über ihren Einsatzpunkt hinaus zu kontrollieren oder, wenn es geraten ist, sich in den Schutz des Reinen Beobachtens, des «Nicht-Handelns», zurückzuziehen.

Das zweckhafte Wirken des unbefreiten Geistes ist meist nur ein erneutes Sich-Binden. Inmitten des Bereichs dieser Bindung die innere *Freiheit des Handelns* zu wahren, – dies ist die besondere Aufgabe und Leistung der vierten «Wissensklarheit» im Zusammenwirken mit den drei ersten. Im Unterschied hiervon und in Ergänzung hierzu lehrt das Reine Beobachten die *Freiheit des Lassens* oder des Nicht-Handelns. Wir hatten oben (S. 22) ein Buddha-Wort angeführt, welches seinem Sinne nach besagt, daß der befreite Geist des wahrhaft großen, d. h. heiligen Menschen nichts anderes ist als die vollkommene Übung von Satipaṭṭhāna. Nachdem wir nun die beiden Freiheiten des Handelns und des Lassens kennengelernt haben, werden wir dieses Buddha-Wort von der befreienden Wirkung der Satipaṭṭhāna-Übung besser würdigen können.

Eine weitere Funktion der vierten «Wissensklarheit» ist es, mit der für die Leidbefreiung entscheidenden Kernlehre des Buddha, dem Nicht-Ich-Gedanken, auch den aktiven Teil unseres Lebens zu durchdringen, damit ihr Einfluß nicht nur auf die wenigen uns vergönnten Stunden der Beschauung und Meditation beschränkt bleibt. Unser Leben ist kurz. Schon aus diesem Grunde können wir es uns nicht erlauben, den weitaus größten Teil dieses Lebens bloß als toten Ballast zu betrachten oder als eine Art Heloten-kaste, d. h. als leider notwendige, aber verachtete Arbeitssklaven, die auf einer niedrigen Kulturstufe belassen werden. Wir können es uns nicht erlauben, daß ein Großteil unserer Lebenskräfte un-genutzt und ungebändigt bleibt, daß die meisten unserer Gedan-ken, Gefühle und Strebungen sich nach Belieben tummeln und betätigen dürfen, – so oft zu unserem Unheil! Ganz abgesehen von der erforderlichen und durch Satipaṭṭhāna erstrebten Har-monisierung des Gesamtlebens, gebietet es uns schon die Kürze unserer Lebensspanne, jeden Moment nach seiner Gelegenheit und jede, auch die geringste Tätigkeit in ihrer Weise dem Werk der Erlösung dienstbar zu machen. Dies unternimmt die «Wis-sensklarheit der Unverblendung» im besonderen Hinblick auf den Nicht-Ich-Gedanken. Trefflich sagt hierzu tibetanisch-buddhi-stische Weisheit:

«Unerläßlich ist ein System der Geistesentfaltung, das die Fä-higkeit erzeugt, den Geist auf was auch immer es sei zu konzen-trieren.

Unerläßlich ist eine Kunst des Lebens, die einen befähigt, jeg-liche Tätigkeit als eine Hilfe auf dem Pfad zu benutzen.»

Ein solches System und eine solche Lebenskunst ist Satipaṭṭhāna.

RÜCKBLICK AUF DIE BEIDEN ÜBUNGSSTUFEN

Hier, am Ende unserer Darstellung der «Wissensklarheit», sind wir an einem Punkt angelangt, der genau demjenigen entspricht, mit dem wir unsere Behandlung des «Reinen Beobachtens» be-schlossen (siehe Seite 41: «Der Wert für die Befreiung des Geistes»). Es ist dies die beglückende und ermutigende Tatsache, daß bereits die Anfangsstufe ernster Übung Verwandtschaft und Entsprechung aufzeigt mit dem höchsten Ziel der Losgelöstheit.

Bei der Übungsstufe des Reinen Beobachtens, als einer Schulung in der Freiheit des Lassens, sahen wir, daß das zeitweilige Beiseitetreten dem völligen Hinaustreten des Heiligen aus der Leidenswelt entspricht. Hier, auf der Übungsstufe der Wissensklarheit, insbesondere ihrer vierten Art, entspricht der zeitweilig und noch unvollkommen erreichte innere Abstand vom Handeln jenem zwar auch zweckhaften, aber völlig selbstlosen und hanglosen Handeln des Heiligen, welches der Außenwelt wohl als «gut» erscheint, das aber für ihn keinerlei Wirkensfolge (Karma-Ergebnis) mehr zeitigt, d. h. ihn an keinerlei Wiedergeburt mehr bindet. Es sind dies jene Bewußtseinszustände eines Heiligen, die in der späteren buddhistischen Psychologie, dem Abhidhamma, als *kriya-javana* bezeichnet wurden, d. i. als die rein funktionellen, keine Karma-Ergebnisse erzeugenden Aktionsimpulse im Bewußtsein des Trieberlösten.

Achtsamkeit (als Reines Beobachten) und Wissensklarheit helfen und ergänzen einander. Der in der strengen Schule des Reinen Beobachtens erworbene hohe Grad von Zurückhaltung und Zügelung («das Innehalten») wird es erleichtern, Tat und Wort durch die Wissensklarheit zu bestimmen, ohne daß man sich durch Situationen überraschen oder durch Leidenschaften fortreißen läßt. Andererseits schafft die Wissensklarheit einen größeren Raum und eine geeignetere Atmosphäre für das Reine Beobachten, nämlich durch die Ordnung, welche die Wissensklarheit in die unruhige Welt des aktiven Handelns und Denkens bringt, sowie durch ihre darüber ausgeübte Kontrolle. Das Reine Beobachten wiederum liefert das sorgfältig und leidenschaftslos geprüfte Erfahrungsmaterial, auf dem dann das wissensklare Handeln die rechten Entschlüsse und das wissensklare Denken seine rechten Urteile und Erkenntnisse zu gründen vermag. Das wissensklare Erkennen andererseits überprüft rückblickend, ob das Reine Beobachten tatsächlich ein unverfälschtes Wirklichkeitsbild liefert und nicht wieder die gewohnheitsmäßigen Trug- und Wunschbilder. Wenn notwendig, macht es dann die erforderlichen Korrekturen am Material des Reinen Beobachtens. So hilft das wissensklare Erkennen die durch das Reine Beobachten vollzogene Analyse der Wirklichkeit immer weiter zu verfeinern, zu reinigen und zu schärfen. Während das Reine Beobachten falsche Begriffe beseitigt und falsche Wertungen aussondert, ist es das wissensklare Erkennen, das sie durch lehr- und wirklichkeitsgemäße Begriffe und Wertungen ersetzt, wie sie in der «Geistobjekt-Betrachtung» der Lehrrede gegeben werden.

Die Achtsamkeit fördert als Reines Beobachten die Aufnahmefähigkeit und Sensitivität des menschlichen Geistes; die Wissensklarheit lenkt und stärkt seine aktiv-formenden Kräfte. Das Reine Beobachten dient der Weckung, Erhaltung und Verfeinerung der Intuition, jener unentbehrlichen Quelle der Inspiration und Selbsterneuerung für die sich selber verzehrende und sich erschöpfende Welt des zweckhaften Handelns und rationalen Denkens.[9] Die Wissensklarheit wiederum formt und verwandelt durch ihren aktiven Zugriff den gesamten Menschen in ein vollkommenes Werkzeug der Selbstbefreiung. Sie bildet ihn gleichzeitig aus für den Dienst an der leidenden Menschheit, indem sie ihm das klare Auge und die sichere Hand verleiht, welche für diesen Dienst ebenso nötig sind wie ein warmes Herz. Denn die Wissensklarheit ist, wie wir gesehen haben, auch eine treffliche Schulung im selbstlosen, zweckmäßigen und wirksamen Handeln.

Satipaṭṭhāna in der Gesamtheit dieser seiner beiden Aspekte oder Übungsstufen bewirkt somit im menschlichen Geiste eine vollendete Harmonie von *Rezeptivität* und *Aktivität*. Dies ist eine der Erscheinungsformen, die der *Mittlere Pfad* des Buddha innerhalb dieser Methode der Geistes-Schulung annimmt.

IV. DIE VIER OBJEKTE DER ACHTSAMKEIT[12]

Die Objekte der Rechten Achtsamkeit erfassen den gesamten Menschen und die gesamte Wirklichkeit. Sie erstrecken sich auf die körperlichen Vorgänge, auf das Gefühlsleben, die alltäglichen Wahrnehmungen, die Denktätigkeit und die Denkinhalte. Rechte Achtsamkeit erfaßt so das Niedrigste wie das Höchste im Menschen: von den animalischen Funktionen der Ernährung und Entleerung bis hinauf zu den erhabenen Höhen der Erleuchtungseigenschaften. Wir begegnen hierin wieder dem für einen stetigen Forschritt so wichtigen Prinzip der Gründlichkeit (siehe Seite 27), sowie jenem Aspekt des *Mittleren Pfades,* der Einseitigkeit vermeidet, Vollständigkeit und Harmonisierung erstrebt. Hiermit wird dem Werk geistiger Übung eine breite und sichere Basis gegeben, nämlich die der Gesamtpersönlichkeit. Es wird dadurch vermieden, daß aus dem Übersehenen, Unterschätzten, Vernachlässigten oder Ignorierten Gegenkräfte erwachsen, die den mühsam errichteten Bau innerer Arbeit stören oder gar zerstören können. Solche Konflikte, wie die zwischen Körper und Geist («dem Geist, der willig, und dem Fleisch, das schwach ist») oder zwischen Gefühl und Verstand werden abgeschwächt und schließlich aufgehoben, wenn beiden Seiten eine gleichmäßige Aufmerksamkeit geschenkt wird. Was man beherrschen und überwinden will, muß man kennen und verstehen.

Daher ist es notwendig, daß der Übende sämtliche vier «Grundlagen der Achtsamkeit» pflegt und sich allen ihren vier Objekten je nach gegebener Gelegenheit zuwendet. Wohl ist (wie Kap. VI zeigen wird) für die volle meditative Entfaltung der Achtsamkeit und des Klarblicks die methodische Pflege eines Hauptobjekts und einiger Nebenobjekte aus der *Körper*betrachtung unerläßlich, doch für die Zuwendung zu den anderen drei Objekten wird sich reichlich Gelegenheit bieten: bei Unterbrechungen, Störungen und Pausen der strikten Meditationsübung; bei Betrachtungen, die man nach der Übung über seine Meditationserfahrungen anstellt; und während des Tagesverlaufs, soweit man seine Achtsamkeit, sei es auch nur für eine kurze Zeit, darauf richten kann. Jedenfalls wird die Entfaltung Rechter Achtsamkeit und des Klarblicks nur dann ihrem Ziele näher kommen und es erreichen, wenn sich die Übung auf die Gesamtpersönlichkeit, d. h. alle vier «Grundlagen der Achtsamkeit», erstreckt.

DIE ÜBUNGS-ANWENDUNG

Die Gründlichkeit und Vollständigkeit der Methode erstreckt sich auch noch auf ein anderes Gebiet. Sie zeigt sich in der nach jeder einzelnen Übung im Lehrreden-Text wiederholten «Übungs-Anwendung», beginnend mit den Worten:

«So weilt er nach innen (beim Körper) in Betrachtung (des Körpers); oder er weilt nach außen (beim Körper) in Betrachtung (des Körpers); oder weilt nach innen und außen (beim Körper) in der Betrachtung (des Körpers).»

Dieser Anweisung zufolge hat man jede Betrachtung oder Übung zunächst auf sich selber, dann auf andere und schließlich auf beide anzuwenden. Dieser dreifache Übungsrhythmus galt offenbar als besonders wichtig, denn er findet sich in mannigfacher Anwendung in vielen kanonischen und nachkanonischen Texten. Hierdurch werden die Einseitigkeiten, Unvollkommenheiten und Gefahren einer ausschließlichen Einwärtswendung (Introversion) oder Auswärtswendung (Extraversion) des Geistes vermieden. Vieles mag man besser bei einer anderen Person oder einem äußeren Gegenstand erkennen als bei sich selber. Andererseits mag es häufig geschehen, daß man z. B. die Betrachtung der Vergänglichkeit oder Leidhaftigkeit bloß oder vorwiegend auf die Außenwelt anwendet, nicht aber mit dem notwendigen Nachdruck auf sich selber. Im «Weg zur Reinheit» (Visuddhi-Magga) des Ehrw. Buddhaghosa[13] heißt es ausdrücklich, daß der Aufstieg zum Heiligkeitspfad weder durch eine ausschließliche Betrachtung der eigenen noch der fremden Daseinsgebilde erfolgen kann, sondern daß beide Betrachtungen notwendig sind. Die dritte Übungsphase, die in unmittelbarer Aufeinanderfolge stattfindende, vergleichende Betrachtung der eigenen und der fremden Lebensvorgänge, zeigt die allgemeine Gültigkeit der hierbei gewonnenen Erkenntnisse und stärkt damit die Einsicht in die Unpersönlichkeit jener Vorgänge. Sie zeigt ferner die zwischen Innen und Außen, Eigen und Fremd bestehenden Beziehungen und Abhängigkeiten, die für die vollständige Erkenntnis der betreffenden Vorgänge ebenso notwendig sind wie die Ergebnisse der Analyse.

Bei der methodischen Meditationsübung richtet sich freilich das Reine Beobachten lediglich «nach innen», d. h. auf die eigenen körperlichen und geistigen Vorgänge. Denn nur diese sind im hier erforderlichen Maße der direkten Erfahrung zugänglich, und es ist lediglich diese direkte Erfahrung, worauf sich das Reine Beobachten und die daraus wachsende Klarblickserkenntnis gründen. Doch außerhalb der methodischen Meditationsübung wird sich auch für die «nach außen» (auf andere) gerichtete Achtsamkeit Gelegenheit bieten; zum Beispiel in der aufmerksamen und nachdenklichen Beobachtung der Körperbewegungen anderer; durch Schlüsse auf den Geisteszustand anderer aus ihren Worten, Gesten oder dem Gesichtsausdruck.

Die zweite in diesem Lehrredenteil genannte Anwendungsart der einzelnen Übungen hat gleichfalls einen dreifachen Rhythmus, nämlich als die Betrachtung 1. des Entstehens, 2. des Vergehens und 3. des Entstehens und Vergehens der betreffenden Objekte. Wie wir schon bemerkten, ist die direkte Konfrontierung mit der Tatsache der Vergänglichkeit von besonderer Wichtigkeit für die Übung und ist entscheidend für ihren Erfolg.

Einige kommentarielle Erläuterungen hierzu sind in den Anmerkungen dieses Buches zur Lehrrede wiedergegeben. Diese Erklärungen befassen sich freilich nicht mit der direkten meditativen Beobachtung der Vergänglichkeit; denn diese Beobachtung bedarf nicht so sehr der Erläuterungen als ernster und stetiger Übung. Die kommentariellen Erklärungen befassen sich vielmehr mit der gedanklichen Auswertung jener Beobachtungen und mit ihrer Einordnung in den Gesamtzusammenhang der Lehre.

Die beiden Schlußsätze dieses Abschnittes sprechen von den Auswirkungen und Ergebnissen jener zwei in den vorhergehenden Sätzen erwähnten Übungsweisen.

Es heißt hier: «Ein Körper ist da», «Gefühle sind da» (usw.) – aber kein beharrendes Ich, keine ewige Seele, denen Körper, Gefühl usw. «gehören» oder mit denen sie identifizierbar sind. Dies zeigt den Wert dieser Übungsweisen für die Wirklichkeitserkenntnis, d. h. für den befreienden Klarblick, dessen Kernstück die unmittelbare Einsicht in die Ichlosigkeit *(anattā)* ist.

«Unabhängig lebt er, und an nichts in der Welt ist er angehangen.» Dies bezieht sich, dem Kommentar zufolge, auf zwei «Abhängigkeiten» des Menschen, nämlich seine Abhängigkeit von Ansichten und Meinungen *(diṭṭhi)* und vom Begehren *(taṇhā)*; d. i. von der Bindung durch Nichtwissen und intellektuellen Irrtum, sowie die Fesselung durch Triebe, Leidenschaften und Emotionen. Dieser Passus verheißt also als Ergebnis der Übung die unverlierbare Freiheit des Hanglosen und innerlich Unabhängigen.

Dieser Textabschnitt, den wir als «Übungsanwendung» bezeichneten, macht es auch deutlich, daß die Lehrrede von den «Grundlagen der Achtsamkeit» *(Satipaṭṭhāna-Sutta)* auf die direkte Übung der Klarblicksmeditation *(vipassanā)* abzielt, ohne die vorherige Entfaltung der Vertiefungen *(jhāna)* auf dem Übungsweg der «Geistesruhe» *(samatha)*. Dies ist ersichtlich aus drei Textstellen: 1. Betrachtung der vier Objekte bei sich selber und bei anderen, 2. ihres Entstehens und Vergehens, 3. «‹Ein Körper ist da›, so ist seine Achtsamkeit gegenwärtig, *soweit es der Erkenntnis* (d. i. dem Klarblick) *dient und soweit es der Achtsamkeit* (d. i. dem Reinen Beobachten) *dient.*» Der Zweck der Satipaṭṭhāna-Übung wird hier also auf Achtsamkeit und Erkenntnis beschränkt, und von der Erreichung der vollen Sammlung durch die Vertiefungen ist hier nicht die Rede. Dies gilt auch für jene

56

Übungen, die recht wohl zu den Vertiefungen führen können, wie die Atmungsachtsamkeit, die Betrachtung der Widerlichkeit des Körpers, die Leichenfeldbetrachtungen usw. Mit der Zielrichtung auf die Vertiefungen werden sie in anderen Lehrreden des Buddha behandelt; doch hier, im Satipaṭṭhāna-Sutta, schließt sich auch an sie die «Übungsanwendung» an, die deutlich auf den Klarblick hinweist.

Bezeichnend für die Lehrweise des Buddha, sind die Worte dieser Übungsanwendung knapp und einfach, und doch haben sie einen tief reichenden Sinngehalt und weit reichende Anwendbarkeit, die durch die hier gegebenen Bemerkungen nicht erschöpft werden können. Der nachdenklichen Betrachtung und der meditativen Erfahrung werden sich andere Aspekte dieses Textabschnittes erschließen.

DIE KÖRPER-BETRACHTUNG[14]

1. Die Atmungs-Achtsamkeit[15]

Die «Achtsamkeit auf Ein- und Ausatmung» ist, wie schon der Name sagt, eine Achtsamkeits-Übung und nicht eine Atem-Übung im Sinne einer Atemgymnastik, wie im hinduistischen Yoga (Prāṇayāma). In der buddhistischen Übung wird der Atem nicht reguliert oder «behandelt»: er wird weder zurückgehalten, noch absichtlich vertieft und auch keinem künstlichen Rhythmus unterworfen. Der Atem wird vielmehr in seinem natürlichen Fluß ruhig beobachtet, mit einer wohl festen und stetigen, aber doch leichten und gleichsam «schwingenden» Achtsamkeit, d. h. ohne Anstrengung oder Verkrampfung. Aus diesem regelmäßigen und ruhigen Beobachten allein wird sich selbsttätig ein größeres Gleichmaß und eine Vertiefung der Atmung ergeben. Aus der Beruhigung und Vertiefung des Atem-Rhythmus wird sich wiederum eine beträchtliche Beruhigung und Vertiefung des gesamten *Lebens*-Rhythmus ergeben. So ist die Atmungs-Achtsamkeit auch ein wertvoller Faktor körperlicher und geistiger Gesundheit.

Der Atem ist stets mit uns. Wir können und sollen uns ihm daher in jeder freien oder «leeren» Minute zuwenden, selbst wenn wir es nicht immer mit voller Aufmerksamkeit vermögen. Schon bei solch kurzer und gelegentlicher Hinwendung zum Atem wird sich ein wohltuendes Gefühl der Geborgenheit und Lebenssicherheit einstellen. Als förderlich wird man es auch empfinden, wenn man vor jeder kontinuierlichen Arbeit einige ruhige, tiefe Atemzüge einschaltet. Gewöhnt man sich daran, dies auch vor wichtigen Entscheidungen, verantwortungsvollen Äußerungen oder einem erregten Gesprächspartner gegenüber zu tun, so wird man vor mancher Übereiltheit bewahrt bleiben. Durch die Atmungs-Achtsamkeit können wir uns leicht und unmerkbar für andere in uns selber zurückziehen, wenn wir störenden Eindrücken, törichtem Gespräch in größerer Gesellschaft und ähnlichem entgehen wollen. Dies sind nur einige wenige Beispiele für den Wert auch anfänglicher Atmungs-Achtsamkeit innerhalb des Alltags.

Die Atmungs-Achtsamkeit dient also zunächst der körperlichen und geistigen *Beruhigung*. Sie ist ferner ein einfaches Mittel anfänglicher *Konzentration*. Für eine fortgeschrittenere oder vollständige Sammlung des Geistes ist sie freilich ein nicht so einfaches, doch um so lohnenderes Objekt. Sie führt dann zu den höchsten meditativen Vertiefungen *(jhāna)*. Von dieser Stufe sagt die buddhistische Überlieferung: «Die Atmungs-Achtsamkeit steht unter den verschiedenen Meditations-Objekten *(kammaṭṭhāna)* am ersten Platz. Sie war für alle Erleuchteten, Einzel-Erleuchteten und die heiligen Jünger des Buddha die Grundlage für die Ziel-Erreichung und für gegenwärtiges Wohlsein.» (Komm. zu Paṭisambhidā-Magga.)

Die Atmung steht an der Schwelle der willkürlichen und der automatischen Körperfunktionen und gibt daher eine gute Möglichkeit, den Wirkungskreis bewußter Körperkontrolle zu erweitern. Sie dient damit jenem Teilziel der Satipaṭṭhāna-Methode, das wir mit Novalis wie folgt formulieren können: «Der Mensch soll ein vollkommenes Selbstwerkzeug werden!»

Die Atmungs-Achtsamkeit dient ferner dem wirklichkeitsgemäßen Erfassen des Körpers in der Klarblick-Betrachtung *(vipassanā)*. Wie im mythischen Denken der Atem mit dem Lebensprinzip selber gleichgesetzt wurde, so gilt nach buddhistischer Überlieferung die Atmung als der Hauptrepräsentant der Körperfunktionen *(kāya-saṅkhāra = assāsa-passāsa)*. In der Flüchtigkeit der Atemzüge erfassen wir die *Vergänglichkeit* des Körpers; in der Abhängigkeit des Atems von bestimmten Körperorganen und andererseits der Abhängigkeit des lebenden Körpers von der Atmung erfassen wir die mannigfache *Bedingtheit* des Körpers; im schweren Atem oder der Atmungs-Störung erfassen wir die *Leidhaftigkeit* des Körpers; im Atem als einer Manifestation des Wind- oder Bewegungselementes erfassen wir die *unpersönliche Natur* des Körpers. Insofern dient die Atmungs-Achtsamkeit der Erkenntnis des Körpers und der sich dadurch einstellenden Entfremdung von ihm.

Übungsanweisungen für die Atmungs-Achtsamkeit enthält Kapitel VII dieses Buches.

2. *Die Aufmerksamkeit auf die Körperhaltungen*[16]

Diese Achtsamkeitsübung dient zunächst dem erhöhten Gewahrsein des augenblicklichen körperlichen Zustandes beim Gehen, Stehen, Sitzen und Liegen; auch die Veränderung der Körperhaltungen soll klar bewußt vorgenommen werden. Häufig mag über dem blindlings verfolgten *Ziel* des Gehens der Gehvorgang selber aus dem vollen Bewußtsein schwinden; und über der beim Stehen oder Sitzen vollzogenen Tätigkeit mag die Haltung des Stehens und Sitzens selber der bewußten Kontrolle entzogen bleiben. Die hierauf gerichtete Achtsamkeit wird die unruhige Hast beim Gehen zügeln, wird die unnötigen Verkrampfungen bei den anderen Haltungen korrigieren und damit jene «Haltungsdefekte» vermeiden, mit denen sich die Heilkunde nicht nur bei Kindern, sondern auch bei Erwachsenen zu befassen hat. Hierdurch werden körperliche und damit auch geistige Ermüdungserscheinungen vermieden und verhindert, daß sich der Wirkungsbereich bewußter Kontrolle verringert statt erweitert.

Die Aufmerksamkeit auf die Körperhaltungen verhilft zu einem anfänglichen Einblick in die Unpersönlichkeit des Körpers und zu der sich daraus ergebenden Entfremdung von ihm. Man wird dabei dazu kommen, die Körperhaltungen wie die Bewegungen und Posituren einer großen Gliederpuppe zu empfinden. Gegenüber diesem Bewegungsspiel der Körperpuppe wird sich ein Gefühl der Fremdheit, ja auch des leichten Belustigtseins einstellen, in dem sich die gewohnheitsmäßige Identifizierung mit diesem Körper zu lösen beginnt.

Da die volle Achtsamkeit auf die Körperhaltungen meist eine Verlangsamung der Bewegungen mit sich bringt, wird sie im Alltagsleben nur gelegentlich möglich sein. Doch auch dann wird sie sich als heilsam und förderlich erweisen.

In der strikten Meditationsübung – sei es für Stunden oder Tage der Zurückgezogenheit – bildet die Aufmerksamkeit auf die Körperhaltungen einen regelmäßigen Bestandteil des Übungstages. Der Übende hat sich ihr stets zu widmen, wenn er nicht mit einem anderen Achtsamkeitsobjekt beschäftigt ist (siehe Kap. VI). Besonders wenn im Verlauf der Übung die Achsamkeit an Schärfe gewonnen hat, werden die Körperhaltungen und ihr Wechsel eine gute Möglichkeit geben, das augenblickliche Entstehen und Vergehen der körperlichen und geistigen Vorgänge deutlich wahrzunehmen.

3. Die Wissensklarheit [17]

Die Wissensklarheit erstreckt sich auf alle Verrichtungen des Körpers, wie Hin- und Wegblicken, Beugen und Strecken, die vier Körperhaltungen, Essen, Trinken und Entleeren, Sprechen und Schweigen, Wachen und Einschlafen. Die Prinzipien dieser

Übung sowie ihr Zweck und Wert wurden bereits ausführlich behandelt (siehe Seite 41 ff.). Aus diesem Kapitel sei kurz wiederholt: die Wissensklarheit dient 1. dem zweckmäßigen und besonnenen Handeln für praktische Zwecke, 2. für die Zwecke des lehrgemäßen Fortschrittes; 3. der allmählichen Einordnung des gesamten Lebens in die geistige Schulung, 4. der Einsicht in die Unpersönlichkeit *(anattā)*, 5. dem sich daraus ergebenden inneren Abstand vom Körper.

In der vorigen Übung begleitete die Achtsamkeit die gerade gegenwärtigen Körperhaltungen, die von ihr lediglich registriert werden. Die erste und zweite Art der Wissensklarheit (über Zweck und Eignung) wirkt jedoch auch lenkend und bestimmend auf die verschiedenen Körpertätigkeiten ein. Die frühere Übung bestand in einem wohl vollbewußten, doch nur allgemeinen Gewahrsein der Körperhaltungen und ihres unpersönlichen Charakters. Die Wissensklarheit (in ihrer vierten Art als «Unverblendung») gibt eine gründlichere Analyse und ermöglicht damit einen tieferen Einblick in die unpersönliche Natur jener Vorgänge.

4. *Die Körperteile*

Diese Übung öffnet gleichsam mit dem Seziermesser die Haut unseres Körpers und zeigt nüchtern, was sich unter ihr verbirgt. Solche Betrachtung beseitigt das instinktive Empfinden von der Einheit des Körpers durch Aufzeigen seiner Bestandteile; sie beseitigt den Wahn von der Schönheit des Körpers durch Aufzeigen der ihn anfüllenden Unreinheit. Sieht man den Körper anschaulich als ein durch Haut und Fleisch verhülltes, wandelndes Gerippe, so wird man wenig Neigung verspüren, sich mit dem eigenen Körper zu identifizieren oder den eines anderen zu begehren. Wenn man in der Visualisierung der Körperteile[18] eine gute geistige Konzentration erreicht hat, so wird man eine zunehmende innere Abwendung vom Körper und eine unerzwungene Entfremdung von der Sinnlichkeit spüren. Obwohl es auf dieser

Stufe anfänglicher Übung nur ein zeitweiliges und unvollkommenes Ergebnis sein wird, bis man die zweite und dritte Stufe des Heiligkeitspfades erreicht hat[19], so wird doch die Pflege jener Betrachtung eine hilfreiche Annäherung an dieses hohe Ziel bewirken. Erwirbt man die Fähigkeit, diesen oder jenen Körperteil schnell und leicht zu visualisieren, so wird dies auch im praktischen Leben nützlich sein, wenn man eine starke Anhänglichkeit an den eigenen Körper (z. B. in ernster Erkrankung oder Gefahr) oder eine starke sinnliche Versuchung überwinden will.

Die Absicht dieser Übung ist aber nicht etwa, Gefühle sinnlichen Begehrens durch den emotionellen Gegendruck eines Abscheus vor dem Körper zu unterdrücken. Das Ziel ist vielmehr eine unerzwungene Entfremdung von solchem Begehren und eine wachsende Einsicht in die wirkliche Beschaffenheit des Körpers. Obwohl diese Betrachtung der Körperteile manchmal als eine «Meditation des Abscheus» bezeichnet wird, so ist doch die Geisteshaltung, die sich bei korrekter Übung daraus ergeben soll, keineswegs eine solche des emotionellen Widerwillens gegen den Körper, sondern eine ungetrübte Ruhe und Festigkeit des Geistes, mit einem inneren Abstand vom Körper, der aus seiner nüchternen Analyse erwächst.

Doch auch diejenigen können von dieser Übung Nutzen ziehen, die nicht beabsichtigen, ihr normales weltliches Leben aufzugeben, sondern die lediglich ein größeres Maß der Kontrolle über emotionelle und sinnliche Impulse gewinnen wollen. Der Bewohner einer modernen Großstadt ist heute einem Übermaß von aufdringlichen Sinnenreizen, besonders auf sexuellem Gebiet, ausgesetzt, die von überall her auf ihn eindringen. Wer sich an all dies schon gewöhnt hat, mag geneigt sein, es nicht sehr ernst zu nehmen. Selbst wenn er diesen Reizen, sofern sie ihn anziehen oder amüsieren, hin und wieder nachgibt, mag er sich ihnen doch überlegen glauben und meinen, daß er trotzdem sein geistiges und moralisches Niveau beibehalten kann. Doch durch tägliche Wiederholung werden diese Reize und die Hingabe an sie einen subtilen Einfluß ausüben und können allmählich eine tiefgreichende Charakterveränderung hervorrufen, wenn man sich nicht durch Rechte Achtsamkeit dagegen schützt. In diesem Selbstschutz gegen den Ansturm von Sinnenreizen aller Art kann die meditative Betrachtung der Körperteile von Wert sein.

5. *Die vier Elemente*

Diese Übung setzt die Zerlegung des Körpers in immer «unpersönlichere» Bestandteile weiter fort, indem sie ihn auf jene vier Grundformen des Materiellen zurückführt, die der Körper mit der äußeren Natur gemein hat. Das Ergebnis ist auch hier: Ernüchterung, Entfremdung und Abwendung, sowie ein verstärktes Wissen um die Unpersönlichkeit der Körpervorgänge.

Die Analyse des Körpers in die vier Grundstoffe *(dhātuvavatthāna)* wurde in der buddhistischen Meditationtradition stets besonders geschätzt als ein wirksames Mittel, den Glauben an die Substanzhaftigkeit des Körpers und die instinktive Identifizierung mit ihm zu überwinden (siehe «Weg der Reinheit», S. 397 ff.). Diese Meditation erscheint wohl nicht in der methodischen Übung mit ausgewählten Achtsamkeitsobjekten, wie sie im folgenden Kapitel beschrieben wird. Doch die Übung mit einem der beiden Hauptobjekte, dem Atem oder der Bauchwandbewegung, wird Vertrautheit mit dem Wind- oder Bewegungselement ermöglichen, das ja in diesen beiden Körpervorgängen vorherrschend ist. Auch die anderen drei Elemente werden bei achtsamer Körperbetrachtung deutlicher werden.

6. *Die Leichenfeld-Betrachtungen*

Die Objekte dieser Betrachtung werden entweder aus der unmittelbaren Anschauung oder aus der lebhaften Verbildlichung gewonnen. Sie zeigen den toten Körper in den verschiedenen Stadien der Zersetzung und des Zerfalls. Diese Übungen mögen eine leidenschaftlich-sinnliche Natur zum Abscheu gegenüber dem begehrten Objekt führen, obwohl bei manchen Charakteren andere Methoden geeigneter sein mögen. Die Linie geht dann wie oben weiter: vom Abscheu zur Ernüchterung, Entfremdung und Abwendung zur Nichtich-Erkenntnis.

Diese Betrachtungen geben auch eine eindringliche Illustrierung der vergänglichen und unpersönlichen Natur des Körpers. Man wird sehen, wie der zerfallende Körper, zu dem jemand noch kurz vorher *«mein* Körper» gesagt hatte und ihn hegte und pflegte, nun nach dem Tode «Eigentum» der Würmer oder der ihn zersetzenden Naturkräfte geworden ist.

Im alten Indien boten sich die Objekte dieser Betrachtung mühelos auf den Leichenäckern, wo die Leichen der Armen und der hingerichteten Verbrecher dem Getier zum Fraß ausgesetzt oder nur sehr unvollkommen verbrannt wurden. Ähnliche Betrachtungen, wenn auch nicht in allen neun Phasen, wird man heutzutage in den Leichenschauhäusern und den Anatomiesälen anstellen können. Und leider sorgen Machtgier, Gehässigkeit und Torheit der Menschen immer noch dafür, daß auch Schlachtfelder solches Anschauungsmaterial darbieten.

*

Die hier kurz behandelten Übungen der «Körper-Betrachtung» verteilen sich auf beide Übungsstufen: einige gehören zum «Reinen Beobachten», andere zur «Wissensklarheit».

Als allen Körperbetrachtungen gemeinsam fanden wir, daß die durch sie gewonnene Erkenntnis zum inneren Abstand vom Körper führt. Innerer Abstand aber gibt Meisterschaft, Unbefangenheit und Freiheit. Dies gilt auch hier mit Bezug auf den Körper. Kein Zwang der Schmerzensaskese ist nötig; fügsam und leicht wird der Körper dem, der die auf ihn gerichtete Achtsamkeit übt, wie es die alten buddhistischen Heiligen oft in ihren Versen künden:

«Wie leicht ist doch mein Körper mir geworden,
Von Glückes Fülle und Entzücken ganz durchtränkt . . .»

Lieder der Mönche, Vers 104

«Gefühl» (Pāli: *vedanā*) bezeichnet hier, sowie stets in der buddhistischen Psychologie, lediglich die angenehmen, unangenehmen und neutralen Empfindungen körperlichen oder geistigen Ursprungs. Gefühl im hier verstandenen Sinne hat nicht die vielfältigen Inhalte der Emotion, an der auch Lust, Haß, Stolz, Liebe, reflektierendes Denken usw. teilhaben können.

Im hier verstandenen Sinne gehört die gefühlsmäßige Bewertung eines Objektes zu den ersten Reaktionen des Geistes auf einen Sinneseindruck (auch einen geistigen) und verdient daher die besondere Aufmerksamkeit derer, die eine Kenntnis und Meisterung des Geistes erstreben. In der Reihe der «Bedingten Entstehung» *(paticca-samuppāda)*, in welcher der Buddha die «Entstehung dieser ganzen Leidensfülle» aufzeigt, ist Gefühl durch den sechsfachen Sinneseindruck bedingt und kann seinerseits eine Entstehungsbedingung für das Begehren *(taṇhā)* sein, woraus wiederum das starke Anhangen oder Greifen *(upādāna)* erwächst. Das unvermischte Gefühl selber ist jedoch ein moralisch noch undifferenzierter Zustand. Gelingt es nun, bei einem empfangenen Bewußtseinseindruck bei der ersten einfachen Gefühlreaktion innezuhalten und diese dem Reinen Beobachten zu unterziehen, so kann die Weiterentwicklung des Gefühls zum Begehren oder zu anderen Leidenschaften unterbunden werden.

Diese Phase in der Reihe der «Bedingten Entstehung» ist daher von entscheidender Wichtigkeit. Denn an diesem Einsatzpunkte kann man durch Rechte Achtsamkeit jene unheilvolle, zur Leidentstehung führende Verkettung brechen. Wenn man sich darin übt, beim Aufsteigen eines Gefühls bei der Feststellung «angenehm», »unangenehm» oder «neutral» stehenzubleiben, so wird die Wissensklarheit genügend Zeit haben, über eine der Situation angemessene Einstellung oder Handlung zu entscheiden. Beobachtet man immer wieder und mit zunehmender Klarheit, wie Gefühle entstehen, allmählich verblassen und von anderen Gefühlen abgelöst werden, so wird es zur eigenen Erfahrung, daß in den Gefühlen keinerlei Notwendigkeit liegt, zu Begehren oder Hassen zu führen, und daß es daher möglich ist, sie von dieser gewohnheitsmäßigen Assoziation zu befreien. Wenn man bei den anfänglichen angenehmen oder unangenehmen Empfindungen innehalten kann, so werden sie keine Gelegenheit haben, einen üblen Nachwuchs in die Welt zu setzen. So kann diese unscheinbare Gefühlsbetrachtung zur Geburtstätte der inneren Freiheit werden. Daher nimmt sie auch im buddhistischen Schrifttum eine ähnlich wichtige Stellung ein wie die Meditation über die vier Elemente in der Körperbetrachtung.

Wenn in der methodischen Satipaṭṭhāna-Meditation der Meditierende zum Stadium eines stetigen Übungsverlaufs bei einem Körperobjekt gekommen ist, so mag ihn der Meditationsmeister anweisen, auf die Stimmungen der Zufriedenheit oder Unzufriedenheit mit dem jeweiligen Übungsablauf zu achten. Auch wenn man allein, ohne einen Lehrer, übt, soll man dem Aufmerksamkeit schenken. Richtet man Reines Beobachten auf diese Stimmungen, so werden sie ihres emotionellen Charakters und ihrer Ichbeziehung entkleidet und auf die angenehmen oder unangenehmen Gefühle zurückgeführt, die sich bei erfolgreichem oder erfolglosem Übungsverlauf einstellen. So wird verhindert, daß zeitweiliger Erfolg zu Überschwang, Selbstzufriedenheit und Stolz führt und zeitweiliger Mißerfolg zu Entmutigung, Niedergeschlagenheit und übertriebener Selbstkritik. Die zunehmende Ausschaltung solcher Stimmungen wird nicht nur dem Übungsfortschritt förderlich sein, sondern auch die Ichbeziehung und Ichbetonung bei der Übung reduzieren.

Der Lehrreden-Text der Gefühlsbetrachtung gibt für diese Übung zunächst die bloße Feststellung der Gefühlsqualität:

Freudig(angenehm), leidig(unangenehm) und weder-freudig-noch-leidig(neutral).

Darauf folgt die Unterscheidung von sinnengebundenen und sinnenfreien Gefühlen dieser dreifachen Art. Dies soll unsere Aufmerksamkeit darauf lenken, in welchem Ausmaß wir uns von Gefühlen gröberer oder feinerer Art bewegen lassen. Schon allein durch solche Feststellung mag eine Stärkung edler und eine Schwächung unedler Gefühle bewirkt werden. Durch nüchterne innere Bestandaufnahme kann das Gefühlsleben leichter beeinflußt werden als durch einen emotionellen Gegendruck des Zuredens oder Abredens. Reagiert doch erfahrungsgemäß auch der typische Gefühlsmensch eher auf wiederholte ruhige Suggestion als auf Argumente oder Gefühlsaufwand. Daher ist die Methode des Reinen Beobachtens und bloßen Konstatierens, wie sie in der Formulierung dieses Lehrredenabschnittes zum Ausdruck kommt, hier besonders angebracht.

Eine Überbetonung des Gefühlsaspektes innerer und äußerer Vorgänge ist bezeichnend für den emotionellen Menschentyp. Das Lust- und Unlust-Element einer Situation wird von ihm überschätzt und übertrieben, und dies führt ihn häufig zu extrem optimistischen oder pessimistischen Reaktionen, zu Überenthusiasmus oder Depression, zu illusorischen Hoffnungen oder grundloser Verzweiflung.

Doch auch bei Durchschnittstemperamenten neigt das Gefühl zum Überschwang. Nicht selten hört man sagen: «Dies ist mein einziges Glück!» oder «Dies wäre mein Tod!» Doch die stille Stimme der Gefühlsbetrachtung spricht: «Es ist ein Freudegefühl wie viele andere auch – sonst nichts! Es ist ein Schmerzgefühl, wie viele andere auch – sonst nichts!» Eine solche Fähigkeit, von den eigenen Gefühlen inneren Abstand zu gewinnen, ist inmitten der Wechselfälle des Lebens gewiß von größter Wichtigkeit. Doch wenn auch der ruhige Blick der Achtsamkeit den Gefühlen ihr Ungestüm nimmt, so beeinträchtigt er damit nicht ihre menschliche Wärme.

Eine weitere Schwäche einseitiger Gefühlsbetontheit ist die *Subjektivität,* welche die eigene Gefühlsbewertung von Personen, Dingen und Situationen überhaupt nicht in Frage stellt, die Möglichkeit anderer Beurteilung gar nicht zuläßt und auch allzu leicht bereit ist, über die Gefühle anderer hinwegzugehen. Dem begegnet die Achtsamkeitsübung mit der Betrachtung der Gefühle anderer, im Vergleich mit den eigenen.

Auch in dieser Übung wird dem Geist der Spiegel des Reinen Beobachtens vorgehalten, damit er sich darin betrachte und prüfe. Gegenstand der Prüfung ist hier das Niveau des Bewußtseinszustandes, wie er sich im gegenwärtigen Moment der Selbstbetrachtung darbietet. Für diesen Zweck werden in den Beispielen des Lehrredenabschnittes die Geisteszustände gesondert in heilsame und unheilsame, entwickelte und unentwickelte usw., z. B.: lustbehaftet und lustfrei, geistig gesammelt und ungesammelt usw. Eine Ausnahme bildet lediglich das Begriffspaar des in sich zusammengezogenen und des auseinanderstrebenden Geistes, wo sich zwei ungünstige Geisteszustände von entgegengesetzter Beschaffenheit gegenüberstehen.

Meist vermeidet es der Mensch ängstlich, sich über seine Charakterschwächen und sonstigen Unzulänglichkeiten Rechenschaft abzulegen, um nicht dadurch sein Selbstgefühl zu beeinträchtigen. Treten sie aber unverkennbar in ihm auf, so geht sein Bewußtsein so schnell wie nur möglich darüber hinweg. Damit nimmt er sich sowohl die Möglichkeit, dem Wiederauftreten und Erstarken jener schlechten Eigenschaften vorzubeugen, wie auch den Antrieb, die ihm mangelnden guten Eigenschaften zu erwerben. Auf der anderen Seite schenkt der Mensch auch dem in ihm aufsteigenden Guten (abgesehen von eitlem Selbstlob) meist nicht diejenige Beachtung, welche geeignet ist, die auch im Guten liegende Tendenz zur Wiederholung und Stärkung zu fördern. Diese beiden Unterlassungen werden durch die «Geist-Betrachtung» ausgeglichen. Das einfache Reine Beobachten des eigenen Geisteszustandes führt somit, wenn regelmäßig geübt, nicht nur zur Selbst-Erkenntnis, sondern auch zur Selbst-Veredlung. Der regelmäßige Anblick des unbeschönigten Schlechten und Schwachen in der eigenen Natur wird zu tiefer Beschämung führen und eine eindringliche Mahnung sein; das Bewußtsein vom vorhandenen Guten und Starken jedoch wird ein Ansporn sein zu dessen Mehrung und wird der Übung freudige Zuversicht verleihen.

In der methodischen Meditationsübung wird diese Betrachtung dazu verhelfen, den eigenen Fortschritt oder Rückschritt festzustellen, z. B., ob der Geist verkrampft ist oder zerstreut, ob er gesammelt ist oder nicht, usw. Mit einer Einschaltung der Betrachtung des Geisteszustandes kann man auch wirksam inneren oder äußeren Störungen der Meditation begegnen, die bei der Übung des Hauptobjektes auftreten. Wenn man sich zum Beispiel über ein störendes Geräusch geärgert hat, so wird die nüchterne Feststellung «Ärger» verhindern, daß das Ärgergefühl andauert oder gar wächst, und der vorher unruhige Geisteszustand ist nun durch den ruhigen der Selbstprüfung ersetzt worden. Durch eine derartige Prozedur wird die Aufmerksamkeit von der ursprünglichen Störung abgelenkt und von einem äußeren Objekt auf ein inneres, den eigenen Geisteszustand, gerichtet.

Hier, wie in vielen anderen Fällen, können wir sehen, wie die so einfache Übungsmethode des Reinen Beobachtens heilsame Auswirkungen auf vielerlei Gebieten haben kann.

DIE GEISTOBJEKT-BETRACHTUNG

Durch Übung in dieser Betrachtung sollen die gesamten Geistobjekte, d. h. die Denkinhalte, allmählich die wirklichkeitsgemäßen Denkformen der Buddha-Belehrung annehmen. Für diesen Zweck nennt die Lehrrede fünf Übungen, die eine genügende Auswahl solcher lehr- und wirklichkeitsgemäßer Kategorien bieten. Diese sollen, soweit man es vermag, auch auf Alltagssituationen angewandt werden und sollen jene Denkweisen und Begriffe ersetzen, die der Wirklichkeit und dem Ziel der Leidbefreiung widersprechen.

Die *erste* und *vierte* Übung befassen sich mit den zu überwindenden und den zu erwerbenden Eigenschaften, nämlich mit den fünf geistigen Hemmungen (*nīvaraṇa*) und den sieben Gliedern der Erleuchtung (*bojjhanga*). Weitere zu überwindende Eigenschaften sind innerhalb der dritten Übung (dem «sechsfachen Sinnengebiet») durch den Begriff «Fesseln» *(saṁyojana)* angedeutet und werden im Kommentar einzeln angeführt.

Der jeweils erste Teil der ersten wie der vierten Übung gehört seiner Natur nach zur Übungsstufe des Reinen Beobachtens. Er besagt: wenn im Geiste des Übenden eine «Hemmung» oder ein «Erleuchtungsglied» da ist oder nicht da ist, so weiß er um diese Tatsache. Entsprechend ist es auch bei der dritten Übung: «Er kennt die durch Sinnenorgan und Sinnenobjekt entstehende Fessel.» Diese anfängliche reine Feststellung des Bewußtseinszustandes[21] gehört also eigentlich zur Geistbetrachtung. Hier dient sie als die unerläßliche Vorbereitung für die nun folgende zweite Phase dieser drei Übungen. In ihr wendet sich zielbewußte und gründlich untersuchende Wissensklarheit der Aufgabe zu, die «Hemmungen» und «Fesseln» zu vermeiden, sie zeitweilig aufzuheben und zu lösen und schließlich endgültig zu vernichten, sowie die Erleuchtungsglieder zu erzeugen und zu entwickeln. Hierfür ist eine genaue Kenntnis der Entstehungs- und Aufhebungsbedingungen der einzelnen Geisteszustände erforderlich.

Diese Entstehungs- und Aufhebungsbedingungen werden in der Lehrrede selber nur in einer allgemein gehaltenen Formulierung erwähnt, nämlich: «Wie es zur Entstehung der unentstandenen (Hemmung, Fessel; oder eines Erleuchtungsgliedes) kommt, auch das weiß er.» Einige Hauptbedingungen für das Entstehen oder Nichtentstehen jener Geisteszustände sind in den Anmerkungen dieses Buches zu den betreffenden Abschnitten der Lehrrede kurz erwähnt.

Doch eine theoretische Kenntnis dieser Entstehungs- und Aufhebungsbedingungen ist nicht genug. Nur durch die eigene, bewußt aufgenommene und genutzte Erfahrung wird diese Kenntnis zum wirklichen geistigen Besitz werden. Es ist durch die direkte Beobachtung der Hemmungen, Fesseln und Erleuchtungsglieder, daß man solche Erfahrungen sammelt, nämlich über die äußeren und inneren Umstände, welche das Entstehen oder Nichtentstehen der betreffenden Geisteszustände fördern oder hemmen. Diese Umstände mögen bei verschiedenen Charakteren sehr unterschiedlich sein, und oft mag man keine genügende Klarheit darüber haben, daß es typische Situationen gibt, die dem Entstehen oder Nichtentstehen jener positiven und negativen Eigenschaften zuträglich sind. Wiederholte und sorgfältige Aufmerksamkeit wird dazu helfen, die ungünstigen Situationen zu vermeiden und günstige zu schaffen oder auszunutzen.

Die *zweite* Übung (mit den fünf Daseinsgruppen, *khandha*), die erste Phase der *dritten* (mit den Sinnengrundlagen, *āyatana*), sowie die *fünfte* (mit den vier Wahrheiten) umfassen die gesamte Wirklichkeit von verschiedenen Gesichtspunkten aus. Sie ermöglichen die Einordnung der gewöhnlich auf ein Ich bezogenen Einzelerfahrungen in die unpersönliche Wirklichkeit und in das buddhistische Lehrgebäude. Die konventionellen Alltagsbegriffe, die auf der Annahme einer beharrenden Persönlichkeit basieren, werden hier umgesetzt in die wirklichkeitsgemäßen Sprachformen des «höchsten Sinnes» *(paramattha),* wie sie die Buddha-Lehre bietet.

Für diese Anwendungsweise der Geistobjekt-Betrachtung findet sich ein Beispiel im Kommentar zur Lehrrede, wo am Schluß der Erklärung jeder Einzelübung die betreffende Übung auf die vier edlen Wahrheiten bezogen wird, und zwar wie folgt:

«Hierbei nun ist die die Ein- und Ausatmungen erfassende Achtsamkeit die ‹Wahrheit vom Leiden›. Das diese erzeugende vorhergehende Begehren ist die ‹Wahrheit von der Leidensentstehung›. Das Nichtauftreten beider ist die ‹Wahrheit von der Leidens-Aufhebung›. Der das Leiden verstehende, dessen Entstehungsgrund aufgebende, auf dessen Aufhebung gerichtete Heilige Pfad ist die ‹Wahrheit von dem zur Leidens-Aufhebung führenden Pfade›.»

Dies ist eine gute Illustrierung für die Anwendung der Geistobjekt-Betrachtung: wenn immer die Umstände es gestatten, innere und äußere Geschehnisse achtsam und nachdenklich zu betrachten, so möge man sie auf die vier Edlen Wahrheiten beziehen. In dieser Weise wird man dem näherkommen, daß das Leben selber zur geistigen Übung wird und die geistige Übung

Leben gewinnt. Diese Welt, in der wir leben und die in uns lebt, ist gewöhnlich recht gesprächig, wenn es ums Lieben oder Hassen geht, um die Besitznahme oder das Verwerfen von Personen, Dingen oder Ideen; doch diese Welt bleibt für die meisten von uns ganz stumm, wenn doch so viele ihrer Tatsachen zu uns in der Sprache der befreienden Erkenntnis sprechen könnten. Doch durch Rechte Achtsamkeit und Wissensklarheit wird unsere Umwelt wie unsere Innenwelt zunehmend fähig werden, der stillen Stimme der Buddha-Lehre Ausdruck und Nachdruck zu verleihen und uns zum inneren Befreiungswerke aufzurufen.

Wie die Betrachtung des Körpers, so führen auch die drei anderen, dem geistigen Teil des Menschen gewidmeten Betrachtungen – die des Gefühls, des Geisteszustandes und der Geistobjekte – zu jener Kernlehre des Buddha, der Lehre vom Nicht-Ich *(anattā)*, der zufolge die gesamte Wirklichkeit bis hinauf zu ihren sublimsten Erscheinungsformen leer ist von einem ewigen Selbst und einer beharrenden Substanz. Die gesamte Lehrrede von den «Grundlagen der Achtsamkeit» ist nichts anderes als eine umfassende und gründliche Anweisung zum tieferen und genaueren Verstehen und zum anschaulichen, aus der Einzelübung gewonnenen Erleben dieser Lehre vom Nicht-Ich.

V. GEISTESRUHE UND KLARBLICK

Der zweifache Übungsweg buddhistischer Meditation

Das Gesamtgebiet buddhistischer Meditation unterteilt sich in zwei große Übungswege: 1. die Entfaltung der Geistesruhe *(samathabhāvanā)*, 2. die Entfaltung des Klarblicks *(vipassanā-bhāvanā)*.

1. Die *Entfaltung der Geistesruhe* erstrebt jene vollkommene Sammlung des Geistes *(appanā-samādhi)*, welche in den meditativen Vertiefungen *(jhāna)* erreicht wird. Diese Vertiefungen werden gewonnen durch die methodische Übung eines der vierzig traditionellen Meditationsobjekte der Geistesruhe *(samatha-kammaṭṭhāna)*, die in den Lehrreden des Buddha überliefert und im «Weg zur Reinheit» *(Visuddhi-Magga)* ausführlich dargestellt sind. Durch den in den Vertiefungen erreichten hohen Grad an geistiger Sammlung, Verinnerlichung und Stille werden die Sinneswahrnehmungen vorübergehend ausgeschaltet, und reflektierendes Denken, das auf der ersten Vertiefungsstufe noch schwach vorhanden ist, schwindet völlig in den folgenden Vertiefungsstadien während deren Dauer. Schon aus diesem letzten Umstand kann entnommen werden, daß die Erreichung der Vertiefungen für sich allein nicht zum höchsten Ziel der Buddhalehre, der Leidbefreiung, führen kann. Dieses erschließt sich vielmehr nur durch den *Klarblick (vipassanā)*, d. h. die unmittelbare, aus meditativer Anschauung gewonnene Einsicht in die vergängliche, leidhafte und unpersönlich-substanzlose Natur aller Daseinsgebilde. Hierfür aber ist reflektierendes Denken *(vitakka-vicāra)* unerläßlich, freilich ein meditativ verfeinertes, von Unrast befreites, vertieftes und gestärktes. Der Übende muß daher nach dem Austritt aus der Vertiefung seine Meditation mit der Entfaltung des Klarblicks fortsetzen.

2. Bei der *Entfaltung des Klarblicks* werden nun die während der Vertiefung aufgetretenen geistigen Vorgänge, sowie die körperlichen Vorgänge, auf denen sie beruhen, analysiert und im Lichte der drei Daseinsmerkmale (als vergänglich usw.) betrachtet. Diese Prozedur (Vertiefung gefolgt von Klarblick) wirkt übrigens auch als ein Schutz gegen eine durch Glaubensvorstellungen beeinflußte, spekulative oder gefühlsbedingte Interpretierung der meditativen Erlebnisse, wie sie sich so häufig in der Mystik aller Länder und Religionen findet.

Das Ausmaß der geistigen Sammlung, das durch die Entfaltung des Klarblicks erreichbar und dafür auch unerläßlich ist, hat den Stärkegrad der «angrenzenden Sammlung» *(upacāra-samādhi)*.[22] In ihr sind, ebenso wie in der «vollen Sammlung» der Vertiefungen, die fünf hauptsächlichen Hemmungen *(nīvaraṇa)*[22] der Meditation zeitweilig ausgeschaltet, und die für starke Konzentration charakteristischen fünf Vertiefungsglieder *(jhānaṅga)*[22] sind in gewissem Stärkegrad vorhanden.

Diese Übungsmethode des «Klarblicks mit vorangehender Geistesruhe» *(samatha-pubbaṅgama-vipassanā;* siehe Anguttara-Nikāya IV, Nr. 170) ist es, die in den Lehrreden des Buddha zumeist dargelegt wird. Wer dieser Methode folgt, wird als ein *samatha-yānika* bezeichnet, d. i. «einer, der die Geistesruhe als Vehikel (meditativer Übung) hat».

Doch durchaus nicht selten wird in den kanonischen Texten eine Methode beschrieben, die in späterer Terminologie als der *reine* (oder *bloße) Klarblick (sukkha-vipassanā)* und der ihn Übende als «einer, der den Klarblick als Vehikel hat» *(vipassanā-yānika)* bezeichnet wird. Hier wird, ohne vorherige Erreichung der Vertiefungen, ein direkter Zugang zum erlösenden Klarblick erstrebt, welcher allein die endgültige Aufhebung von Gier, Haß und Wahn, d. h. die Erreichung der Heiligkeit, bewirken kann.

Von den kanonischen Texten, die vom Reinen Klarblick handeln, sei das *Susīma-Sutta*[23] genannt. Die darin erwähnten, zur Heiligkeit gelangten Mönche bezeichnen sich als «durch Weisheit Erlöste» *(paññā-vimutta),* was vom Kommentar erläutert wird durch «ohne die Vertiefungen, durch Reinen Klarblick». Auch in vielen anderen Texten gibt der Buddha, ohne Erwähnung der Vertiefungen, Übungsanweisungen des Reinen Klarblicks, die ausdrücklich als zur Heiligkeit führend bezeichnet werden, so z. B. in Saṁyutta-Nikāya XXXV, Nr. 70 und 152.[24] In *Anguttara-Nikāya* IV, Nr. 170, wird von der Methode der «Geistesruhe mit vorhergehendem Klarblick» *(vipassanā-pubbaṅgama-samatha)* gesprochen.

Diese letzte Bezeichnung darf jedoch nicht so verstanden werden, als wäre für die Klarblicksübung keinerlei Grad von «Geistesruhe», d. i. Konzentration, nötig, und diese brauche erst *nach* vollzogenem Klarblick gepflegt zu werden. Es ist vielmehr auch hier ein hoher Grad von geistiger Sammlung erforderlich und erreichbar. Dieser Konzentrationsgrad wird beim Reinen Klarblick nicht als «angrenzende Sammlung» (siehe oben) bezeichnet, die vielmehr, wie der Ausdruck selber besagt, ein Übergangsstadium zur vollen Sammlung in den Vertiefungen bildet und dadurch ihren besonderen Charakter hat. Im Falle des Reinen Klarblicks wird vielmehr von der *momentanen Geistessammlung (khaṇika-samādhi)* gesprochen. Diese momentane Geistessammlung verläuft ununterbrochen von Moment zu Moment in gleicher Stärke und Ruhe, sei es bei einem sich wiederholenden Objekt, wie der Folge der Atemzüge, oder bei neuen Objekten, welche die Übung unterbrechen und vom Übenden mit der gleichen Achtsamkeit, Ruhe und Sammlung aufzunehmen sind wie das Meditationsobjekt. Diese «momentane Sammlung» ist der «angrenzenden Sammlung» gleich in ihrer Kraft, die geistigen Hemmungen (siehe oben) zeitweilig auszuschalten. Die Alten Meister (im Kommentar zum Visuddhi-Magga) sagen sogar, daß sie selbst der «vollen Sammlung» gleichkommen kann. Dies gilt freilich nur, wenn der Klarblick seinen Höhepunkt erreicht, d. h. mit Eintritt in die vier Heiligkeitsstufen (Stromeintritt usw.). Die Momentanhaftigkeit der Sammlung wird hier betont, weil sich bei der Klarblickübung das momentane Entstehen und Vergehen des jeweiligen Objektes zunehmend stärker abhebt.

Wie aus dem im folgenden Kapitel gegebenen Übungsprogramm ersichtlich ist, sind die Haupt- und Ausgangsobjekte der Übung sämtlich körperlicher Art und bleiben es auch während des ganzen Übungsverlaufs. Die drei anderen im Satipaṭṭhāna-Sutta genannten «Betrachtungen» geistiger Art – Gefühle, Bewußtseinszustand, Bewußtseinsinhalte – werden nicht in systematischer Weise als gesonderte Objekte aufgenommen, sondern nur dann, wenn sie sich der Achtsamkeit darbieten: sei es im Zusammenhang mit dem Hauptobjekt, den sekundären Objekten oder der allgemeinen Achtsamkeit.[25] Zum Beispiel: Schmerzgefühl durch langes Sitzen, Freudegefühl bei erfolgreicher Übung; Ärger über eine Unterbrechung; zerstreuter Geisteszustand; Auftreten der fünf Hemmungen oder der sieben Erleuchtungsglieder usw. In dieser Weise werden auch die drei Betrachtungen des Geistigen in die Übung einbezogen. Geisteszustände als separate Objekte der Klarblickerkenntnis zu nehmen, verspricht den Meditationsmeistern zufolge nur dann Erfolg, wenn der Geist des Meditierenden durch Erreichung der Vertiefungen *(jhāna)* verfeinert und gefestigt wurde. Doch wenn Bewußtseinszustände in engem Zusammenhang mit einem körperlichen Vorgang auftreten, wird es weniger schwierig sein, ihre subtile Natur mit Achtsamkeit und Wissensklarheit zu erfassen; und dafür wird sich während der Übung sehr viel Gelegenheit bieten.

Dieser Nachdruck auf die Körperbetrachtung findet Unterstützung in den Lehrreden des Buddha und auch in den in der alten Kommentarliteratur niedergelegten Übungsanweisungen für die Klarblicks-Meditation. – Vom Erhabenen wurde gesagt:

«Wer, ihr Mönche, die auf den Körper gerichtete Achtsamkeit häufig entfaltet und geübt hat, einbegriffen sind darin für ihn alle heilsamen Dinge, die zur Weisheit führen.» (Mittlere Sammlung der Lehrreden Nr. 119).

«Wenn der Körper (meditativ) unbemeistert ist (abhāvita), so ist auch der Geist unbemeistert.» (Mittlere Sammlung, Nr. 36.).

Im «Weg zur Reinheit» (Visuddhi-Magga, Teil XVIII) heißt es: «Wenn man nun nach Erfassung des Körperlichen die geistigen Vorgänge aufnimmt, diese aber wegen ihrer Subtilität nicht deutlich werden, so soll man nicht etwa die Übung im Stiche lassen, sondern soll dann immer wieder bloß das Körperliche betrachten, erwägen, erforschen und feststellen. Wenn sich ihm dann das Körperliche ganz deutlich, unverwirrt und klar darstellt, so werden die geistigen Vorgänge, die jene körperlichen Dinge zum Objekt haben, von selber klar werden. ... Da geistige Vorgänge nur für den klar werden, der das Körperliche mit voller Deutlichkeit erfaßt hat, soll man jede Bemühung um die Erfassung des Geistigen nur durch ein gründliches Erfassen des Körperlichen unternehmen, nicht anderswie ... Wenn man so vorgeht, wird die Übung des Meditationsobjektes zu Wachstum, Gedeihen und Reife kommen.»

VERGLEICH DER ZWEI ÜBUNGSWEGE

Versucht man nun, die beiden Übungswege der Geistesruhe und des Klarblicks gegeneinander abzuwägen, so ist wohl, grundsätzlich betrachtet, der Weg über die Vertiefungen gewiß vorzuziehen, insbesondere für diejenigen, deren innere Veranlagung und äußere Lebensumstände dafür günstig sind. In den Vertiefungen erreicht der Geist einen hohen Grad von Ruhe und Sammlung, Glücksgefühl, Läuterung und Loslösung vom Weltlichen und Sinnlichen. Mit solcher Vorbereitung ist zu erwarten, daß der Fortschritt in der sich anschließenden Klarblicksmeditation meist schneller und stetiger sein wird.

Grundsätzlich spricht also manches dafür, den Übungsweg der «Geistesruhe» aufzunehmen, bevor man mit systematischer Klarblicksübung beginnt. Man soll sich dabei auch gewiß nicht von fehlgeschlagenen Anfangsversuchen leichthin abschrecken lassen, wenn nur eigene Neigung und äußere Umstände einigermaßen günstig sind. Es liegt auch keineswegs so, als ob der sogenannten «westlichen Geistesart» das Gebiet der Vertiefungen grundsätzlich verschlossen wäre. Ein starkes kontemplatives Leben, wie es einmal im christlichen Mittelalter bestand, mag, theoretisch gesehen, recht wohl auch zu anderen Zeiten im Westen wiederentstehen, falls wirkliches Bedürfnis und ernstes Bemühen da sind. Doch daran fehlt es heute zumeist, von wenigen Ausnahmen abgesehen. Zudem sind die äußeren und inneren Vorbedingungen für ein erfolgversprechendes Bemühen um die meditativen Versenkungen sehr ungünstig. Zunächst: die Pflege der Vertiefungen *(jhāna)* braucht Einsamkeit und Geräuschfreiheit. Dies aber sind Dinge, die zunehmend seltener werden in diesem Zeitalter des Lärms, des Gesselligkeits-, Reise- und Wandertriebes, wo Wanderlustige selbst in früher ganz entlegene Waldgegenden eindringen. Auch in manchen buddhistischen Ländern des Ostens und sogar für das dortige Mönchstum sind die Bedingungen in dieser Hinsicht nicht mehr so günstig, wie sie es früher waren.

Was nun die geistigen Tendenzen der Gegenwart betrifft, so zeigt sich zunächst, z. T. unter dem Einfluß der wissenschaftlichen Geisteshaltung, eine starke Neigung zu analytischem Denken. Ein weiteres Charakteristikum unserer Zeit ist die wachsende Vielfältigkeit und Kompliziertheit der uns umgebenden Dingwelt (Technik), der Innenwelt (Differenzierung des Bewußtseins) und der Umwelt (soziale Beziehungen). Diese Vielfalt verlangt vom modernen Menschen eine Auseinandersetzung mit ihr. Beides aber, die Betonung analytischen Denkens und die Einstellung auf eine Welt der Vielfalt, ist, jedenfalls in diesem starken Ausmaß, der Pflege des Vertiefungs- oder Jhāna-Bewußtseins nicht gerade zuträglich. Denn für die Annäherung an das Jhāna-Bewußtsein ist gerade eine zeitweise Reduzierung diskursiven und analytischen Denkens sowie der Objektvielfalt von Wichtigkeit.

Anders liegt es mit der Entfaltung des Klarblicks. Obwohl auch hier ein gewisses Maß von Einsamkeit und Ruhe, besonders für Perioden strikter Übung, erwünscht ist, so ist dies doch keineswegs eine Notwendigkeit. Für die Satipaṭṭhāna-Methode ist es ein Grunderfordernis, die Umstände, die man vorfindet, für den

Fortschritt zu nutzen und die Achtsamkeit und Geistesgegenwart so zu entwickeln, daß man auch Störungen durch Menschen und Geräusche in die Übung einbeziehen kann. Obwohl auch in der Klarblicksübung ein diskursives Denken unruhiger Art der Ruhe des Reinen Beobachtens Raum geben muß, so werden doch die Ergebnisse dieser Beobachtungen dem Denken und der Wirklichkeitserkenntnis reiche Nahrung geben. Obwohl in Perioden strikter Satipaṭṭhāna-Übung die Zahl der dafür gewählten Achtsamkeitsobjekte beschränkt ist, so wird doch keineswegs die Auseinandersetzung mit der Objektvielfalt gewaltsam abgeriegelt. Diese ist vielmehr ein wichtiger Bestandteil der Gesamtübung, wobei die mit dem gewählten Objektkreis erlangten Ergebnisse Bekräftigung und Ergänzung erhalten und eine für weiteste Anwendung wichtige Vertrautheit mit dem Einsatz der Achtsamkeit vermittelt wird. Der Übende wird dadurch in den Stand gesetzt werden, die Vielfältigkeit der Innenwelt und Umwelt auch innerhalb des Alltagslebens besser zu bewältigen, ohne von ihr überwältigt zu werden.

Auch der folgende Umstand spricht heutzutage für den Übungsweg des Klarblicks. Wenn längere Versuche, die Vertiefungen zu erreichen, erfolglos bleiben, so mag dies den Meditierenden schließlich entmutigen; und wenn er auch sonst keine greifbaren Ergebnisse seiner Bemühungen merkt, so mag er das Gefühl haben, leer ausgegangen zu sein. Obwohl gewiß jede meditative Anstrengung einen Gewinn an Ruhe und Selbstkontrolle oder zumindestens an Geduld und Ausdauer bringen wird, so mag dies in unserer ungeduldigen und schnellebigen Zeit als nicht genügend erscheinen. Doch auf dem Wege Rechter Achtsamkeit und des Klarblicks werden sich schon zu Beginn deutliche, seien es auch kleine, Ergebnisse zeigen, deren Wert sich auch im praktischen Leben des Übenden unmittelbar und zunehmend erweisen wird, auch wenn die erstrebten Klarblickserkenntnisse sich nicht gleich einstellen. Solch unmittelbarer Gewinn wird gewiß das Selbstvertrauen des Meditierenden stärken und der Übung frischen Ansporn geben.

So erscheint es als eine glückliche Fügung karmischen Geschehens, daß dieser Weg der Geistesschulung in eben dieser Zeit so kraftvoll erneuert wurde. Er erscheint als ein rechtzeitiger Helfer in der gegenwärtigen Situation des westlichen Menschen und bringt seine Hilfe in einer Form, die den Erfordernissen dieser Situation genau entspricht.

DER WERT GEISTIGER SAMMLUNG
IN DER KLARBLICKS-ÜBUNG

Es besteht freilich die Gefahr, daß die Eigenart dieser Methode in allzu einseitiger Perspektive verzeichnet wird, als ein extremer Pendelausschlag gegen Übungswege, welche die Konzentration auf ein einziges Objekt in den Mittelpunkt stellen. Man mag etwa meinen, daß willentliche Konzentration auf ein einziges Objekt oder gar jede methodische Übung wegen ihres angeblichen Zwangscharakters verwerflich seien und es ausreichend sei, eine nicht wählende Achtsamkeit lediglich auf das zu richten, was der Tag zuträgt. Dies ist zum Beispiel die Ansicht Krishnamurtis. Diese Einstellung findet auch Unterstützung durch eine vom Einfluß der Psychoanalyse genährte Furcht, daß jeder formende, wählende und ausschließende Eingriff in das geistige Gefüge zu Verkrampfungen, Verdrängungen und schließlich Neurosen führen mag. In all dem liegt ein berechtigter Kern, und gerade die Satipaṭṭhāna-Methode hat dem durch ihren «gewaltlosen», zwangfreien Charakter Rechnung getragen, ohne jedoch in die Extreme der vorgenannten Ansichten zu verfallen (siehe Seite 125 ff.).

Der Buddha, als ein «Kenner der Welt» *(loka-vidu)* und besonders der Welt des Geistes, lehrte «mit Unterschied» *(pariyāyena)*. Er wußte, daß der Geist in seinen so mannigfachen Stimmungen und Strebungen zuweilen des Anspornens und der Kräfteanspannung bedarf, zuweilen aber des Entspannens und der Beruhigung, und manchmal auch der Aufheiterung und Anre-

gung (Samyutta-Nikaya XLVI, 51, 53; Visuddhi-Magga 155 ff);
daß der so flatterhafte Geist häufig energische Zügelung braucht
(Dhammapada 33–37); daß der so ungefüge durch regelmäßige
Übung an Bildsamkeit gewinnt (Anguttara I, 3).

Der Erhabene besaß und lehrte jene «zwei ganz hohen Dinge,
Maß und Mitte» (Nietzsche), und seiner Mittleren Lehre zu gedenken ist auch in diesem Zusammenhang wichtig. Der Lehre
vom «Gleichmaß der geistigen Fähigkeiten» (Anguttara VI, 55;
Visuddhi-Magga 153 f.) gemäß sollen Energie und Geistessammlung (Ruhe), sowie auch Sammlung im Verhältnis zur Weisheit
stark und harmonisch ausgebildet sein. Noch in den letzten Mo-
naten seines Lebens sprach der Buddha wiederholt und nach-
drücklich davon, daß es die «durch Sammlung voll entfaltete
Weisheit» *(samādhi-paribhāvitā paññā)* ist, die reiche Frucht,
reichen Segen bringt (Lange Sammlung Nr. 16); denn «der geistig Gesammelte erkennt die Dinge der Wirklichkeit gemäß»
(Samyutta XXII, 5).

Dieser letzte Kernsatz wird sich dem Übenden auch in der
Entfaltung des Klarblicks bestätigen. Es ist die regelmäßige
Pflege des Hauptobjekts, unterstützt von der Übung mit den
sekundären Objekten, die drei wichtige Resultate zu zeitigen vermag.

1. Der Geist erhält die nötige Festigkeit, Ruhe und Beharrlichkeit, um ein «reines Objekt», ohne Beimischung von Unzuge-
hörigem oder Wahnhaftem, aufzufassen und festzuhalten. Und
nur dann können jene Beobachtungen über die Ablaufsart der
einzelnen körperlichen und geistigen Vorgänge gemacht werden,
aus denen sich die anschauliche *(paccakkha-ñāṇa)* und nicht nur
schlußfolgernde Erkenntnis *(anumāna-ñāṇa)* der drei Daseinsmerkmale ergibt.

2. Aus der wachsenden Vertrautheit mit einem ganz einfachen
körperlichen Hauptobjekt werden jene anfänglichen Beobachtungen allmählich zur Folge jener Klarblickserkenntnisse reifen,
von denen die Lehrrede von der «Eilpost» (Mittl. Sammlung 24)
und der Visuddhi-Magga handeln und die schließlich in das Hei-

ligkeitsziel münden. Dies ist nicht zu erwarten von einer Achtsamkeitsübung, die ausschließlich die sich gerade bietenden und rasch wechselnden Alltagsobjekte erfaßt.

3. Methodische Übung mit einem Hauptobjekt und sekundären[25] Objekten wird auch das Ergebnis haben, daß sich die auf Normalvorgänge des Alltagslebens gerichtete Achtsamkeit schärft und in größerem Umfang meditativ verwendbare Resultate vermittelt. Schon Anfangserfolge mit dem Hauptobjekt sowie die Gesamtstimmung des Geistes, erzeugt durch den geschlossenen Achtsamkeitskreis strikter Übungsperioden, werden einen tiefen Eindruck hinterlassen und eine Freudigkeit und Zuversicht schaffen, die für weiteren Fortschritt ausschlaggebend sein mögen.

Aus all diesen Gründen ist es daher von Wichtigkeit, auch auf dem Übungsweg der Achtsamkeit und Klarblickserkenntnis die Kraft der geistigen Sammlung durch methodische Übung und recht bemessene Anstrengung zu stärken.

VI. DIE BURMESISCHE SATIPAṬṬHĀNA-METHODE UND IHRE ÜBUNGSPRAXIS

Obwohl die charakteristischen Züge der Satipaṭṭhāna-Methode so einfach und klar erscheinen, nachdem man sie einmal kennengelernt hat, so waren doch die Vorstellungen von dem in der Lehrrede dargelegten Übungsweg für lange Zeit undeutlich geblieben. Soweit des Verfassers Kenntnis geht, war es erst zu Beginn dieses Jahrhunderts, daß ein burmesischer Mönch, U Narada, nur auf einen knappen Hinweis gestützt, sich die Eigenart des Übungsweges Rechter Achtsamkeit erarbeitete und anderen lehrte. Schon in jungen Jahren war er auf der Suche nach einer Meditationsmethode, die einen direkten Zugang zum Hohen Ziel der Buddha-Lehre bot. Auf seinen Wanderungen durch Burma fragte er danach bei solchen, von denen er Belehrung erhoffte, doch konnte er keine ihn befriedigende Unterweisung erhalten. Als er zu den Meditationshöhlen in den Sagaing-Bergen kam, wies man ihn zu einem Mönch, der im Rufe stand, jene hohen, zum Heiligkeitsziel führenden Pfade *(ariya-magga)* erreicht zu haben, die mit dem «Stromeintritt» *(sotāpatti)* beginnen. Von U Narada befragt, antwortete jener, warum denn der Frager außerhalb des Buddhawortes suche, das ja alles Nötige enthalte. Sei denn nicht darin der Einzige Weg, Satipaṭṭhāna, verkündet worden? Diesen Hinweis nahm Narada auf und studierte zunächst nochmals sorgfältig die Lehrrede und deren alten Kommentar, über Sinn und Anwendungsweise tief nachdenkend. Darauf und auf eigene ernste Übung gestützt, entwickelte er die Grundsätze und die Praxis jener Übung in Rechter Achtsamkeit, die in diesem Buche dargestellt ist. Hiermit begann eine neue Tradition in der Übung dieses alten, doch nie veraltenden Weges gründlicher Geistesschulung. Für diese hat sich die Bezeichnung «Burmesische Satipaṭṭhāna-Schule» eingebürgert, denn es war in

Burma, daß dieser alte Übungsweg in seiner Eigenart wieder belebt, ernstlich geübt und weit verbreitet wurde.

Viele Schüler des Ehrw. U Narada verbreiteten durch Abhaltung von Meditationskursen die Kenntnis dieses neu entdeckten Übungsweges. Für die hier betonte Anwendbarkeit dieser Methode auch im weltlichen Leben ist es bezeichnend, daß zu des Ehrw. Naradas besten Schülers-Schülern ein burmesischer Laie, Maung Tin, gehörte, der seinerseits nicht nur Laien, sondern auch Mönche unterwies und auch in Klöster eingeladen wurde, um Meditationskurse abzuhalten. An einem solchen Kurs nahmen auch zwei singhalesische Mönche teil, denen der Verfasser die erste Kunde von dieser Methode verdankt, soweit sie in der ersten Auflage dieses Buches dargestellt wurde. Die ausführlicheren Übungsanweisungen in der vorliegenden Auflage stützen sich auf Belehrungen und Erfahrungen während des Verfassers eigenen Aufenthaltes in Burma im Jahre 1952.

Der Ehrw. U Narada, in Burma weit bekannt als Jetavanoder Mingun-Sayado, starb am 18. März 1957, im Alter von 87 Jahren. Viele sind davon überzeugt, daß er das Höchste Ziel der Heiligkeit *(Arahatta)* erreicht hatte. Neben seinen meditativen Errungenschaften war er auch ein bedeutender Gelehrter. In der Pāli-Sprache verfasste er Kommentare zu den «Fragen des Milinda» und zum Peṭakopadesa, in burmesisch ein Handbuch der Klarblicksmeditation.

Seit den Tagen des Ehrw. Narada hat sich die Satipaṭṭhāna-Methode mit Hilfe vieler befähigter Meditationslehrer in Burma weit verbreitet. Besonders bedeutend und erfolgreich unter diesen Lehrern ist der Ehrw. Mahasi Sayado [26] (U Sobhana Mahathera), der selber unter dem Ehrw. Narada meditiert hatte. Nach dem zweiten Weltkrieg, im Jahre 1949, wurde er vom damaligen Ministerpräsidenten, U Nu, eingeladen, aus seinem Heimatkloster nach Rangun zu kommen und dort als Meditationslehrer zu wirken. In einem Außenbezirk Ranguns wurde ein Meditationszentrum gegründet, genannt «Thathana Yeiktha» [27], wo bis zum heutigen Tage Kurse strikter Meditation für Mönche und Laien abgehalten werden. Dort allein haben, bis 1966, 15 000 Personen an den strikten Kursen teilgenommen, und im gesamten Lande 200 000. Diese letzte Ziffer schließt diejenigen ein, die in den über 100 Zweig-Meditationsstätten Burmas nach der gleichen Methode übten: selbst unter den einfachen Bergstämmen der Schanstaaten Nordburmas bestehen solche Stätten. Alle diese Meditationszentren (und viele andere mit unterschiedlichen Methoden) wurden von der damaligen burmesischen Regierung unter U Nu mit einer Subvention unterstützt, die auch von der gegenwärtigen Regierung des Landes fortgesetzt wird. Diese Förderung meditativen Lebens seitens einer Regierung war offenbar auch von der Überzeugung geleitet, daß Menschen, die durch solch ernste geistige Schulung gegangen sind, auch im Gemeinschaftsleben ein positiver Faktor sein werden.

Mönche und Laien, Männer und Frauen, jung und alt, reich und arm, Hochgebildete und Gelehrte, sowie auch einfache Bauern haben sich dieser Geistesschulung mit tiefem Ernst und großer Begeisterung unterzogen. Und an guten inneren Ergebnissen hat es nicht gefehlt. Obwohl es in Burma auch viele und bedeutende Meditationsstätten anderer Methoden gibt, so haben doch an der gegenwärtigen, bemerkenswert starken Welle meditativen Lebens der Ehrw. Mahasi Sayado und seine Schüler den Hauptanteil. Durch ihre Bemühungen hat sich diese Methode auch in Ceylon und Thailand verbreitet, und eine englische Fassung des vorliegenden Buches hat die Kenntnis davon in viele andere Länder getragen.[28]

Ebenso wie der Ehrw. Narada, so vereint auch der Ehrw. Mahasi meditative Reife mit einer umfassenden und tiefschürfenden Kenntnis des buddhistischen Lehrgutes und Schrifttums. Während des 6. buddhistischen Mönchskonzils *(Chaṭṭha Saṅgāyanā)*, das 1954–1956 in Rangun stattfand, hatte daher der Ehrw. Mahasi das ehrenvolle Amt, vor jeder feierlichen Rezitationssitzung des Konzils die auf den betreffenden kanonischen Text bezüglichen Fragen zu stellen, wie es auf dem 1. Konzil nach dem Hinscheiden des Buddha der Ehrw. Arahat Mahā-Kassapa getan hatte. Die literarischen Arbeiten des Ehrw. Mahasi sind in burmesischer und Pāli-Sprache verfaßt. Von englischen Übersetzungen liegen vor: eine Einführung in die Satipaṭṭhāna-Praxis[29]; zwei längere Aufsätze über das «Mahā-Satipaṭṭhāna-Sutta» und die 40 Meditationsobjekte (*«Buddhist Meditation and its Forty Subjects»*)[30]; sowie eine hauptsächlich für fortgeschrittene Meditierende bestimmte Abhandlung, die vom Verfasser dieses Buches vom Pāli ins Englische übersetzt wurde.[31]

ÜBUNGSANWEISUNGEN

Die folgende Darstellung beschreibt in Kürze die vom Ehrw. Mahasi Sayado im Meditationszentrum «Thathana Yeiktha» in Rangun benutzte Methode. Das gedruckte Wort kann freilich die persönliche Unterweisung durch einen erfahrenen Meditationsmeister nicht ersetzen, bei der allein die Veranlagung und der Übungsfortschritt des Meditierenden berücksichtigt werden können. Doch da im Westen erfahrene Lehrer dieser Methode selten sind, erschien es angebracht, hier einen kurzen Umriß und einige vorbereitende Ratschläge über Sitzweise usw. zu geben. Obwohl diese Anweisungen für Ganztagsübung während eines längeren strikten Kurses gelten, können sie auch an kürzere Übungszeiten im berufstätigen Leben angepaßt werden. Darüber mehr am Schluß dieses Kapitels.

Es ist ein Grundsatz der Satipaṭṭhāna-Methode, daß schon die ersten Schritte des Übenden auf dem festen Boden seiner eigenen persönlichen Erfahrung erfolgen sollen. Er soll die Dinge sehen, wie sie wirklich sind, und er soll sie mit eigenen Augen sehen. Er soll unbeeinflußt bleiben durch vorwegnehmende Andeutungen oder irgendwelche Suggestionen hinsichtlich dessen, was ihm nur seine eigene Erfahrung zeigen soll. Um so stärker wird dann die sich aus dieser Erfahrung ergebende Gewißheit sein. Daher werden in den erwähnten Kursen während der Übungsdauer keine theoretischen Erklärungen gegeben; lediglich am Schluß des Kur-

ses werden vom Meditationsmeister die Erfahrungen der Übenden auf die entsprechenden Einzelheiten des Meditationssystems
und des buddhistischen Lehrgutes bezogen. Während der Übung
selber werden aber nur knappe praktische Anweisungen gegeben,
was der Meditierende zu tun oder zu lassen hat. Wenn sich allmählich die Achtsamkeit schärft und der Meditierende bisher
unbemerkte Einzelheiten seines Meditationsobjektes selbständig
wahrnimmt, dann würde der Lehrer nicht bloß, wie gewöhnlich
nach Abhören des täglichen Berichtes, sagen: «Übe weiter!», sondern auch kurz die Richtung weisen, in welche man die Aufmerksamkeit nun mit Vorteil lenken kann. Es ist einer der Nachteile
einer schriftlichen Darlegung, daß selbst solche Hinweise nicht
gegeben werden können, da sie von den Übungsergebnissen des
Einzelnen abhängen. Doch bei genauer Befolgung der hier gegebenen Anweisungen und stetiger Übung werden die eigenen
Erfahrungen des Meditierenden sein Lehrmeister werden und ihn
sicher weiter führen.

Geistige Nüchternheit, Wachsamkeit und Selbsthilfe sind
Kennzeichen dieser Geistesschulung. Ein guter Satipaṭṭhāna-Leh-
rer wird daher in seiner Beziehung zu den Meditierenden sehr
zurückhaltend sein. Er wird es vermeiden, sie durch seine Persönlichkeit bewußt zu «beeindrucken» (sei es auch mit selbstloser
Absicht) oder aus seinen Schülern «Anhänger» zu machen. Er
wird nichts tun, was einem suggestiven oder gar hypnotischen
Einfluß auf den Übenden auch nur im entferntesten gleich kommt.
Er wird sich auch keiner Mittel bedienen oder solche empfehlen,
die Autosuggestion, Autohypnose oder überschwängliche Gefühls-
zustände fördern. Und selbstverständlich steht auch die Benutzung von halluzinogenen Drogen wie LSD, Marihuana usw. in
krassem Gegensatz zu dieser Geistesschulung, welche die Besonnenheit und Bewußtseinsklarheit steigern will.

Man erwarte von dieser Übung keine «mystischen Erfahrungen». Man stelle sich überhaupt nicht zu sehr auf «Erwartungen»
oder schnelle Resultate ein, sondern nehme diese Übungen zunächst als Selbstzweck, d. h. als Förderungsmittel der Achtsam-

keit und geistiger Sammlung. Was sie darüber hinaus zu geben haben, werden sie selber dem Übenden zeigen.

Eine Übungsperiode in der erwähnten Meditationsstätte dauert gewöhnlich 6 bis 10 Wochen, je nach dem Fortschritt des Meditierenden. Während dieser Zeit soll man sich nicht mit Lesen oder Schreiben beschäftigen und Gespräche auf das notwendige Mindestmaß einschränken. Die Teilnehmer nehmen acht der zehn Novizenregeln auf sich, wobei z. B. nach 12 Uhr mittags feste Nahrung und nahrhafte Getränke wie Milch, Kakao usw. bis zum nächsten Morgen ausgeschlossen sind. Auch für eine allein während des Alltagslebens unternommene Halb- oder Ganztagsübung ist dies ratsam, schon allein, um Ablenkung durch die Mahlzeiten auf ein Mindestmaß zu beschränken.

Sitzweise

Die europäische Sitzweise auf einem Stuhl ist nicht gerade günstig für solche, die zunehmend längere Zeit meditieren wollen. Das Herunterhängen der Beine ohne Stellungswechsel verursacht deren «Einschlafen». Doch selbst bevor sich das einstellt, mag man allzu leicht den Drang verspüren, Lageveränderungen der Beine oder des Körpers vorzunehmen, selbst wenn sie nicht nötig sind. Oder man mag versucht sein, allzu steif mit angespannten Muskeln zu sitzen, um das Zusammensinken des Körpers zu vermeiden. Beim indischen Meditationssitz auf dem Boden mit verschränkten oder anliegenden Beinen ruht jedoch der Körper auf einer breiten, sicheren Grundlage und bildet ein Dreieck mit dem Kopf als Spitze. Bei diesem Sitz ist auch eine Veränderung der Körperlage (das «Umherrutschen») nicht so leicht, und es besteht weniger Bedürfnis dafür.

Die Sitzweise mit voll verschränkten Beinen, der Lotussitz *(padmāsana)*, wie man ihn bei Buddhastatuen sieht, ist freilich für die meisten Europäer schwierig und schmerzhaft und kann, ohne Training darin, nur für kurze Zeit beibehalten werden. Obwohl dieser Lotussitz für die Erreichung des stärksten Konzentrationsgrades in den meditativen Vertiefungen *(jhāna)* vorteilhaft ist, so ist er für die Klarblicksmeditation *(vipassanā)* und die Satipaṭṭhāna-Übung weniger wichtig. Für diese seien daher zwei leichtere Sitzweisen empfohlen: entweder der «Heldensitz» *(vīrāsana)*, wobei lediglich das rechte Bein auf dem linken aufliegt (ohne Verschränkung der Beine); oder der «bequeme Sitz» *(sukhāsana)*. Hierbei liegen beide Beine flach auf dem Boden; die Ferse des linken Fußes liegt zwischen den Beinen, und die Zehen in der rechten Kniekehle, wobei das rechte Bein gleichsam den Rahmen für den linken Fuß und Unterschenkel bildet. Diese Sitzart kann für beträchtlich längere Zeit als der Kreuzsitz beibehalten werden, da die Gliedmaßen nicht aufeinander drücken. Für beide Sitzarten ist es allerdings wichtig, daß die Knie fest auf dem Boden oder dem Sitzkissen aufliegen. Bis man dies kann, mag man die Knie mit einer gefalteten Decke oder einer anderen Unterlage stützen, was vorzeitige Ermüdung verhindert, oder verringern wird. Das Sitzkissen soll genügend breit und nicht zu weich sein. Beim Lotussitz oder Heldensitz möge man auch eine gefaltete Decke oder eine andere Unterlage unter das Gesäß legen, so daß es gleiche Höhe mit den Beinen hat.

Wenn aber alle diese Sitzarten zu schwierig sind, möge man einen Stuhl mit gerader Sitzfläche und gerader Rückenlehne benutzen. In jedem Falle wähle man eine Sitzweise, die eine gerade Körperhaltung ermöglicht und die man möglichst lange unverändert beibehalten kann. Für jüngere Menschen oder solche mit gelenkigen Gliedmaßen ist es aber empfehlenswert, eine dieser zwei Sitzweisen oder den Lotussitz zu besonders dafür angesetzten Zeiten einzuüben. Dabei mögen sie entweder allgemeine Achtsamkeit üben oder sich mit kontemplativem Nachdenken beschäftigen, ohne bei dieser Sitzübung auf stärkere Konzentration abzuzielen. Dies mag in der jeweilig bequemsten Sitzhaltung erstrebt werden.

Bei jeder Sitzhaltung ist es wichtig, daß sich der ganze Oberkörper in einer natürlich geraden Haltung befindet, jedoch nicht künstlich gestrafft, sondern ungezwungen und entspannt. Man mag den Rücken anlehnen, an die Wand oder die Stuhllehne. Die Kleidung soll lose sein und der Hals frei. Die rechte Handfläche ruhe im Schoß auf der linken. Den Kopf halte man leicht gesenkt, und der Blick möge ungezwungen (nicht starr fixierend) in einer solchen Entfernung auf den Boden fallen, wie sie sich durch die Kopfhaltung natürlicherweise ergibt. Die Augen mögen halb geschlossen sein, wenn dies nicht dazu führt, sie ganz zu schließen und schläfrig zu werden. Vor Beginn der Übung prüfe man, ob die Muskeln nicht unnötig gespannt sind, z. B. an Schultern, Hals, Gesicht (Mund) oder den Händen und Fingern.

Die geistige Einstellung

Das Ziel dieser Übung ist das höchste, das die Lehre des Buddha bietet, und die Übung soll daher mit der diesem hohen Ziel angemessenen inneren Haltung und mit rechtem Ernst aufgenommen werden. Der Buddhist möge sie mit der dreifachen Zuflucht zum Erleuchteten, seiner Lehre und der Mönchsgemeinde beginnen und sich dabei Sinn und Bedeutung dieses Aktes gegenwärtig halten. Er möge daran denken:

«*Ich betrete nun den gleichen Pfad, den der Erwachte und seine heiligen Jünger gegangen sind. Mit Ehrfurcht und Eifer muß ich diesem Pfade folgen. Ein Nachlässiger und Träger kann ihn nicht begehen. Mögen Kraft und Ausdauer mich stets begleiten! Möge, was ich gewinne, zum Segen sein für mich und alle Wesen!*»

Auch für einen Nichtbuddhisten, der, ohne sich das buddhistische Ziel der Leidbefreiung zu setzen, nach Läuterung, Vertiefung und gründlicher Schulung des Geistes strebt – auch für ihn wird es hilfreich sein, wenn er sich diesem Übungswege mit dem gebührenden Respekt nähert und die Übung mit ernstem Streben beginnt.

Das Übungsprogramm

Die drei Objektgruppen. Die Klarblicksmeditation mittels der Satipaṭṭhāna-Methode bedient sich dreier Gruppen von Übungsobjekten, von denen jede Gruppe in ihrer Art zum erstrebten Endergebnis beiträgt.

1. Grundlegend ist ein gleichbleibendes und stets zu pflegendes *Hauptobjekt* aus dem Gebiete der «Körperbetrachtung». Für die methodische Entfaltung der Achtsamkeit und der Klarblickserkenntnis sind solche Körpervorgänge am besten geeignet, die sich unterbrechungslos und ohne unser willentliches Zutun vollziehen, doch der Beobachtung zugänglich sind. Hiervon kommen nur zwei für diese Zwecke in Frage: die Atmung und die durch diese hervorgerufene Bauchdeckenbewegung. Von dem vorerwähnten burmesischen Meditationsmeister, dem Ehrw. Narada, und seinen ersten Schülern wurde die *Atmungsachtsamkeit* benutzt, von der das nächste Kapitel handeln wird. Die Achtsamkeit auf das *Heben und Senken der Bauchdecke* wurde vom Ehrw. Mahasi Sayado als Hauptobjekt eingeführt und wird in vielen Meditationsstätten Burmas und anderer Länder mit Erfolg benutzt. Diese Bauchdeckenbewegung dient als Berührungs- oder Körperempfindungs-Objekt *(phoṭṭhabbārammaṇa)* und wird durch das Körperbewußtsein *(kāya-viññāṇa)* wahrgenommen. Sie ist nicht als Sehobjekt zu benutzen, d. h. die Bewegung soll nicht mit dem Auge beobachtet werden; es handelt sich hier also keineswegs um «Nabelbeschauung». Ebensowenig hat diese Übung etwas zu tun mit den Körperzentren *(Cakra)* des tantrischen Yoga. Was hier geschieht und beabsichtigt wird, ist vielmehr etwas ganz Unmystisches: nämlich daß dieser Körpervorgang durch die Unterschiedlichkeit der Druckempfindung deutlich wahrnehmbar und durch Achtsamkeit darauf regelmäßig verfolgbar wird. Und eben als ein solcher konstanter und rhythmischer Bewegungsvorgang ist er für die Einsicht in die Vergänglichkeit und die Entfaltung des Klarblicks besonders förderlich.

Obwohl die Bauchdeckenbewegung in den Lehrreden des Buddha nicht als Meditationsobjekt genannt ist, darf man doch einem bedeutenden zeitgenössischen Mönche Ceylons darin zustimmen, wenn er sagte, daß jeder körperliche und geistige Vorgang ein legitimer Gegenstand für die Klarblicksmeditation sein kann. Während sich der Atem im Laufe der Meditation verfeinert und manchmal kaum merkbar ist, behält die Bauchdeckenbewegung einen gröberen Charakter und ist gewöhnlich (wenn auch nicht für alle Konstitutionen) leichter wahrnehmbar. Doch auch die Atmung hat als ein Achtsamkeitsobjekt ihre besonderen Vorzüge, und der Meditierende mag daher, nach kurzen Versuchen mit beiden, seine Wahl selber treffen.

2. *Sekundäre Objekte* während der Übung sind: a) das Gewahrsein der Körperhaltung (Sitzen) und einer Auswahl lokalisierter Druckempfindungen, die sich beim Sitzen ergeben. – b) Ferner dienen als sekundäre Objekte die anderen Körperhaltungen (Gehen, Stehen, Liegen) bei ihrem jeweiligen Vorkommen während des Übungstages.

3. *Allgemeine Achtsamkeitsobjekte* sind andere Körpertätigkeiten und Wahrnehmungen als die vorerwähnten sowie Gefühle, Gedanken, Stimmungen usw., die auftreten mögen a) während der Übungszeit, bei zeitweiliger Unterbrechung der Hauptmeditationen (durch Ablenkung oder bei Routineverrichtungen während des Übungstages), b) außerhalb der Übungszeit, im normalen Alltagsverlauf. – Die Objektauswahl, der Stärkegrad und die Zeitdauer solcher allgemeinen Achtsamkeit wird von der betreffenden Situation und der individuellen Befähigung abhängen.

Während eines strikten Meditationskurses ist die Übungszeit der ganze Tag, vom Aufwachen bis zum Einschlafen. Das bedeutet natürlich nicht, daß man sich während dieser ganzen Zeit nur einem einzigen Meditationsobjekt, d. h. einem der Hauptobjekte, widmen soll: auch die beiden anderen erwähnten Objektgruppen sind ein wichtiger Bestandteil des Übungstages und werden, besonders beim Anfänger, einen großen Teil desselben ausfüllen.

Beim Aufwachen richte man das Reine Beobachten sofort auf das, was zu allererst empfunden wird (obwohl es gewöhnlich gar nicht oder nicht voll bewußt ist), nämlich die durch das Liegen auf dem Bett hervorgerufene leichte Druckempfindung, sowie auf die liegende Körperhaltung. Damit hat man bereits mit der «sekundären Objektgruppe» oder der Übung mit den Körperhaltungen (siehe Lehrrede I, 2) begonnen. Man registriere also für eine kurze Weile «Fühlen» (im Sinne einer körperlichen Druckempfindung) und «Liegen». Darauf springe man nicht etwa hastig aus dem Bett, sondern stelle zunächst die Absicht des Aufstehens fest (geistiges Bewußtsein) und dann die Phasen der Ausführung: Heben und Aufsetzen des einen Beines, dann des anderen («Beugen und Strecken»; Lehrrede I, 3); die nun eingenommene Sitzhaltung («Sitzen»), das Aufstehen («Stehen») und die ersten Schritte («Gehen»); all dies mit Achten auf die vorhergegangene Absicht. Auch die Verrichtungen des Ankleidens, Waschens, Frühstückens usw. begleite man mit Achtsamkeit. Auch für die Gefühlsbetrachtung (Lehrrede II) wird sich beim Aufstehen Gelegenheit bieten: wenn man z. B. an einem schönen Morgen sich körperlich frisch und wohl fühlt, so wisse man: es ist ein angenehmes körperliches Gefühl; wenn man sich unbehaglich oder unwohl fühlt, so wisse man: es ist unangenehmes körperliches Gefühl.

Das Achten auf kleinste Teilvorgänge bei den genannten Verrichtungen würde freilich eine beträchtliche Verlangsamung dieser Routinetätigkeiten mit sich bringen. Man möge daher alle diese Alltagsverrichtungen nur in großen Zügen verfolgen, doch achtsam und kontinuierlich und ohne ablenkenden Gedanken Raum zu geben. Es wird aber förderlich sein, wenn man hin und wieder eine geeignete Körpertätigkeit herausgreift und sie in ihren einzelnen Phasen bewußt beobachtet und ausführt.

Die Absicht bei all dieser «Kleinarbeit» ist zunächst, eine Anzahl geschlossener Tätigkeitsreihen lückenlos zu verfolgen und damit das Achtsamkeits- und Bewußtheitsniveau während des Übungstages zu erhöhen. Darüber hinaus werden diese Beobachtungen die Kenntnis von der Ablaufsart der betreffenden körperlichen und geistigen Vorgänge fördern; und es mag recht wohl geschehen, daß hierbei für den Fortschritt entscheidende Klarblickseinsichten ausgelöst werden, z. B. in die Vergänglichkeit und Unpersönlichkeit der Vorgänge.

Wenn man die Routineverrichtungen des Morgens beendet hat, begebe man sich zum gewählten Meditationssitz, dabei der Absicht und des Gehvorgangs bewußt. Man setze sich achtsam hin mit der Feststellung «Sitzen», «Fühlen» (Druckempfindung). Darauf richte man die Achtsamkeit auf das Heben und Senken der Bauchdecke. Das Objekt hierbei ist lediglich das Auf und Ab dieser spontanen Körperbewegung; der sie erzeugende Atem bleibt dabei unberücksichtigt. Es ist ein Berührungsobjekt *(phoṭṭhabbārammaṇa)*, wahrgenommen vom Körperbewußtsein *(kāya-viññāṇa)*, und es soll (wie früher bemerkt) nicht als ein Sehobjekt benutzt werden. Dieses Heben und Senken des Unterleibs ist ein natürlicher und stets vorhandener Vorgang: es bedarf also keiner Absicht oder Willensanstrengung, um ihn hervorzurufen. Je ruhiger und gelassener die Achtsamkeit auf diesem rhythmischen Bewegungsvorgang ruht und mit ihm mitgeht, um so leichter wird es sein, dieses Reine Beobachten für zunehmend längere Zeit fortzusetzen.

Es kann vorkommen, daß die Bauchdeckenbewegung entweder nicht sofort oder nur undeutlich und mit Unterbrechungen bemerkbar wird. Dies ist nichts Ungewöhnliches und wird sich im Laufe der Übung bessern. Als Hilfe kann man sich hinlegen, und in dieser Lage wird die Bauchdeckenbewegung beträchtlich deutlicher sein und es für längere Zeit bleiben. Man kann auch die Handfläche leicht auflegen und die Bewegung für eine Weile in dieser Weise feststellen. Es wird dann leichter sein, sie zu verfolgen, auch wenn man die Hand wieder entfernt. Wenn man Schläfrigkeit und Schlaffheit fernhalten kann, mag man die Übung so lange im Liegen fortsetzen, bis die Bewegung auch im Sitzen deutlich wird.

Wenn aber trotzdem die Bauchdeckenbewegung zeitweise undeutlich bleibt, so soll man nicht versuchen, sie durch äußere Mittel wie schnelleres oder tieferes Atmen «einzufangen»; dies würde nur zu körperlicher und geistiger Unruhe führen. Man breche auch nicht die Übung ungeduldig ab; auch dann nicht, wenn sich irgendwelche kleine Störungen einstellen. Man bleibe vielmehr ruhig sitzen und richte die Aufmerksamkeit auf die Sitzstellung und die leichten Druckempfindungen, die durch die Berührung des Körpers mit Sitz und Lehne hervorgerufen werden. Man beginne mit der Vergegenwärtigung und Feststellung der sitzenden Haltung als «Sitzen»; dann wähle man sechs oder acht Druckstellen am Körper aus, beginnend mit der einen Schulter und in einer Kreisbewegung bis zur anderen, und registriere die jeweilige Druckempfindung als «Fühlen, Fühlen . . .». Dann beginne man wieder mit «Sitzen», gefolgt von «Fühlen, Fühlen», und so fort. Diese Worte und andere, welche die Beobachtungen während des Übungstages registrieren, sollen nur innerlich gesprochen werden. Sobald man dieses Hilfsmittel der sprachlichen Formulierung entbehren kann, soll man es fortlassen und die reine, wortlose Beobachtung der Vorgänge selber vollziehen. Wenn während der Übung mit diesen sekundären Objekten des «Sitzens» und «Fühlens» der Geist ruhiger oder das Hauptobjekt deutlicher geworden ist, so kehre man zum Achten auf das Heben und Senken der Bauchdecke zurück und setze diese Übung fort, so lange man es vermag.

Zunächst wird man vielleicht diese Doppelbewegung des Hebens und Senkens als zwei kurze, undifferenzierte Achtsamkeitspunkte wahrnehmen. Doch bald wird man merken, daß sie einen «Zeitraum» einnehmen, und man soll dann Beginn, Mitte und Ende der Ablaufsdauer jedes einzelnen Hebens und Senkens mit gleichmäßig klarer Achtsamkeit erfassen. Dem entspricht bei der Atmungsachtsamkeit das «Empfinden des ganzen (Atem-)Körpers» (s. Lehrrede I, 1 und nächstes Kapitel). Durch solche Achtsamkeit auf die volle Ablaufsdauer eines einzelnen Vorgangs, wobei dessen Beginn und Ende sich stärker abheben, wird das regelmäßige *Entstehen und Schwinden* dieser Vorgänge zunehmend deutlicher und eindrucksvoller werden. Früher oder später wird man dann auch einen zweiten doppelten Ablaufrhythmus wahrnehmen, den von körperlichen und geistigen Vorgängen *(nāma-rūpa)*; nämlich die *körperliche* Druckempfindung des Hebens und Senkens, sowie den *geistigen* Akt der darauf gerichteten Achtsamkeit, der ein steter Begleiter sein soll. Fortgesetzte klare Erfassung dieses zweifachen Doppelrhythmus (Entstehen und Schwinden, Körper und Geist) wird schließlich zur «Klarblickserkenntnis des Entstehens und Schwindens» *(udayabbaya-ñāṇa)* führen.

Die Erfassung des gesamten Bewegungsvorgangs (Anfang, Mitte und Ende) mag auch eines Tages das Ergebnis zeitigen, daß die Endphase des einzelnen Hebens und Senkens ganz spontan ein Übergewicht erhält. Das Erlebnis des «Sterbens» jedes Einzelvorgangs wird dann ein so starker Eindruck sein, daß die anderen Ablaufphasen (Anfang und Mitte) dagegen verblassen. Dies mag eine Vorwegnahme, Ankündigung oder Erreichung der zweiten Klarblickserkenntnis sein, nämlich derjenigen der «Auflösung» der Daseinsvorgänge *(bhaṅga-ñāṇa)*. Ob es schon die ausgereifte Erkenntnis selber ist, wird man aus der Stärke und Nachhaltigkeit dieses Erlebnisses merken, sowie daraus, daß dann der meditative Fortschritt spontan an Intensität gewinnt. Doch auch als bloße Annäherung daran wird diese Erfahrung mit der Endphase sehr förderlich sein.

An diesem Punkt wird es ratsam sein, daß der ohne einen Lehrer Übende sich mit der Reihe der Klarblickserkenntnisse, wie sie in der buddhistischen Meditationstradition überliefert sind, auch theoretisch vertraut macht. Information darüber gibt der «Visuddhi-Magga» («Der Weg zur Reinheit») des Ehrw. Buddhaghosa, im 21. Teil des Werkes. Wer englisch kann, mag auch die Schrift des Ehrw. Mahasi Sayado *«The Progress of Insight»* konsultieren.

In persönlicher Unterweisung wird der Meditationsmeister von den oben kurz behandelten zwei Klarblickserkenntnissen erst dann sprechen, wenn der Meditierende sich ihnen nähert oder sie erreicht hat. Doch für solche, die ohne einen Lehrer üben, hielten wir es für angebracht, sie durch diese kurzen Bemerkungen auf die ersten Fortschrittsstadien vorzubereiten. Der allein Übende möge sich jedoch davor hüten, diese Ergebnisse intellektuell vorwegzunehmen oder sie sich wunschhaft zu suggerieren.

Wenn nach längerem Üben die Beine steif geworden sind, so richte man das Reine Beobachten auf die Schmerzempfindung an der betreffenden Körperstelle und gehe über die bloße Feststellung «Schmerzgefühl» nicht hinaus, d. h. man überlasse sich keinerlei Gedanken oder Stimmungen darüber. Man setze dies fort, so lange der Schmerz oder das Unbehagen stark genug ist, um von der Meditation abzulenken. Während dieses wiederholten Reinen Beobachtens mag es häufig geschehen, daß die Schmerzgefühle schwächer werden oder schwinden und man wieder zum Hauptobjekt zurückkehren kann. Denn eine Schmerzempfindung mag beträchtlich verstärkt werden durch das, was die geistige Einstellung dem körperlichen Anlaß hinzufügt, nämlich Ichbezug, Selbstbemitleidung, Reizbarkeit, Ärger, Furcht usw. All dies wird durch das Reine Beobachten vermieden. Mit dieser Gefühlsbetrachtung (Lehrrede II) bleibt man innerhalb der Übung; denn, abgesehen von der resultierenden Stärkung der Achtsamkeit, kann man auch beim Ansteigen und Abklingen eines Schmerzgefühls ähnliche Beobachtungen machen wie bei den Bewegungsvorgängen der Hauptobjekte. So kann eine Meditationsstörung in ein Meditationsthema und Erkenntnisobjekt verwandelt werden.

Wenn aber die Schmerzempfindung nicht nachläßt und eine Änderung der Körperhaltung wünschenswert wird, so stehe man achtsam auf und tue das zur Behebung des Unbehagens Notwendige: Strecken oder Massieren der Glieder, Auf- und Abgehen oder Hinlegen – all dies mit Achtsamkeit auf Absicht und Ausführung. Auch wenn während der Übung die körperliche oder geistige Energie nachläßt oder sich Müdigkeit einstellt, empfiehlt sich Wechsel der Körperhaltung, insbesondere das Auf- und Abgehen.

Das achtsame *Auf- und Abgehen* ist aber nicht nur ein Hilfsmittel, sondern auch eine sehr förderliche selbständige Übung, die zur sekundären Objektgruppe gehört. Zum Strecken steif gewordener Glieder, sowie bei Anlässen für schnelleres Gehen oder bei einer längeren Wegstrecke genügt es, wenn man auf den einzelnen Schritt mit der Feststellung «links, rechts» achtet. Die meditative Gehübung jedoch erfordert ein verlangsamtes Gehen mit der Feststellung von zumindest zwei Phasen des einzelnen Schrittes: 1. Heben des Fußes, 2. Aufsetzen. Dem füge man später als Zwischenphase hinzu das Vorwärtstragen des Fußes zum neuen Standort; oder man beginne gleich mit den drei Phasen. In kurzen Begleitworten (später fortzulassen) mag man dies wie folgt formulieren:

A. 1. *Heben*, 2. *Setzen;*
B. 1. *Heben*, 2. *Tragen*, 3. *Setzen.*

Die *drei* Phasen sind vorzuziehen, da sie eine geschlossene Achtsamkeitsfolge während des einzelnen Schrittes erleichtern, während zwischen A. 1. und A. 2. leicht eine Achtsamkeitslücke entstehen kann. Beim Umkehren achte man auf die stehende Haltung und die Beinbewegung. Widmet man dem Gehen eine längere Zeit, so ist eine nicht allzu kurze Gehstrecke vorzuziehen (z. B. ein Korridor oder zwei angrenzende Zimmer), um die Unterbrechung durch das Umwenden zu reduzieren.

Obwohl man im allgemeinen eine bessere Konzentration im Sitzen erzielen wird, so kann doch auch das Auf- und Abgehen eine wertvolle Quelle von Klarblickserkenntnissen sein. Man möge daher der Gehübung einen beträchtlichen Teil des Übungstages widmen und mit dem Sitzen regelmäßig abwechseln. Zu Beginn wird man geneigt sein, häufiger zu wechseln, doch mit wachsender Achtsamkeit und Konzentration wird man für zunehmend längere Zeit sitzen oder gehen können, und auch das Bedürfnis für Ruhepausen wird sich verringern.

Während des gesamten Übungstages achte man auf das Auftreten abschweifender Gedanken, auf das Aussetzen der Achtsamkeit bei Einheiten oder einzelnen Phasen des Hauptobjekts, des Gehens und anderer Tätigkeiten. Man achte darauf, ob man die Achtsamkeitslücken sofort bemerkt hat oder ob, und für wie lange, man «abgetrieben» wurde. Nach Feststellung dieser Unterbrechungen kehre man sofort zum Übungsobjekt zurück. Man vermeide oder konstatiere vorwegnehmende Gedanken (z. B. die Übung betreffend) und Zukunftsfantasien, die, ebenso wie Gedanken über die Vergangenheit, eine häufige Form der Abschweifung sind. Die Achtsamkeitsübung richtet sich lediglich auf die Gegenwart.

Die Häufigkeit und Dauer abschweifender Gedanken wird sich im Verlauf der Übung verringern, und dies kann als ein Maßstab des Fortschritts dienen. Diese wachsende Reaktionsgeschwindigkeit der Achtsamkeit wird auch eine große Hilfe sein für die Selbstbeherrschung und Sinnenzügelung und besonders für die Unterbindung von unheilsamen und abwegigen Gedanken sofort nach ihrem Auftreten. Die Wichtigkeit hiervon für das Alltagsleben sowie für den Fortschritt auf dem Heilspfade der Buddhalehre ist offensichtlich.

Von äußeren und inneren Störungen lasse man sich weder irritieren noch entmutigen, sondern «entwaffne» sie, indem man diese Ablenkungen selber als zeitweilige Achtsamkeitsobjekte nimmt. Denn sie alle können einen Platz finden in den vier Gebieten der Achtsamkeit, von denen die Lehrrede handelt. Hierüber wird noch mehr im IX. Kapitel über «Die Wirkungskraft des Reinen Beobachtens» gesagt werden, besonders im Abschnitt über «Die gewaltlose Methode».

Wenn man nicht mit dem Hauptobjekt oder den sekundären Objekten beschäftigt ist, wähle man während des Tagesverlaufs eine Tätigkeitsfolge oder einen Wahrnehmungsvorgang (z. B. Sehen oder Hören) mit den sich daran anknüpfenden Gedanken, Gefühlen und Handlungen und beobachte sie genau in ihren einzelnen Phasen. Dies wird mannigfachen Nutzen haben: als eine «Geläufigkeitsübung» in der Anwendung des Reinen Beobachtens, als Ausdehnung der Reichweite der Achtsamkeit und als Anregung und Quelle der Wirklichkeitserkenntnis.

Bei sich schärfender Achtsamkeit möge man auch auf die feinsten Stimmungen und Gedanken der Befriedigung oder Unbefriedigung achten, wenn sie, z. B. mit Bezug auf den Übungsverlauf, auftreten. Sie können die Keime sein für stärkere Formen von Lust und Unlust, Zuneigung und Abneigung, Stolz und Kleinmut. Man soll sich daher mit ihnen vertraut machen, sie feststellen und entlassen und sie so am Anwachsen hindern.

Doch ein Vorbehalt soll hier gemacht werden für Umstände, in denen man ein aufsteigendes Gefühl der Befriedigung mit dem Übungsverlauf milder betrachten und behandeln mag. Bei erfolgreicher Übung kann es geschehen, daß sich, hervorgerufen durch die Klarblickserfahrungen, starke Ergriffenheit einstellt, ernste *(saṁvega)* oder freudige *(pīti).* Oder der Meditierende wird gleichsam überflutet von einer schnellen Folge von Gedanken und Gefühlen, durch die sich ihm gewisse Lehren oder Aussprüche des Buddha oder auch allgemeine Einsichten in das Leben blitzartig erhellen und sie wie ganz neue Erfahrungen aufleuchten lassen. Dies werden Erlebnisse starker innerer Befriedigung sein, die vorübergehend die Ruhe und das Gleichmaß der Achtsamkeitsübung unterbrechen werden. In solchen Momenten wird es der allein Übende selber zu entscheiden haben, wieviel Raum er solch starken Gedanken- und Gefühlswellen erlauben soll. Sie sollen gewiß nicht leichthin unterdrückt werden, denn die dabei erlebte «freudige Ergriffenheit» *(pīti)* mag unter Umständen und bei rechtem Vorgehen recht wohl das Tor zu den meditativen Versenkungen *(jhāna)* öffnen, zu deren geistigen Komponenten sie gehört.[32] Die «ernste Ergriffenheit» *(saṁvega)* wiederum mag dem Übungsfortschritt und der Charakterentwicklung einen starken Ansporn geben. Doch um solche Ergriffenheit auswerten zu können, darf man ihr gegenüber die Besonnenheit nicht verlieren, und wenn man merkt, daß sie in einen bloßen Gefühlsüberschwang mündet, breche man die Übung zeitweilig ab. Man behalte im Auge, daß es sich hier nur um Nebenerscheinungen oder bestenfalls Erfolgssymptome der Übung handelt, die nicht zu ihrem eigentlichen Bereich und ihrer Zielsetzung gehören. Sobald sich daher diese Gedanken- und Gefühlswellen beschwichtigt haben, kehre man wieder zu den Hauptübungen zurück, um mit ihrer Hilfe weiteren und höheren Ergebnissen des erlösenden Klarblicks nachzustreben.

Im Übungsverlauf mögen aber auch andere Erfahrungen auftreten, denen gegenüber weit größere Vorsicht und Zurückhaltung angebracht ist. Bei stärkerer Konzentration (und bei manchen Personen schon früher) stellen sich manchmal innere Lichtwahrnehmungen ein, sei es von geringerer oder größerer Intensität, wie sie von Meditierenden verschiedener Religionen erlebt und beschrieben wurden. Auch die Bilderwelt des Unterbewußten mag durch stärkere Konzentration angeregt werden, und einfache oder komplizierte Bildvorstellungen mögen ins Bewußtsein treten. Mystiker haben oft in solche Licht- und Bildwahrnehmungen ihre eigenen Glaubensvorstellungen projiziert. Der Jünger der Achtsamkeitsschulung aber begegne all dem, schon beim ersten Auftreten, mit einer kurzen, nüchternen Feststellung («Licht», «Ein-bildung») und wende sich sofort wieder seinem Übungsobjekt zu, ohne weiteren Gedanken oder Gefühlen über jene Eindrücke Raum zu geben. Wenn aber diese Eindrücke oder die Gedanken darüber andauern, so unterbreche man die Übung, bis jene Vorstellungen geschwunden sind oder sich die Gedanken beschwichtigt haben. Man wisse, daß es sich auch hierbei nur um psychologische Phänomene, um Nebenerscheinungen geistiger Konzentration handelt, die keineswegs bei allen Meditierenden auftreten. Man braucht also solche Licht- und Bildvorstellungen weder zu fürchten, noch soll man auf sie, als vermeintliche «mystische Erfahrungen», stolz sein. Im allgemeinen aber bietet die hier dargelegte Geistesschulung in Rechter Achtsamkeit wenig Nährboden für solche Phänomene.

Es wurde in diesem Kapitel bereits betont, daß man die Hauptübung zunächst nur um ihrer selbst willen vornehmen soll, d. h. als Stärkung von Achtsamkeit und Sammlung. Man mache sich zuerst völlig vertraut mit den bei den Übungen auftretenden körperlichen und geistigen Vorgängen und erstrebe oder erwarte keine «schnellen Resultate», es seien denn die eines Wachstums an Achtsamkeit und innerer Ruhe. Die weiterreichenden Resultate werden sich als natürliche Entwicklung aus den Übungen ergeben. Versuche, sie durch intellektuelle Vorwegnahme zu beschleunigen, würden nur innere Unruhe bringen und den Übungsfortschritt beeinträchtigen.

Auch die «allgemeinen Achtsamkeitsübungen» haben zunächst den Zweck, das Gesamtniveau der Achtsamkeit während des ganzen Übungstages, sowie auch im Alltagsleben möglichst hoch zu halten, wodurch auch die Konzentration während der Hauptübung entscheidend gefördert werden kann. Doch auch in umgekehrter Richtung wird sich bald ein heilsamer Einfluß bemerkbar machen. Die bei den Hauptübungen erzielten Spitzenergebnisse in Konzentration, Achtsamkeit und Einsicht werden auch eine Stärkung eben dieser Eigenschaften innerhalb der allgemeinen Achtsamkeitsanwendung, sowie im tätigen Leben des Meditierenden bewirken. Es mag dann wohl geschehen, daß wichtige Beobachtungen oder Erkenntnisse zuerst mit allgemeinen Achtsamkeitsobjekten gemacht werden und so der Gesamtübung einen starken Ansporn geben. Diese wertvolle Wechselwirkung zwischen allgemeiner und Hauptübung macht es wünschenswert, daß man sich bemüht, Bedingungen für gelegentliche Ganztagsübungen von kürzerer oder längerer Dauer zu schaffen.

Vorbereitende Achtsamkeitsübung. – Doch wenn man ohne Lehrer und ohne vorherige Meditationserfahrung übt, empfiehlt es sich, vor solch strikter Ganztagsübung für einige Wochen die allgemeine Achtsamkeit im normalen Tagesverlauf zu pflegen. Dies ist auch ratsam, wenn man die Möglichkeit hat, unter der Leitung eines Meditationslehrers an einem strikten Übungskurs teilzunehmen. Durch solche frühere Vorbereitung wird man mit dem Einsatz gerichteter Achtsamkeit vertrauter werden und wird dabei den «Stimmungsgehalt» einer solchen Geisteshaltung schätzen lernen. Damit wird auch das Gefühl der Befangenheit und Unsicherheit fortfallen, mit dem sich häufig ein Anfänger erstmalig zur Meditation hinsetzt.

Man mag diese vorbereitende Achtsamkeitsübung mit ganz kurzer und gelegentlicher Aufmerksamkeit auf körperliche und geistige Tätigkeiten beginnen und dies mehrmals am Tage wiederholen: beim Einschlafen und Aufwachen, sowie während des Tagesverlaufs, so oft man daran denkt. Man achte insbesondere auf Stimmungen und Äußerungen von Ärger, Mißmut, Begehrlichkeit usw. Die in der Bewältigung solcher Aufwallungen erzielten Erfolge werden Zuversicht verleihen und dazu ermutigen, die methodische Übung aufzunehmen. Sonst richte man die Aufmerksamkeit auf alles, was sich an neuen Eindrücken bietet, und allmählich auch auf die Entstehens- und Vergehensmomente der beobachteten Vorgänge. Schließlich widme man dieser vorbereitenden Achtsamkeit kurze geschlossene Zeitspannen, etwa eine viertel oder halbe Stunde. Dabei möge man es auch mit einem der Hauptobjekte versuchen (am besten dem Atem), ohne sich beirren zu lassen, wenn es dabei zu keiner guten Konzentration kommt. Hier ist die Absicht lediglich, eine anfängliche Vertrautheit mit gerichteter Achtsamkeit zu erwerben.

Wenn man nach solcher Vorbereitung die methodische Übung aufnehmen will, so widme man dem Hauptobjekt und den sekundären Objekten die stillste Zeit des Tages, etwa die frühen Morgenstunden oder, wenn nicht zu ermüdet, eine oder mehrere Nachtstunden. Mit kurzen Übungsperioden beginnend, steigere man sie allmählich auf mehrere Stunden, einen Halbtag, ein Wochenende und schließlich mehrere Ferientage oder -wochen. Besonders zu Beginn möge man andere Freizeitbeschäftigungen weitmöglichst zurückstellen und während strikter Übung Geselligkeit auf das unerläßliche Mindestmaß beschränken. Wenn auch dann geselliger Umgang und andere Störungen unvermeidbar sind, so lege man für die betreffende Zeit das Übungsobjekt bewußt ab und nehme es wieder auf, sobald man ungestört ist – «gleichwie man ein Gepäckstück vom Boden aufhebt, das man zeitweilig abgestellt hat» (Kommentar zur Lehrrede).

Bei Beginn der methodischen Übung stelle man sich auf ernste und ausdauernde Anstrengung ein. Wenn man der ersten Müdigkeit oder Unlust nicht nachgibt, wird man häufig hinter ihr neue Reserven von Energie finden. Andererseits soll man gewiß nicht ins Extrem der Übermüdung gehen und soll sich Ruhe gönnen, wenn eine Fortsetzung der Übung der Ermüdung wegen keinen Erfolg verspricht. Auch während einer Ruhepause kann und soll ja die Achtsamkeitsübung fortgesetzt werden, obwohl mit anderem Objekt und in entspannter Haltung.

Das gewählte Hauptobjekt (Atem oder Bauchdeckenbewegung) und die sekundären Objekte (Gehübung, «Fühlen-Sitzen» usw.) werden während der gesamten Übungsdauer (seien es auch Jahre) beibehalten, ohne daß etwas Neues hinzugefügt wird. Das «Neue» ergibt sich aus den Übungserfahrungen selber: aus den sich entfaltenden Klarblickserkenntnissen; oder für den, der nicht auf diese hinzielt, aus einer neuen Einstellung zu sich selber und zum Leben.

Freilich mag unter den Wohn- und Lebensbedingungen einer westlichen Großstadt die Durchführung einer strikten Übungsperiode selbst mit Einschränkungen und Anpassungen schwierig oder unmöglich sein. Der burmesische Meditationsmeister, der ehrw. Mahasi, wurde daher gefragt, ob und wieweit ein Fortschritt zu erwarten ist, wenn man lediglich in kurzer täglicher Freizeit üben kann. Die Antwort war, daß auch einige seiner Schüler lediglich in der Freizeit ihres Berufslebens geübt und gute Ergebnisse erzielt hatten. Der Fortschritt sei dann natürlich langsamer und schwieriger und sei natürlich auch von der Fähigkeit und Ausdauer des Einzelnen abhängig.

Bei solch reduzierter Übungsmöglichkeit und auch bei einer Fortsetzung der Übung nach einer strikten Meditationsperiode ist das hier beschriebene Übungsprogramm den gegebenen Umständen anzupassen. 1. Die Stelle der allgemeinen Achtsamkeitsübung wird dann eingenommen von einem möglichst hohen Niveau von Achtsamkeit und Besonnenheit während des ganzen Tages, angepaßt an die Erfordernisse des Berufs- und Privatlebens. Auch während der Berufstätigkeit wird man gelegentlich für einige Sekunden oder Minuten die Achtsamkeit auf die Körperhaltung, den Atem oder anderes lenken können. Übungen, die eine Funktionsverlangsamung verursachen, wie das achtsame Auf- und Abgehen, wird man freilich auf die Freizeit beschränken müssen und auch dann auf Zeiten, wenn man ungestört und unbeobachtet ist. Man vermeide es grundsätzlich, durch eine Veränderung in seinem Benehmen die Aufmerksamkeit anderer auf sich zu lenken. – 2. Dem Hauptobjekt und den sekundären Objekten widme man jede verfügbare und ungestörte Freizeit, morgens und abends. Regelmäßigkeit, sei es auch bei kurzen Übungszeiten, ist hier besonders wichtig.

VII. ACHTSAMKEIT AUF DIE ATMUNG
(Ānāpānasati)

Für die Übungsanweisungen des vorhergehenden Kapitels wurde als Hauptobjekt der Achtsamkeit das Heben und Senken der Bauchdecke gewählt. Es mag jedoch Übungsgewillte geben, die die Achtsamkeit auf den Atem vorziehen, sei es für die direkte Entfaltung des Klarblicks oder für eine vorherige Erreichung der Vertiefungen *(jhāna)*. Es mag auch körperliche Konstitutionen geben, für die der Atem regelmäßiger und deutlicher wahrnehmbar ist als die Bauchdeckenbewegung. In solchen Fällen ist gewiß die Atmung als Objekt vorzuziehen. Für diejenigen nun, die aus irgendeinem Grunde diese Wahl treffen, sollen hier kurze Anweisungen für die Übung der Atmungs-Achtsamkeit *(ānāpānasati)* gegeben werden, in Ergänzung der allgemeinen Bemerkungen im vierten Kapitel (Seite 57). Die folgende Darlegung bezieht sich auf die vier in der Lehrrede gegebenen Übungen der Atmungsachtsamkeit. Eine andere Übungsmethode, beginnend mit dem Zählen der Atemzüge, wird im «Weg zur Reinheit» (Visuddhi-Magga) ausführlich dargestellt.

Für die Atmungsachtsamkeit, insbesondere wenn die Vertiefungen *(jhāna)* erstrebt werden, ist wohl als Sitzart der Lotussitz mit voll verschränkten Beinen vorzuziehen und wird auch in der Lehrrede lediglich bei dieser Übung ausdrücklich erwähnt. Doch in Ländern des Westens braucht diese Sitzart (so vorteilhaft sie auch ist) auch hierbei nicht als unerläßlich betrachtet zu werden, und besonders nicht, wenn die Entfaltung des Klarblicks erstrebt wird. Bei Schwierigkeiten mit dem Lotussitz mag sich daher der Übende einer der alternativen Sitzweisen bedienen, die früher beschrieben wurden (Kap. VI, S. 88 ff.).

Wir haben bereits darauf hingewiesen, daß man den natürlichen Fluß des Atems in keiner Weise beeinflussen soll (s. Kap.

IV, S. 57). Der Atem soll weder angehalten, noch absichtlich vertieft oder in einen bestimmten Rhythmus hineingezwungen werden. Die einzige Aufgabe ist hier, während der Übung dem Atmungsablauf ruhig und achtsam zu folgen, und zwar unterbrechungslos oder doch (als erste Annäherung daran) ohne *unbemerkte* Unterbrechung. Fixierungspunkt der Achtsamkeit sind die Nasenflügel, gegen die die Atemluft anschlägt. Diesen Beobachtungsposten soll man nicht verlassen, denn hier kann man das Ein- und Ausströmen des Atems leicht bemerken. Man soll nicht dem Atem auf seinem Weg durch den Körper folgen; denn dies würde die Achtsamkeit durch ein Verweilen bei den verschiedenen Stadien dieses Weges ablenken und Konzentration verhindern. Die genaue Stelle, an der der Atem an die Nasenflügel anschlägt, mag wechseln, z. B. zwischen links und rechts. Man möge dies bemerken, doch diesem Umstand keine weitere Beachtung schenken, sondern den Atem jeweils dort konstatieren, wo er deutlich wird.

Auch wenn die Achtsamkeit getreu am Fixierungspunkt der Nasenflügel bleibt, so mag trotzdem, durch den leichten Druck der Atemluft, ein peripherisches Gewahrsein von der Laufbahn des Atems durch den Körper vorhanden sein. Sinnenwahrnehmungen, wie hier die Druckempfindung, haben nämlich eine gewisse Reichweite über das gewählte Interessenzentrum hinaus. Für diesen Umstand und die Einstellung des Meditierenden hierzu gibt es in der alten buddhistischen Literatur ein gutes Beispiel: wenn ein Mann ein Stück Holz durchsägen will, so wird er seine Aufmerksamkeit auf die Berührungsstelle der Sägezähne gerichtet halten; obwohl er auch das Kommen und Gehen der Säge bemerkt, wird er ihm doch keine Beachtung schenken. Ebenso soll bei dieser Übung die Achtsamkeit bei der Berührungsstelle, den Nasenlöchern, verharren, ohne sich durch das leicht wahrgenommene Kommen und Gehen des Atems durch den Körper ablenken zu lassen.

Der Anfänger in der Übung macht manchmal den Fehler, daß beim Hinlenken der Achtsamkeit die körperliche Haltung zu angespannt und die geistige Einstellung zu befangen ist, z. B. durch sich eindrängende Gedanken, wie «Jetzt meditiere ich» oder «Jetzt muß ich mich auf den Atem konzentrieren». Auch jede allzu ruckhafte oder betont absichtliche Hinwendung auf die Atmung wird diesen sensitiven Körpervorgang stören und das erforderliche ruhige Gleichmaß der Achtsamkeit beeinträchtigen. Um solche Fehleinstellungen zu vermeiden, halte man sich wiederholt vor Augen, daß ja der Atem unabhängig von unseren Meditationsabsichten *da* ist und nur beobachtet zu werden braucht. Je ungezwungener die Hinwendung der Achtsamkeit zum Atem erfolgt, desto leichter wird es sein, den Atemzügen ruhig und stetig zu folgen.

In dem auf die Atmungsachtsamkeit bezüglichen Abschnitt der Lehrrede heißt es: «Lang einatmend, weiß er: ‹Ich atme lang ein› . . . Kurz einatmend, weiß er: ‹Ich atme kurz ein›». Das soll nicht bedeuten, daß man den Atem absichtlich länger oder kürzer machen soll; vielmehr soll man lediglich darauf achten, ob im jeweiligen Moment der Beobachtung der Atem relativ länger oder kürzer ist. Ein natürliches Empfinden dafür wird sich im Verlauf der Übung einstellen, und auch andere Einzelheiten des Atmungsvorgangs werden deutlich werden.

Durch regelmäßige Übung soll der Meditierende zunächst die Fähigkeit erwerben, seine Achtsamkeit für eine zunehmend längere Zeit auf den Atem richten zu können, und zwar unterbrechungslos oder, für den Beginn der Übung, ohne *unbemerkte* Unterbrechung. Wenn er dies für etwa 20 Minuten mit einiger Leichtigkeit vermag, so wird er weitere Einzelheiten beim Atmungsvorgang bemerken. Es wird ihm z. B. deutlicher werden, daß selbst der flüchtige Moment einer einzelnen Ein- oder Ausatmung eine zeitliche Dauer hat, in der sich die Phasen des Anfangs, der Mitte und des Endes klar abheben.

Der Übende mag nun bemerken, daß seine Achtsamkeit diese drei Phasen nicht gleichmäßig scharf und klar erfaßt. Es wird ihm auffallen, daß bei der einen oder anderen Phase die Aufmerksamkeit entweder schwach ist oder ganz ausgesetzt hat.

Langsame Naturen, zum Beispiel, mögen die Anfangsphase eines neuen Atemzuges versäumen, da sie noch mit der Endphase des früheren beschäftigt sind; auch Müdigkeit mag ein Grund langsamer Reaktion sein. Unruhige Naturen wiederum mögen aus Besorgnis, nicht den Anfang des nächsten Atemzuges zu verfehlen, der Endphase des früheren keine genügende Achtsamkeit schenken; oder eine nur zeitweilige Unruhe des Geistes mag der Anlaß dafür sein. Solche Achtsamkeitsschwankungen durch Lässigkeit oder Ungeduld illustrieren eine Warnung, die sich in verschiedener Form mehrmals in den buddhistischen Schriften findet: nicht zurückzubleiben und nicht vorauszueilen (Sutta-Nipāta, v. 8 ff.).

Diese erworbene Fähigkeit, solch feine Unterschiede in der Achtsamkeitsschärfe zu bemerken, darf als ein erster Übungserfolg betrachtet werden, der eine Stärkung der Konzentration und Verfeinerung der Achtsamkeit anzeigt. Diese Beobachtungen werden auch für die Selbsterkenntnis des Meditierenden nützlich sein und ihm dazu verhelfen, seine geistige und Temperamentsveranlagung auf einen gut balancierten Übungsfortschritt einzustellen, der die Extreme von Schlaffheit und Übereifer vermeidet.

Wenn man nun solche Achtsamkeitsschwankungen während einer einzelnen Ein- oder Ausatmung gemerkt hat, so wird sich der Wunsch und das Bemühen einstellen, diese Schwächen zu beseitigen und eine gleichmäßig klare Achtsamkeit während aller drei Ablaufphasen beizubehalten. Wenn dies gelingt, so hat man damit die dritte der in der Lehrrede gegebenen Übungen betätigt: «Den *ganzen* (Atem-)Körper empfindend, werde ich ein- und ausatmen». Es sind solch lückenlos kontinuierliche Achtsamkeitsfolgen, die eine Stärkung der Achtsamkeit und Sammlung sowie der gesamten Bewußtseinsstruktur bewirken.

Dieses zweifache Bemühen des Meditierenden – um eine ununterbrochene Beobachtung der Atemfolge und um gleichmäßige Achtsamkeitsschärfe bei den einzelnen Phasen – mag eine ganz leichte Spannung oder Unruhe im Atmungsvorgang und in dem ihn beobachtenden Bewußtseinsvorgang hinterlassen haben. Obwohl schwach, wird sie der geschärften Achtsamkeit nicht entgehen.

Und dies wird wiederum den spontanen Wunsch und das Bemühen hervorrufen, auch die letzten feinen Spuren von Unruhe zu beseitigen und Körper und Geist zu noch größerer Ruhe und Entspanntheit zu führen. Dies ist die Aufgabe der vierten Übung in der Lehrrede: «Die (Atem-)Körperfunktion beruhigend, werde ich ein- und ausatmen». Es bedarf freilich fortgesetzter Pflege, bis alle diese Übungsstadien ein einigermaßen gesicherter Besitz des Meditierenden geworden sind und er eine gewisse Vertrautheit mit ihnen erworben hat. Wenn dies erreicht ist, kann weiterer Fortschritt erwartet werden.

Es ist auch in diesem Stadium des Übungsverlaufs, nämlich der Beruhigung des Atems, daß sich die beiden Hauptwege buddhistischer Meditation, Geistesruhe und Klarblick, vorübergehend trennen.

Wünscht man, zuerst auf dem Weg der *Geistesruhe (samatha)* die meditativen Vertiefungen *(jhāna)* zu erreichen, so soll man das letzte Stadium, die Beruhigung, weiter pflegen, um den Atem noch mehr zu verfeinern. Obwohl auch hier die Achtsamkeit alle drei Phasen eines Atemzuges lückenlos erfassen muß, soll, nachdem dies erreicht wurde, der Meditierende diesen Phasen keine besondere Aufmerksamkeit schenken. Er soll z. B. nicht die Anfangs- und Endpunkte der Atemzüge mit Nachdruck ins Auge fassen, obwohl sie natürlich gleichmäßig klar sein müssen. Jede zu scharf unterscheidende Geistestätigkeit würde hier nur ein Hindernis sein. Der nach den Vertiefungen Strebende soll sich vielmehr vom Wellenrhythmus des Atems tragen lassen, ohne ihn durch *wählende* Achtsamkeit oder durch Reflexion zu unterbrechen. Allmählich wird dann seine geistige Sammlung an Stärke und Tiefe gewinnen, und als Anzeichen davon wird sich ein einfaches «geistiges Nachbild» *(paṭibhāga-nimitta)*, etwa ein Lichtpunkt oder ein Stern, einstellen, welches die volle Sammlung *(appanā)* der Vertiefung *(jhāna)* ankündet. Komplizierte oder «dramatische» Bildvorstellungen oder «Visionen» sind jedoch kein Zeichen des Fortschritts. Sie sollen nüchtern festgestellt und aus dem Geiste entlassen werden, bevor sie an Stärke zunehmen.

Wenn man der Erreichung der Vertiefungen halb- oder ganztägige Übungszeiten widmet, so soll man außerhalb der Hauptübung auch die allgemeine Achtsamkeit pflegen, wie oben beschrieben. Doch *analytische* Achtsamkeit (wie beim Klarblick) und intensives, fortgesetztes Reflektieren sollen dabei vermieden werden. Die «allgemeine Achtsamkeit» soll hier lediglich der geistigen Wachsamkeit, der Beruhigung und dem Ausschluß störender Eindrücke dienen.

Nach Erreichung einer Vertiefung soll man, zu ihrer vollen Auswertung, unmittelbar eine Klarblicksbetrachtung anknüpfen, d. h., man soll die während der Vertiefung vorhandenen körperlichen und geistigen Vorgänge im Lichte der drei Merkmale betrachten, nämlich als vergänglich, leidhaft und ichlos.

Wer aber, nachdem er zur vierten Übungsstufe, der Atemberuhigung, gelangt ist, dann den direkten Weg des *Klarblicks (vipassanā)* gehen will, richte seine Achtsamkeit auf die einzelnen Phasen der Atemzüge, insbesondere Beginn und Ende. Diese Zuwendung der Achtsamkeit soll ebenso behutsam wie fest unternommen werden. Denn dafür bedarf es keines betonten Willens- oder Denkaktes, der den erreichten Sammlungsgrad nur stören würde. Bei dem bereits beruhigten und achtsam verfolgten Atem genügt eine ganz leichte Einstellung auf die Anfangs- und Endmomente, um der Übung die Richtung auf den Klarblick, anstatt der Vertiefungen, zu geben. Die sekundären und allgemeinen Achtsamkeitsübungen sollen hier ebenso vorgenommen werden, wie in Kapitel VI beschrieben.

Im Verlauf der Übung wird es dann deutlich werden, daß hier zwei unterschiedliche Vorgänge ablaufen: der körperliche Vorgang *(rūpa)* des Atmens (oder der Bauchdeckenbewegung) und der geistige Vorgang *(nāma)* der achtsamen Feststellung oder des Wissens vom Körpervorgang. Obwohl diese Unterscheidung theoretisch gesehen als selbstverständlich erscheint, wird ein noch ungeschulter Geist bei der Übung ganz vom Körperobjekt absorbiert sein und den geistigen Anteil übersehen. Im Verlauf der Übung, bei geschärfter Achtsamkeit, wird sich jedoch das Gewahrsein beider Vorgänge einstellen oder verstärken, und die Atmung oder die Bauchdeckenbewegung wird sich dann dem Reinen Beobachten regelmäßig als ein paarweiser Vorgang präsentieren, als ein körperlicher und ein geistiger: Atmen und Wissen davon; Atmen und Wissen davon, usw.

Bei fortgesetzter Übung wird die Zeit kommen, in der man merkt, daß die Endphase einer Ein- oder Ausatmung (oder eines Hebens oder Senkens der Bauchdecke) besonders deutlich und eindrucksvoll wird, während die anderen Phasen zurücktreten. Die Trennungslinie zwischen dem Ende des einen und dem Beginn des folgenden Prozesses wird sehr markant werden; und dieses von Moment zu Moment erfahrene Erlebnis des Schwindens und Vergehens, des momentanen Todes dieser Einzelvorgänge, wird sich dem Geiste des Meditierenden tief, ja geradezu erschütternd, einprägen. Hier wird das Daseinsmerkmal der Vergänglichkeit zu unmittelbarer Erfahrung. Wer bei diesem Punkt der Übung angelangt ist, darf weitere Fortschritte erwarten.

Diese beiden Übungsergebnisse – das Gewahrwerden des paarweisen Ablaufs und das Überwiegen der Endphase – sind natürliche Entwicklungen reifender Achtsamkeit und Sammlung. Sie stellen sich ein, wenn sich, dank stetiger, ernster Übung, das Niveau der Achtsamkeit und Bewußtseinsklarheit genügend erhöht hat. Sie können also nicht «gewollt» oder absichtlich erzeugt werden; ein intellektuelles Antizipieren dieser Ergebnisse würde fruchtlos bleiben. Bei mündlicher Unterweisung wird der Meditationsmeister nie über diese oder andere Stufen sprechen, die der Übende noch nicht erreicht hat. Doch bei dieser gegenwärtigen Darlegung in Buchform war es ratsam, dem ohne persönliche Unterweisung Übenden einige Wegzeichen und Fortschrittskriterien zu geben. Obwohl Übung unter einem erfahrenen Meditationslehrer vorzuziehen ist, so kann doch ein ernst Entschlossener auch allein gute Fortschritte machen, wenn er wachsam und selbstkritisch bleibt und die Extreme der Schlaffheit und des Übereifers vermeidet. Wer sein sittliches und geistiges Gleichmaß wahrt, hat keine Gefahren aus dieser Übungsmethode zu befürchten.

VIII. DIE WIRKUNGSKRAFT DER ACHTSAMKEIT

In früheren Kapiteln haben wir versucht, ein Bild von der Reichweite der Rechten Achtsamkeit zu geben, die sich von der Hilfe in Alltagsaufgaben bis hinauf zum höchsten Ziel der Buddha-Lehre, der Leidbefreiung, erstreckt. Die Achtsamkeit erscheint daher im buddhistischen Schrifttum nicht nur als eine ‹geistige Fähigkeit› *(indriya)* von bedeutendem kontrollierendem Einfluß, sondern auch als eine ‹geistige Kraft› *(bala)*, die, wenn sie voll entwickelt ist, nicht mehr von Gegenkräften erschüttert werden kann (denn dies ist die Definition einer ‹geistigen Kraft› in der buddhistischen Tradition).

Diese so weit- und tiefreichende Wirkungskraft resultiert schon aus der Übungsphase des Reinen Beobachtens und kommt hauptsächlich aus vier Quellen:

1. aus der *ordnenden* und damit *benennenden* Funktion des Reinen Beobachtens;
2. aus seinem *gewaltlosen,* zwangfreien Vorgehen;
3. aus seiner Fähigkeit des *Innehaltens* und Stillehaltens;
4. aus der sich aus ihr ergebenden *Unmittelbarkeit der Anschauung.*

1. DIE FUNKTION DES ORDNENS UND BENENNENS

Wenn man, ohne vorherige Erfahrung in geistiger Schulung oder Meditation, seinen Blick nach innen richtet und besonders auf die vielen flüchtigen Gedanken und Gefühle, die einen großen Teil der täglichen Geistestätigkeit bilden, so wird sich meist ein wenig erfreuliches Bild bieten: nämlich eine Unordnung und Verworrenheit, wie man sie sicher nicht in seinem Wohnraum dulden würde. Aus der modernen «Bewußtseinsstrom»-Literatur (James

Joyce u. a.) mag heute manchem ein ähnliches Bild einer verworren-geschwätzigen Gedankenwelt vertrauter geworden sein; doch oft wohl mehr aus solchen Büchern als aus der Selbstbetrachtung. Denn diese wird noch immer von vielen gescheut, im Glauben, daß jede Innenschau krankhaft, «morbid», sei; aber auch wohl deshalb, weil der sich bietende Anblick dem Selbstgefühl des gerichteten Denkens mit seinen Spitzenleistungen wenig schmeichelhaft ist. Und doch ist eine Konfrontierung mit diesen weniger präsentablen Aspekten unseres Geistes unerläßlich, wenn man die ganze Aufgabe sehen will, die zu leisten ist, und wenn die erstrebte Klärung, Läuterung und Entfaltung des Geistes eine sichere und tiefreichende Grundlage haben soll.

In der Übung des Reinen Beobachtens kann jedoch dieser Blick auf die flüchtigen, fragmentarischen Gedanken und Gefühle frei gehalten werden von dem für das Selbstgefühl peinlichen Ichbezug. Denn im Reinen Beobachten gibt es keinerlei Ichidentifizierung mit irgendwelchen Bewußtseinsinhalten, den höheren oder niederen. Sie ziehen am beobachtenden Auge vorbei wie die Passanten einer belebten Straße. Der innere Abstand wird gewahrt, und so wird auch negativen Eindrücken der Stachel entzogen. Eine Gelegenheit für solche Selbstbeobachtung bietet sich z. B. bei Unterbrechung der Hauptübung durch äußere Störungen, schweifende Gedanken usw.; und so können auch diese nutzbar gemacht werden.

Welcher Anblick bietet sich uns nun bei einer solchen Innenschau? Wir bemerken zunächst eine große Anzahl von Sinnenwahrnehmungen wie Seheindrücke, Töne, Gerüche usw., die fast ununterbrochen, gleichsam im Hintergrund, durch unseren Geist ziehen. Die allermeisten sind undeutlich und fragmentarisch und bleiben unbeachtet. Doch manche von ihnen beruhen auf Wahrnehmungstäuschungen oder Fehlurteilen, und die etwas deutlicheren mögen mit vagen Stimmungen und Gefühlen verquickt sein. Uns selber unbewußt, beeinflussen und verfälschen solch ungeprüfte Eindrücke häufig unsere Entscheidungen und Urteile. Gewiß, alle diese Hintergrunds-Eindrücke sollen nicht etwa ständig oder auch nur regelmäßig zu Gegenständen gerichteter Achtsamkeit gemacht werden. Doch wir sollten hin und wieder einen Blick auf sie werfen; denn wenn wir sie ignorieren und sich selber überlassen, können sie die Zuverlässigkeit unserer voll-bewußten Wahrnehmungen und die Klarheit unseres Geistes erheblich beeinträchtigen.

In noch höherem Grade als von den flüchtigen Hintergrunds-Sinneneindrücken gilt dies aber von jenen mehr artikulierten, jedoch noch unausgereiften Wahrnehmungen, Gedanken, Gefühlen, Absichten usw., die mit unserem zweckgerichteten Denken enger verknüpft sind und es daher stärker beeinflussen. Auch hier begegnen wir einer Fülle von undeutlichen, lückenhaften und fehlerhaften Sinnenwahrnehmungen, von Fehlassoziationen und ungeprüften Vorurteilen des Denkens und Fühlens. Weiterhin werden wir feststellen, wie viele unserer Gedankengänge fragmentarisch bleiben und ein vorzeitiges Ende finden, sei es wegen ihrer Schwäche, wegen mangelnder Konzentration oder wegen Mangels an Bekenntnismut zu ihren Konsequenzen. Ebenso steht es auch mit unserem Gefühls- und Willensleben. Wie viele edlen Gefühle und Absichten kommen nur zu einem kurzen, schwachen Aufflackern, ohne sich in Wille, Tat oder klares Denken umzusetzen!

Tausende von vagen Gedanken und Stimmungen, von momentanen Wünschen und Leidenschaften kreuzen unseren Geist und unterbrechen einander wie unbeherrschte Disputanten, die einander ins Wort fallen. All dies übt in seiner Summierung einen ungünstigen Einfluß aus auf das Gesamt-Bewußtseinsniveau. Wenn solche unklaren und fragmentarischen Geistesfunktionen ungeprüft und mit Fehlurteilen oder Leidenschaften verquickt ins Unterbewußtsein sinken, aus dem sie jederzeit hervorbrechen können, so stärken sie verhängnisvoll die Unberechenbarkeit und Unzuverlässigkeit künftiger Entscheidungen und Urteile und damit des Gesamtcharakters. Sie können auch zu unkontrollierten Gewohnheitsbildungen führen, die schwer zu entwurzeln sind.

Die wirkliche Kraft und der Helligkeitsgrad des Gesamtbewußtseins lassen sich nicht beurteilen bloß nach dem begrenzten, vom gerichteten Willen grell beleuchteten Bewußtseinsausschnitt und dessen Spitzenleistungen, sondern ebenso wichtig ist der wachsende oder sich verringernde Umfang jener im Halbdunkel liegenden Bewußtseinsgebiete, von denen wir hier sprachen.

Es ist die tägliche kleine Lässigkeit in Gedanken, Worten und Taten, die Selbstvernachlässigung des Geistes, welche durch viele Lebensjahre und, dem Buddha zufolge, durch viele Lebensläufe hindurch einen Zustand innerer Unordnung und Verworrenheit geschaffen und geduldet hat. Die alten buddhistischen Meister sagten: «Aus Lässigkeit entsteht eine Menge Schmutz, ja ein ganzer Kehrichthaufen. Es ist, wie wenn sich in einem Hause täglich nur ein wenig Schmutz ansammelt; doch wenn er durch Jahre hindurch anwächst, wird es eben ein großer Kehrichthaufen» (Kommentar zum SuttaNipāta).

Es sind die unaufgeräumten Ecken unseres Inneren, wo unsere gefährlichsten Feinde hausen und von wo aus sie uns unversehens überfallen und uns nur allzu oft überwältigen. Diese Welt des Halbdunkels bildet einen fruchtbaren Nährboden für Gier und Haß in allen ihren Graden, sowie auch für die dritte und stärkste der drei «Wurzeln allen Übels» *(akusala-mūla)*, die Verblendung, die gleichfalls starke Förderung erhält aus diesen dunklen und verdunkelnden Bereichen.

Alle Versuche, diese drei Hauptbefleckungen des Geistes – Gier, Haß und Verblendung – auszumerzen oder entscheidend zu schwächen, müssen scheitern, solange sie ungestörte Zuflucht und Unterstützung finden in jenen unkontrollierten Bewußtseinsbereichen. Doch wie können wir dem abhelfen? Gewöhnlich versucht man, diese unter- oder halbbewußten Vorgänge zu ignorieren und sich auf die Gegenkräfte des gerichteten Vollbewußtseins zu verlassen. Doch dies reicht nicht tief genug. Um diesen unkontrollierten Strömungen wirksam zu begegnen, muß man sie zunächst durch das Reine Beobachten *kennenlernen*. Und dieser Akt des Reinen Beobachtens ist auch gleichzeitig ein wirksames Gegenmittel. Denn wo das volle Licht der Achtsamkeit und

Besonnenheit hinfällt, können die Zwielichtzustände des Bewußtseins nicht existieren. Das Wirkungsprinzip ist hier die einfache Tatsache, daß zwei Gedanken nicht gleichzeitig bestehen können. Wo achtsames Beobachten einsetzt, da ist kein Raum für einen verworrenen oder unheilsamen Gedanken.

Im ruhigen Beobachten eines komplexen Gebildes heben sich allmählich die einzelnen Komponenten deutlich ab und können in ihrer Eigenart und in ihrem Verhältnis zum Ganzen identifiziert werden; und so gewinnt die Struktur des Gebildes an Klarheit. Ebenso vollzieht auch das Reine Beobachten eine *ordnende* und klärende Funktion bei jenem wirren Knäuel halbartikulierter Gedanken und Impulse, die sich im Bewußtseins-Halbdunkel überschneiden. Die einzelnen Stränge werden dann deutlicher in ihrem Ursprung und ihrem Verlauf und damit zugänglicher dem ordnenden, regulierenden und formenden Bemühen der Geistesschulung.

Während Jahrzehnten des gegenwärtigen Lebens und durch die unausdenkbaren Zeitperioden vergangener Daseinswanderungen hindurch hat sich tief im menschlichen Geist ein eng verknotetes, ja gleichsam verfilztes Gewebe gebildet von instinktiven Reaktionen und geistigen Gewohnheiten, die nicht mehr in Frage gestellt werden. Es sind Einstellungen und Gewohnheiten darunter, die ein organisches inneres Wachstum über einen engen Bezirk hinaus notwendig unterbinden müssen. Hier ist es eben das Reine Beobachten in seiner ordnenden Funktion, das dieses dichte Gewebe auflockert. Es enthüllt dabei die oft nur vorgeschobenen Motive und nachträglichen Rechtfertigungen der Triebe und Vorurteile; es deckt ihre wahren Wurzeln auf, die oft nur in recht oberflächlichen oder abwegigen Gedanken- und Triebassoziationen bestehen. Kraft des Reinen Beobachtens zeigen sich so in diesem scheinbar so unzugänglichen und geschlossenen Gefüge deutliche Lücken, die das Schwert der Weisheit erweitern kann. Dieses Deutlichwerden der inneren Zusammenhänge und damit der Zugänglichkeit, dieses Aufzeigen der Bedingtheit und damit der Veränderlichkeit nimmt jenen Trieben,

Vorurteilen und Gewohnheiten, ja sogar der materiellen Welt selber ihre Selbstverständlichkeit. Durch das «Schwergewicht harter Tatsachen» der inneren und äußeren Welt werden viele Menschen so stark beeindruckt, daß sie zögern, sich einer methodischen geistigen Schulung zu unterziehen, an deren Erfolgsmöglichkeit sie zweifeln. Die so einfache Übung des Reinen Beobachtens aber vermag schon nach kurzer Zeit dieses Zaudern und Zweifeln zu zerstreuen und dem Übenden begründete Zuversicht zu geben.

Diese ordnende und regulierende Funktion des Reinen Beobachtens gehört zu jener «Läuterung der Wesen», die die Lehrrede an erster Stelle als Aufgabe und Ergebnis der Achtsamkeitsübung nennt. Hierzu sagt der alte Kommentar: «Es heißt in den Texten: ‹Geistesbefleckung verunreinigt die Wesen, Geistesklärung läutert sie› (Samyutta 22, 100). Solche Geistesklärung kommt durch eben diesen Satipaṭṭhāna-Weg zustande.»

Das Benennen. – Das Sondern und Identifizieren in der ordnenden Funktion des Reinen Beobachtens vollzieht sich, wie bei jeder geistigen Tätigkeit, mit einer sprachlichen Formulierung, d. h. als ein Benennen des identifizierten Vorgangs.

Es liegt ein Wahrheitskern in der Wortmagie der sogenannten Primitiven: die Dinge bei ihrem rechten Namen nennen, bedeutet, sie zu beherrschen (wenigstens manchmal). Auch in vielen Märchen kehrt das Motiv wieder, wo die Macht eines Dämons gebrochen wird, wenn man ihm mutig entgegentritt und seinen Namen ausspricht.

Eine Bestätigung davon wird der Übende häufig in der registrierenden und benennenden Funktion des Reinen Beobachtens finden. Insbesondere die «Dämonen» des Bewußtseins-Halbdunkels vertragen nicht die einfache, klärende Frage nach ihrem Namen, geschweige denn die Kenntnis dieses Namens; und dies genügt manchmal schon, um ihre Macht zu lähmen. Der ruhige Blick der Achtsamkeit treibt sie aus ihren Ecken und Verstecken in die gefürchtete Bewußtseinshelle, in der sie ihre Selbstsicherheit und viel von ihrer Kraft verlieren. Obwohl in dieser Phase der Übung noch gar nicht «in Frage gestellt», sondern nur bemerkt und benannt, so glauben sie doch, sich «verantworten« zu müssen; und damit ist schon viel gewonnen.

Wenn unerwünschte oder unedle Gedanken auftauchen, und seien sie auch nur flüchtig und halbartikuliert, so ist dies für das Selbstgefühl nicht gerade angenehm. Daher werden solche Gedanken oft nicht einmal bei ihrem rechten Namen genannt, sondern ohne Prüfung und ohne Widerstand beiseite geschoben. Manchmal verbirgt man auch ihren rechten Namen, d. h. ihre wahre Natur, mit vorgeschobenen Begründungen und Rechtfertigungen, um sie so «respektabel» zu machen. Wenn man sich ihrer immer wieder in dieser Weise entledigt, so wird sich bei solcher Akkumulierung die unterbewußte Druckkraft jener unedlen Tendenzen notwendig verstärken. Auf der anderen Seite wird der Wille zum Widerstand gegen sie geschwächt; die Neigung, moralischen Entscheidungen auszuweichen, wird zunehmen, und die geistig-sittliche Selbstbeurteilung wird immer trügerischer. Gewöhnt man sich aber daran, solche flüchtigen unheilsamen Gedanken oder Gedankenansätze zu bemerken und sie ausdrücklich zu benennen, so wird man sich zunehmend jener beiden Ausweichmethoden des Ignorierens und Beschönigens entwöhnen und sich ohne parteiische Auswahl der Gesamtheit der eigenen Geistesvorgänge gegenüberstellen.

Eine solche Konfrontierung wird den inneren Widerstand gegen unheilsame Tendenzen und verworren-unklare Geisteszustände wecken und stärken. Auch wenn man ihrer nicht gänzlich Herr wird, so werden sie doch bei ihrem Wiederauftreten schwächer sein, wenn sie den Eindruck, d. i. die Erinnerung, eines Widerstandes mit sich tragen. Sie werden sich nicht mehr als unangefochtene Meister fühlen, und es wird dann leichter sein, ihnen zu begegnen. Es ist die Kraft des Schamgefühls, die man hier als Bundesgenossen gewinnt, und da hinter ihr der Selbstrespekt steht, ist diese Kraft des Schamgefühls wahrlich nicht gering, wenn man sie recht zu nutzen weiß. So erweist sich das «Benennen» als ein einfaches, aber psychologisch subtiles Hilfsmittel der Charakterbildung.

Das Konstatieren und Benennen soll man natürlich auch auf die guten und förderlichen Gedanken und Impulse richten, die dadurch ermutigt und gestärkt werden. Ohne diese Aufmerksamkeit mögen viele Ansätze zum Guten unbemerkt und ungenutzt verlorengehen.

Rechte Achtsamkeit ermöglicht es, alle äußeren Geschehnisse und inneren Vorgänge für den eigenen Fortschritt zu verwerten. Selbst Unheilsames kann als Einsatzpunkt für die Entstehung von Heilsamem dienen, wenn es durch Konstatieren und Benennen in ein Beobachtungs- und Erkenntnisobjekt verwandelt wird, was allein schon eine innere Distanzierung vom Unheilsamen bedeutet.

In der Lehrrede sind die Methoden des Konstatierens und Benennens nicht weniger als viermal angedeutet, und zwar durch den Gebrauch der direkten Rede innerhalb des Textes:

1. «Wenn der Mönch ein freudiges Gefühl empfindet, so weiß er, ‹Ein freudiges Gefühl empfinde ich› . . .»

2. «Da weiß der Mönch vom lustbehafteten Geist, ‹Lustbehaftet ist der Geist› . . .»

3. «Da weiß der Mönch, wenn in ihm Sinnenverlangen da ist, ‹Sinnenverlangen ist in mir› . . .»

4. «Da weiß der Mönch, wenn in ihm das Erleuchtungsglied Achtsamkeit da ist, ‹Das Erleuchtungsglied Achtsamkeit ist in mir› . . .»

Schließlich sei noch darauf hingewiesen, daß das *Ordnen* und *Benennen* der geistigen Vorgänge eine unerläßliche Vorbereitung ist für jene Einsicht in ihre wahre Beschaffenheit, welche die Aufgabe des Klarblicks *(vipassanā)* ist. Diese beiden Funktionen helfen nämlich, die Illusion der Einheitlichkeit, Kompaktheit und Substanzhaftigkeit der einzelnen Bewußtseinsvorgänge aufzulösen, die Eigenart und Begrenztheit ihrer jeweiligen Funktionsweise zu erkennen und ihr momentanes Entstehen und Vergehen klar zu erfassen.

2. DER ‹GEWALTLOSE›, ZWANGFREIE CHARAKTER
DES REINEN BEOBACHTENS

Die Welt, in der wir leben, – unsere Umwelt und unsere Innenwelt – ist voll von unliebsamen Eindrücken, Fehlschlägen und Konflikten. Aus eigener bitterer Erfahrung weiß der Mensch, daß er nicht stark genug ist, jeder einzelnen der inneren und äußeren Gegenkräfte in offenem Kampfe zu begegnen und sie zu besiegen. Er weiß, daß er in seiner Umwelt nicht alles so haben kann, wie er es gern möchte, und daß in der Innenwelt seines Geistes Triebe und Leidenschaften, Launen und Fantasien nur allzu häufig siegreich sind über die Stimmen von Vernunft, Pflichtbewußtsein und höheren Idealen. Die Erfahrung lehrt ihn auch, daß eine unerwünschte Situation sich häufig verschlechtert, wenn ein übermäßiger Druck gegen sie angewandt wird. Leidenschaften verstärken sich durch den Versuch gewaltsamer Unterdrückung; ein Streit erhält durch hartnäckige Widerrede immer wieder neue Nahrung; und Störungen erhalten durch Ärger über sie nur ein verstärktes Gewicht und längere Wirkungsdauer.

Immer wieder wird also der Mensch vor Situationen stehen, wo er nicht erzwingen kann, was er wünscht. Doch es gibt Wege, auf denen sich die Widerstände um und in uns ohne Zwang, durch gewaltlose Mittel, überwinden lassen. Sie haben oft Erfolg, wo gewaltsames Vorgehen versagt. Solch ein Weg zwangfreier Lebensmeisterung und Geistesschulung ist Satipaṭṭhāna, der Weg rechter Achtsamkeit. In der methodischen Anwendung des Reinen Beobachtens und auch des wissensklaren Handelns (s. S. 43 f.) werden sich allmählich die ungenutzten Möglichkeiten einer zwangfreien Lebens- und Geisteshaltung voll entfalten und ihre überraschend weitreichenden, segensreichen Auswirkungen offenbaren. Hier, in diesem Zusammenhang sind wir freilich hauptsächlich befaßt mit der Auswirkung auf die Geistesschulung und den Fortschritt in der Meditation. Doch es wird für den Leser nicht schwierig sein, die Anwendung auf andere Lebensgebiete selber zu finden.

Die Widerstände, die sich während meditativer Übungen zeigen und sie behindern, sind hauptsächlich dreifacher Art:

1. äußere Störungen wie Geräusche, Unterbrechung durch Besucher usw.,
2. geistige Befleckungen *(kilesa)* wie Begehrlichkeit, Ärger, Reizbarkeit, Unruhe, Ungeduld, Unzufriedenheit, Trägheit usw.,
3. schweifende Gedanken und Tagträume.

Das Auftreten solcher Ablenkungen ist, neben der Schlaffheit, die hauptsächliche Anfangsschwierigkeit bei Meditationsversuchen. Selbst solche Meditierende, die über alle theoretischen Einzelheiten des gewählten Meditationsobjektes gut unterrichtet sind, haben oft keine Kenntnis davon, wie man jenen Störungen wirksam begegnet. Derart unvorbereitet, werden sie sich gegen die auftretenden Störungen nur in einer undurchdachten, unbeholfenen und unwirksamen Weise wehren können. Zuerst wird der Unerfahrene versuchen, die Störungen leichthin abzuschütteln, und wenn dies nicht gelingt, sie durch Willensanstrengung gewaltsam zu unterdrücken. Doch auch dies wird meist mißlingen. Denn besonders die inneren Störungen sind wie lästige Fliegen, die trotz armefuchtelnden Wegscheuchens nach kurzer Zeit wiederkehren. Solch gewaltsames Wegscheuchen hinterläßt dann im Meditierenden ein Gefühl gereizter Hilflosigkeit und innerer Unruhe, das ein zusätzliches Meditationshindernis bildet. Wenn sich dies während derselben Meditationsstunde mehrmals wiederholt, so mag es den Meditierenden veranlassen, für dieses Mal die Übung abzubrechen. Und wenn er auch bei weiteren Meditationssitzungen die gleiche Erfahrung macht, so wird er entmutigt werden und schließlich geneigt sein, vorschnell jede weitere meditative Bemühung aufzugeben, indem er sich für unbefähigt hält oder gar an der Methode und ihrem Ziel zweifelt.

Wie für den Erfolg im praktischen Leben, ist es daher auch für den meditativen Erfolg entscheidend, in welcher Weise man sich mit den Anfangsschwierigkeiten auseinandersetzt und ob man sie bewältigen kann.

Trefflich sagt ein altchinesisches Weisheitsbuch, das I-Ging, «daß in dem Chaos der Anfangsschwierigkeit die Ordnung schon angelegt ist. So muß der Edle in solchen Anfangszeiten die unübersichtliche Fülle gliedern und ordnen, wie man Seidenfäden aus einem Knäuel auseinanderliest und sie zu Strängen verbindet... Wenn man zu Anfang einer Unternehmung auf Hemmung stößt, so darf man den Fortschritt nicht erzwingen wollen, sondern muß vorsichtig innehalten. Aber man darf sich nicht irre machen lassen, sondern muß dauernd und beharrlich sein Ziel im Auge behalten.»

Das beste sowohl faktische wie psychologische Gegenmittel gegen die Anfangsschwierigkeit ist naturgemäß der Anfangs-erfolg. Solchen Anfangserfolg ermöglicht der zwangfreie Übungsweg des Reinen Beobachtens, dem jedes sich bietende Objekt recht ist, da mit jedem Objekt (selbst der Konstatierung der eigenen Unruhe) förderliche Ergebnisse erzielt werden können, die unmittelbare Befriedigung gewähren. Dies wird den Übenden ermutigen und ihm einen Einsatzpunkt für weiteren Fortschritt geben.

Es ist freilich zu spät, wenn man sich mit jenen Störungen erst dann auseinandersetzt, wenn sie sich während der Meditation einstellen. Man muß sich vorher auf sie innerlich vorbereitet haben und die Abwehrmittel kennen.

In der Bewältigung von Meditationsstörungen muß man mit der rechten geistigen Einstellung beginnen. Zunächst muß man es einsehen und nüchtern akzeptieren, daß die erwähnten drei Störungselemente Mitbewohner der Welt sind, in der wir leben. Unsere Mißbilligung wird daran nichts ändern. Wir werden bereit sein müssen, mit einigen dieser Störenfriede Kompromisse zu schließen, und bei anderen werden wir lernen müssen, sie umsichtig und wirksam zu behandeln. Bei rechter geistiger Haltung wird die Einstellung gegenüber den Störungen gelockerter sein und sich vom Ressentiment – dieser zusätzlichen Störung – allmählich frei machen.

1. Da der Meditierende nicht der einzige Bewohner dieser

dicht bevölkerten Welt ist, lassen sich *äußere Störungen* wie Lärm und Geräusch, Unterbrechung durch Besucher usw. nicht immer und gänzlich ausschalten. Wir werden sie natürlich zu vermeiden oder abzustellen suchen, doch Unwille über sie wäre eine falsche und nutzlose Reaktion und, wie wir sagten, eine zusätzliche Störung. Wir können nicht stets auf «elfenbeinernen Türmen», hoch über der lärmenden Menge, in künstlicher Absonderung leben, und der Sinn rechter Meditation ist es keineswegs, zeitweilige Schlupflöcher der Weltvergessenheit zu bieten. Realistische Meditation hat vielmehr die Aufgabe, innerhalb dieser gegebenen Welt den Geist des Menschen zu festigen, zu läutern und in seinen Möglichkeiten zu entfalten, damit er fähig werde, mit eben dieser Welt konfrontiert zu werden, sie zu verstehen, sie innerlich zu meistern und sie schließlich zu transzendieren. Und zu dieser unserer Welt gehören eben auch all die mannigfachen äußeren Störungen, die sich durch unsere städtische Zivilisation so sehr vermehrt haben. Es ist daher unerläßlich, daß wir die Auseinandersetzung mit ihnen in die Geistesschulung einbeziehen.

2. Ein Satipaṭṭhāna-Meister Burmas, der ehrw. Mahasi Sayado, sagte: Bei einem unerlösten Weltmenschen ist es unvermeidlich, daß Befleckungen des Geistes (moralische oder solche der Funktionsweise) immer wieder auftauchen. Man muß sie konstatieren und gut kennen, damit man das geeignete Gegenmittel aus dem Bereich des Satipaṭṭhāna auf sie anwenden kann. Wenn man die Befleckungen in solcher Weise ins Auge faßt, so werden sie oft schon dadurch schwächer und kurzlebiger, und es wird leichter sein, sie gänzlich zu überwinden. Die Befleckungen des eigenen Geistes und die Umstände ihres Auftretens zu kennen, ist daher für den Übenden ebenso wichtig wie die Kenntnis seiner guten Gedanken. So können selbst unsere Schwächen zu unseren Lehrmeistern werden. Daher sei man weder beschämt, noch entmutigt, wenn man ihnen begegnet.

3. Die dritte Gruppe von unerwünschten Eindringlingen sind die Tagträume und schweifenden Gedanken mannigfacher Art.

Tagträume können bestehen aus Erinnerungsbildern der nahen oder fernen Vergangenheit, darunter solche, die aus dem Unterbewußtsein auftauchen; Zukunftsgedanken, wie Planen, Fantasieren, Fürchten und Hoffen. Auch flüchtige Wahrnehmungen während der Meditationszeit können vom Tagträumen endlos weitergesponnen werden. Sobald Achtsamkeit und Konzentration nachlassen, stellen sich gewöhnlich sofort die schweifenden Gedanken und Tagträume ein und füllen das entstandene geistige Vakuum. Obwohl, einzeln betrachtet, schwach und unscheinbar, sind sie doch durch die Häufigkeit und Beharrlichkeit ihres Auftretens ein beträchtliches Hindernis in der Meditation; und nicht nur für den Anfänger, sondern auch stets, wenn der Geist unruhig, zerstreut oder lethargisch ist. Obwohl sie erst dann völlig schwinden, wenn mit erreichter Heiligkeit *(arahatta)* unfehlbare Achtsamkeit das Tor des Geistes bewacht, so kann doch eine weitgehende Kontrolle über die schweifenden Gedanken erzielt werden, selbst für längere Meditationsperioden.

All diesen vorerwähnten Tatsachen muß volles Gewicht beigemessen werden, wenn sie unsere innere Haltung gegenüber den Meditationsstörungen bestimmen sollen. Durch eine solche vorherige realistische Betrachtung wird man besser vorbereitet sein, wenn diese Störungen während der Meditation auftreten. Es gibt dann drei Methoden, ihnen zu begegnen, die nacheinander anzuwenden sind, d. h. wenn die jeweils vorhergehende Methode erfolglos geblieben ist. Diese drei Methoden sind Anwendungsweisen des Reinen Beobachtens, die sich im Stärkegrad der Achtsamkeit unterscheiden, welche man der Störung widmet. Die grundlegende Verhaltensregel ist hier: der Störung nicht mehr Aufmerksamkeit zu schenken und Gewicht beizumessen, als es die Umstände erfordern.

1. Zunächst konstatiere man die Störung kurz und leichthin, ohne ihr Nachdruck zu geben und ohne sich mit den Einzelheiten zu befassen. Danach richte man die Achtsamkeit sofort wieder auf das meditative Betrachtungsobjekt, und diese Rückwendung mag recht wohl gelingen, wenn die Störung schwach war oder

die von ihr unterbrochene Konzentration stark genug. In diesem Stadium ist es besonders wichtig, daß man sich mit der Störung nicht in ein «Gespräch» oder gar ein Argumentieren einläßt. Wenn man dies vermeidet, wird man dem störenden Eindringling keinen zusätzlichen Grund geben, sich lange aufzuhalten. In einer guten Anzahl von Fällen wird dann die Störung bald schwinden, wie ein Besucher, der keinen warmen Empfang erhält. Solch kurzes Entlassen einer Störung wird es oft möglich machen, ohne Beeinträchtigung der inneren Ruhe zum Meditationsobjekt zurückzukehren. Das zwangfreie Gegenmittel ist hier, der Störung nur ein Mindestmaß ruhiger und rein sachlicher Aufmerksamkeit zu schenken.

2. Wenn aber die Störung andauert, so soll man eben die gleiche Methode der knappen Konstatierung immer wieder geduldig anwenden. Es mag dann sein, daß die Störung aufhört, wenn sie ihre Kraft erschöpft hat oder ihr natürliches Ende findet. Die Geisteshaltung ist hier, einer anhaltenden Störung unentwegt mit einem entschiedenen und wiederholten «Nein» zu begegnen, mit der stillen, aber festen Weigerung, sich ablenken oder irritieren zu lassen. Es ist die Haltung der Geduld und Festigkeit. Die Fähigkeit wachsamen Beobachtens muß hier unterstützt werden durch die Fähigkeit, ruhig zu warten und seinen Standort nicht aufzugeben.

Diese beiden letztgenannten Methoden werden im allgemeinen erfolgreich sein gegenüber schweifenden Gedanken und Tagträumen, die schwach sind und es bleiben, wenn sie durch Zuwendung der Achtsamkeit isoliert werden. Doch auch bei den beiden anderen Störungstypen, den äußeren und den geistigen Befleckungen, wird man häufig Erfolg haben.

3. Wenn aber, aus irgendwelchem Grunde, die jeweilige Störung trotzdem nicht weicht, so soll man ihr seine ungeteilte Aufmerksamkeit schenken und sie als Achtsamkeits- und Erkenntnisobjekt akzeptieren und auswerten. Dadurch wird eine Meditations-*Störung* zu einem legitimen Meditations-*Objekt,* und was ursprünglich hemmte, wird nun ein Förderungsmittel. Dieses

neue Objekt möge man beibehalten, bis die äußere oder innere Veranlassung, es aufzunehmen, geschwunden ist oder schwächer wurde; dann kehre man zum ursprünglichen Meditationsobjekt zurück. Wenn aber das neue Objekt – die nicht mehr störende «Störung» – sich als ergiebig erweist, so möge man es während dieser Meditationssitzung beibehalten.

Wird man zum Beispiel durch ein anhaltendes Hundegebell gestört, so schenke man ihm seine ungeteilte Aufmerksamkeit, beschränke sie aber auf den Ton und unterscheide diese Hörwahrnehmung von der eigenen impulsiven Reaktion darauf, z. B. Ärger. Wenn aber Ärger oder mit dem Hundegebell assoziierte schweifende Gedanken bereits aufgetreten sind, so sollen sie in ihrer Beschaffenheit kurz konstatiert und aus dem Geist entlassen werden.

Auch hierbei bleibt man im Rahmen der Satipaṭṭhāna-Übung, nämlich der «Betrachtung der Geistobjekte», im Sinne der folgenden Textstelle: «Er kennt das Ohr und die Töne, sowie die Fessel (hier der Ärger), die durch beide bedingt entsteht».

Beim ersten Auftreten wird wohl das Gebell unmittelbar mit der Vorstellung oder dem Begriff «Hund» assoziiert werden. Doch sobald man das Reine Beobachten darauf gerichtet hat, entlasse man die Vorstellung «Hund» und konzentriere sich ausschließlich auf den reinen Ton. In dessen Ansteigen und Fallen wird man, ähnlich wie bei der Ein- und Ausatmung, das Entstehen und Vergehen *(udayabbaya)* eines körperlichen Vorgangs klar unterscheiden können und dadurch im anschaulichen Verständnis des Daseinsmerkmals der Vergänglichkeit gefördert werden.

Eine ähnliche Haltung nehme man ein gegenüber *geistigen Befleckungen* wie Begehrlichkeit, Ärger, Unruhe, Zerstreutheit usw. Man betrachte sie klar und ruhig, mit innerer Distanz. Man unterscheide ihr erstes Auftreten von ihrer Wiederholung sowie von der Reaktion auf sie, durch Willfährigkeit, Unzufriedenheit, Gereiztheit usw. Damit macht man Gebrauch von der Wirkungskraft des Benennens und deutlichen Konstatierens. In den wiederkehrenden Wellen solch unerwünschter Geisteszustände wird man allmählich Gradunterschiede von «stärker» oder «schwächer» unterscheiden lernen und wird bei der Entstehungs- und Ablaufsweise der Befleckungen auch noch andere nützliche Beobachtungen machen können. Selbst wenn diese innere Distanzierung von den eigenen Befleckungen nur zeit- und teilweise gelingt, so wird dies doch zu ihrer Schwächung beitragen.

Diese Übung fällt unter die «Betrachtung des Geisteszustandes» *(cittānupassanā)* und der «Geistobjekte» *(dhammānupassanā,* z. B. der Hemmungen).

Diese ebenso einfache wie wirksame Verwandlung von negativen Erfahrungen, nämlich Störungen und unerwünschten Geisteszuständen, in Meditationsgegenstände und Erkenntnishilfen mag als der Höhepunkt zwangfreier Wirkungskraft betrachtet werden. Diese Methode, alle Erfahrungen als Hilfen auf dem Pfade zur inneren Läuterung und Leidbefreiung zu benutzen, ist charakteristisch für den Geist der Satipaṭṭhāna-Übung. Widersacher werden hier zu Freunden. Denn jene negativen Erfahrungen sind unsere Lehrer geworden, und Lehrer, wie auch immer geartet, sollten als Freunde gelten.

Wir wollen es nicht unterlassen, hier aus einem bemerkenswerten kleinen Buch einer englischen Schriftstellerin zu zitieren, «Der kleine Schlosser» *(«The Little Locksmith»)* von Katharine Butler Hathaway:

«Ich bin entsetzt über die Unwissenheit und Verschwendungssucht, mit der Menschen, die es besser wissen sollten, Dinge, die ihnen nicht zusagen, einfach fortwerfen. Sie werfen Erfahrungen fort, Menschen, Ehen, Lebenssituationen und vieles andere, bloß weil sie es nicht mögen. Wenn du ein Ding fortwirfst, so ist es aus damit. Anstelle von etwas, das du hattest, hast du nun gar nichts. Deine Hände sind leer, sie haben nichts, das sie in Arbeit nehmen können. Doch fast alle diese Dinge, die man voreilig wegwirft, kann man mit ein wenig Magie in ihr gerades Gegenteil verwandeln. ... Doch die meisten Menschen denken nicht daran, daß in fast jeder schlechten Lage eine Möglichkeit der Verwandlung besteht, durch die Unerwünschtes in Erwünschtes geändert werden kann.»

Eine solche magische Kraft hat Satipaṭṭhāna.

Wie wir bereits sagten, kann man die drei Störungsarten nicht immer vermeiden oder ausschließen. Sie gehören zur Welt, in der wir leben, und ihr Kommen und Gehen unterliegt zu einem guten Teil ihrer eigenen Gesetzmäßigkeit, unabhängig von unserer Billigung oder Mißbilligung. Doch durch das Reine Beobachten können wir verhindern, daß diese Störungen uns überwältigen und uns von unserem inneren Standort verdrängen. Wenn wir unseren Stand auf dem sicheren Boden rechter Achtsamkeit nehmen, so wiederholen wir in einem recht bescheidenen Maße, doch in wesentlich gleicher Weise, jene historische Situation unter dem Baume der Erleuchtung, als Māra, der Widersacher, vergeblich versuchte, den Asketen Gotama von jener Stätte zu verdrängen. Im Vertrauen auf die Kraft der Achtsamkeit können auch wir zuversichtlich jene Worte wiederholen, die der Buddha kurz vor seiner Erleuchtung sprach: «Nicht soll (Māra) mich von diesem Platze verdrängen!» *(Padhāna-Sutta, Sutta-Nipāta).*

Unser unverlierbarer Vorteil in der Auseinandersetzung mit unerwünschten Gedanken ist der einfache Umstand, daß immer nur ein einziger Gedanke im genau gleichen Moment existieren kann und nicht etwa zwei Bewußtseinsmomente gleichzeitig. Solange also das Reine Beobachten währt, kann keine Störung, keine geistige Befleckung, kein unheilsamer Gedanke bestehen. Wenn wir uns also daran gewöhnt haben, das Reine Beobachten immer wieder in eine Folge unerwünschter Eindrücke oder eine Reihe unheilsamer Gedanken einzuschalten, so gewinnen wir allmählich festen Boden unter unseren Füßen, so daß wir nicht mehr so leicht von jenen Strömungen fortgeschwemmt werden. Wenn wir an diesem sicheren Grund in unserem Inneren, dem potentiellen «Sitz der Erleuchtung», festhalten und ihn weiter ausbauen, so können wir ihn schließlich gegen alle feindlichen Anstürme und falschen Ansprüche verteidigen.

3. DAS INNEHALTEN UND STILLEHALTEN

Für eine volle Entfaltung der geistigen Fähigkeiten des Menschen bedarf es der Mitwirkung und des Gleichgewichtes von zwei einander ergänzenden Kräften, der aktivierenden und der zügelnden. Der Buddha, als ein tiefblickender Seelenkenner, hatte diese Notwendigkeit erkannt und ihr Ausdruck gegeben in seiner Lehre vom «Gleichgewicht der (fünf) geistigen Fähigkeiten» *(indriya-samatta)*.[33] In unserem Zusammenhang ist es dabei wichtig, daß die Fähigkeit der Energie *(viriyindriya)* und die der Geistes-sammlung (oder Ruhe; *samādhindriya*) gleichmäßig stark entwickelt werden. Ferner wird von den sieben Erleuchtungsgliedern die Entwicklung von dreien zum Anspornen (Aktivieren) des Geistes empfohlen[34] und von anderen dreien zu seiner Beruhigung.[35] In beiden Fällen, bei den geistigen Fähigkeiten und den Erleuchtungsgliedern, ist es die Achtsamkeit, die nicht nur über deren Gleichmaß zu wachen hat, sondern auch tätig die Stärkung sowohl der aktivierenden wie auch der zügelnd-beruhigenden Kräfte fördert.

Achtsamkeit, obwohl scheinbar von rein passiver Natur, ist doch auch ein beträchtlicher aktivierender Faktor. Denn Achtsamkeit erzieht zu einer Wachsamkeit und Regsamkeit, zu einer Aktions- und Reaktionsbereitschaft des Geistes, die unerläßlich sind für jegliches zweckgerichtete Handeln. Im gegenwärtigen Zusammenhang sind wir jedoch hauptsächlich an der zügelnden Funktion der Achtsamkeit interessiert und wollen nun untersuchen, wie diese Funktion den Aufgaben der Schulung und der Befreiung des Geistes hilft.

Das Reine Beobachten ermöglicht ein *Innehalten* und Stillehalten des Geistes, das so wichtig und wohltuend ist inmitten des ungestümen Drängens (in uns und um uns) zu vorschnellem Handeln, Eingreifen, Beurteilen und Bewerten. Es verleiht die Fähigkeit, Handlungen und Urteile hintanzusetzen, bis genaue Beobachtung der Tatsachen und weises Nachdenken gezeigt haben, ob Dinge, Situationen oder Menschen wirklich so sind, wie sie erscheinen oder vorgeben. Das Reine Beobachten bewirkt ein heilsames Verlangsamen in der Impulsivität des Denkens, Fühlens, Redens und Handelns. Es lehrt, «die abschließenden Impulse in die Gewalt zu bekommen» (Nietzsche) und Verwicklungen durch unnötiges Einmischen zu vermeiden.

Chinesische Weisheit sagt hierzu:

«Unter allem, was die Dinge endet und die Dinge anfängt, gibt es nichts Herrlicheres als das Stillehalten.»

Schu Gua, ein alter Kommentar zum I-Ging,
übersetzt von Richard Wilhelm

Im Lichte der Buddha-Lehre besteht das wahre «Enden der Dinge» im Enden der Wiedergeburten durch die Wahnerlöschung, dem Nibbāna, das auch bezeichnet wird als «Stillung der Gestaltungen» oder der Daseinsgebilde *(saṅkhārānaṁ vūpasamo)*. Dies ist das höchste und vollkommene Innehalten. Das Ende der Gestaltungen aber geschieht durch das Ende des Gestaltens, das Ende der Gebilde durch das Ende des Bildens, das Ende der Dinge durch das Ende des Verdinglichens. Mit *Gestalten, Bilden* und *Verdinglichen* meinen wir hier das weltbejahende, weltenbauende *karmische* Wirken. Die Stillung dieses karmischen Wollens und Wirkens ist das «Ende der Dinge», das Ende des Leidens. Es ist jenes «Ende der Welt», das dem Buddha zufolge nicht durch Wandern (auch nicht durch Raumfahrten) zu erreichen, sondern nur in uns selber zu finden ist.

Dieses Ende der Leidenswelt kündet sich uns an in jedem Akt des achtsamen *Innehaltens,* als einem Innehalten im Anhäufen von Kamma *(kammāyūhana),* im Aufschichten *(ācaya-gāmi)* und Aneinanderreihen von flüchtigen Gestaltungen, im Bauen vergänglicher Welten. Doch auch, wer diesem letzten Ziele nicht nachstrebt, wird im innehaltenden und stillehaltenden Reinen Beobachten viele unheilsame Dinge zu ihrem Ende bringen, und viel mehr noch wird er gar nicht entstehen lassen, darunter jene Dinge, die durch blindes Eingreifen und Einmischen entstehen und unabsehbare Gefahren und Verwicklungen mit sich bringen.

«Wer einzugreifen hat gelassen, der sieht sich überall in Sicherheit.» Sutta-Nipāta Vers 953

«Wer Einhalt zu tun weiß, kommt nicht in Gefahr.» Taoteking Kap. 44

Es wurde ferner gesagt, daß es auch unter all dem, «was die Dinge anfängt», nichts Vorzüglicheres gibt als das Stillehalten. Im buddhistischen Sinne sind die Dinge, die das Inne- oder Stillehalten wirksam anfängt, die zum Abschichten karmischer Bindung führenden Dinge *(apacayagāmino dhammā)*, welche durch den Achtfachen Pfad, die Vierte Edle Wahrheit, entwickelt werden. Die acht Pfadglieder werden traditionsgemäß in drei Gruppen eingeteilt: Sittlichkeit, Sammlung (Geistesruhe) und Weisheit (Klarblick). Dieser Dreiteilung folgend, wollen wir nun zeigen, wie alle diese Eigenschaften entscheidende Hilfe von der innehaltenden Achtsamkeit erhalten.

Sittlichkeit

Im Bemühen um sittliche Läuterung und Selbsterziehung ist es nur in Ausnahmefällen geraten, direkt mit jenen Charakterschwächen zu beginnen, die tiefe Wurzeln in alten Gewohnheiten oder starken Leidenschaften haben. Verfrühte Versuche, diese mit unzulänglichen Mitteln zu bekämpfen, werden allzu oft in entmutigenden Niederlagen enden. Erfolgversprechender ist es daher, sich zuerst jenen Schwächen in der Handlungs- und Redeweise, sowie solchen Fehlurteilen und Vorurteilen zuzuwenden, die durch Unüberlegtheit und Voreiligkeit verursacht sind; und deren gibt es viele. Wie oft geschieht es, daß ein einziger Moment der Überlegung einen falschen Schritt hätte verhindern können, der eine lange Kette schwerwiegender Folgen haben mag. Es ist die Übung im Reinen Beobachten, durch die wir das rechtzeitige Innehalten lernen können, und zwar zuerst in einfachen Situationen unserer Wahl, wo es uns leichter fällt. Viele von den Störungen und Eindrücken während der Meditationszeit sind von so belangloser Art, daß sie nicht in Konflikt mit unseren stärksten üblen Gewohnheiten und Einstellungen kommen; und ebensolche leichteren Fälle kann man auch aus dem Alltagsleben wählen. An ihnen kann man es dann leichter lernen, jede andere Reaktion als das reine Konstatieren des Vorgangs zu vermeiden oder bis zu gründlicher Prüfung zu verschieben. Hat man so mit dem beobachtenden Innehalten in einfacheren Fällen begonnen und diese Fähigkeit durch Übung gestärkt, so wird es zunehmend besser gelingen, das Innehalten auch dann einzuschalten, wenn man überrascht, provoziert oder in Versuchung geführt wird. In gleicher Weise wird es dann schließlich auch gelingen, alte üble Gewohnheiten und triebhafte Leidenschaften zuerst zu schwächen und dann zu brechen. Denn wenn diese spontanen oder impulsiven Abläufe an irgendeinem Punkt durch das innehaltende Beobachten unterbrochen werden, so verlieren sie schon dadurch viel von ihrer Kraft und ihren unheilsamen Folgen.

Wenn wir zum Beispiel irgendeinen schönen Gegenstand sehen, der uns anzieht, so mag der dabei empfundene Wunsch danach zuerst noch nicht sehr aktiv und gebieterisch sein. Wenn nun schon hier das beobachtende Innehalten einsetzen kann, so mag dieser schwache Wunsch widerstandslos schwinden und bald vergessen sein; oder man wird das Element der Anziehung in ein stilles ästhetisches Gefallen sublimieren können. Im Rahmen der Achtsamkeitsübung wird man an diesem Punkt fähig sein, jenen Eindruck unmittelbar als eine von angenehmem Gefühl begleitete Sehwahrnehmung zu registrieren und zu neutralisieren. Wenn es aber an diesem frühen Punkt noch nicht zum Innehalten kommt und man den anziehenden Gegenstand immer wieder mit begehrlichem Auge betrachtet, so wird der anfänglich schwache Wunsch zu starkem Begehren anwachsen. Kann man nun hier die Zügel anziehen und dem beobachtenden Innehalten Raum geben, so wird man es verhindern können, daß jenes starke Verlangen in ungestüm fordernden Worten Ausdruck findet. Doch wenn es zu solchen Worten kommt, so mag die Zurückweisung durch den anderen neue Verwicklungen bringen: innerlich durch Enttäuschung, Bitterkeit oder gar Haßgefühl, äußerlich durch heftigen Streit.

Aber selbst ein Innehalten in diesem späten Stadium mag noch Schlimmeres verhüten: etwa den Versuch, sich fremden Besitz heimlich oder gewaltsam anzueignen. Und selbst nach ausgeführter unheilsamer Handlung wird ein besinnendes Innehalten verhindern, daß sich die üble Geisteseinstellung wiederholt und als Charakterzug verhärtet.

So vermag das Innehalten die Tore zu unheilvollen Entwicklungen zu schließen. Ob dies früher oder später geschieht, wird vom erreichten Grad der Achtsamkeit abhängen, zu deren Entfaltung diese Schulung dient.

Sammlung (Geistesruhe)

Das Innehalten beim Reinen Beobachten hilft auch zur Gewinnung meditativer Geistessammlung und fördert im allgemeinen den inneren Frieden und die Ruhe des Geistes.

Die Gewöhnung an beobachtendes Inne- und Stillehalten befähigt den Geist, sich aus einem allzu lärmend und anspruchsvoll gewordenen äußeren Geschehen in die eigene Stille zurückzuziehen, wann immer es ratsam oder erwünscht ist. Man wird dabei lernen, daß es keineswegs nötig ist, auf jeden Reiz oder Eindruck zu reagieren oder jede Begegnung mit Menschen, Situationen oder Ideen als eine Aufforderung zu aktiver Stellungnahme zu betrachten. Wenn man unnötiges Eingreifen und überflüssige Geschäftigkeit reduziert hat und wenn auch das eigene Reden und Handeln durch vorheriges prüfendes Innehalten ruhiger und besonnener geworden ist, so werden sich äußere Reibungen mit der Umwelt und damit innere Spannungen verringern. Das Alltagsleben wird eine größere Harmonie gewinnen, und die manchmal beträchtliche Kluft zwischen dem unruhigen Alltagsbewußtsein und der für die Meditation erforderlichen Geistesruhe wird kleiner werden. Weniger Unruheschwingungen, gröbere oder feinere, werden dann in die Meditationsstunden eindringen und die «Hemmung der Unruhe» *(uddhacca-saṁyojana)*, ein Haupthindernis der Konzentration, wird seltener auftreten und leichter überwindbar sein.

Regelmäßige Hinlenkung des Reinen Beobachtens auf kontinuierliche Ablaufreihen innerer und äußerer Vorgänge wird die Fähigkeit des Geistes fördern, sich in der Meditation auf ein *einziges* Objekt zu konzentrieren. Auch der Festigkeit und Stetigkeit des Geistes wird die regelmäßige Achtsamkeitsübung dienlich sein.

So werden durch das Innehalten und Stillehalten beim Reinen Beobachten die folgenden wichtigen Elemente meditativer Geistesruhe gefördert: Ruhe, Klarheit, Konzentrationsfähigkeit, Festigkeit und Stetigkeit, sowie Reduzierung der Objektvielfalt. Auch das Durchschnittsniveau des Bewußtseins wird erhöht und in den vorgenannten Eigenschaften dem meditativen Bewußtsein angenähert.

In der Reihe der sieben Erleuchtungsglieder (siehe Lehrrede) finden wir, daß das Erleuchtungsglied ‹Ruhe› dem der ‹Sammlung› vorausgeht; und im gleichen Sinne heißt es häufig in den buddhistischen Texten: «Wenn er innerlich beruhigt ist, konzentriert sich der Geist». Diese Aussagen werden nun im Lichte der vorstehenden Ausführungen verständlicher werden.

Weisheit (Klarblick)

Der Buddha sagte: «Mit gesammeltem Geiste sieht man die Dinge, wie sie wirklich sind». Daher sind alle die oben genannten Förderungsmittel der Geistessammlung auch gleichzeitig Hilfen in der Gewinnung der *Weisheit* im buddhistischen Sinne, in der die unverblendete Wirklichkeitserkenntnis ein Hauptelement ist. Wie in vorhergehenden Kapiteln gezeigt wurde, ist es die meditativ gewonnene Klarblicks-Weisheit *(vipassanā-paññā)*, durch welche die Wirklichkeitserkenntnis zur vollen Entwicklung gelangt, so daß sie ihre höchste Funktion, die Befreiung vom Leiden, erfüllen kann.

Im normalen Lebensablauf ist freilich der Mensch meist weniger daran interessiert, Dinge und Menschen wirklichkeitsgemäß zu verstehen, sondern es ist ihm vor allem daran gelegen, seine persönliche Beziehung zu ihnen vom Lust- und Nützlichkeitsstandpunkt aus zu bestimmen und zu regeln. Er wird daher meist mit den ersten «Signalen» zufrieden sein, die er von den äußeren Eindrücken oder seinen eigenen Gedanken erhält, und diese sind häufig schon mit gewohnheitsmäßigen oder triebbehafteten Reaktionen assoziiert, die dann sofort ausgelöst werden. Bei vertrauten Eindrücken wird die Aufmerksamkeit gewöhnlich nur so lange bei den betreffenden Objekten verweilen, als es nötig ist, um deren erste «Signale» aufzunehmen. Es ist daher gewöhnlich nur eine einzige Teilansicht des Objekts (oder eine kleine Auswahl seiner Aspekte), die in solchen Fällen wahrgenommen wird; und nur ein geringer Teil der Lebens- und Wirkungsdauer des Objekts wird dabei erfaßt. Diese Flüchtigkeit der Hinwendung zu einem Objekt wird dann allzu leicht zu Wahrnehmungstäuschungen oder Mißdeutungen führen, wenn diese nicht ohnehin mit den gewohnheitsmäßig assoziierten Reaktionen eng verknüpft sind.

Bei einem guten Teil der so überaus zahlreichen unbedeutenden Eindrücke des Alltags mag die Beschränkung auf ihr erstes Signal und auf die eingeübte Reaktion darauf ausreichend sein; sie bedeutet eine unerläßliche Vereinfachung und Kraftersparnis innerhalb eines immer verwickelter werdenden Lebens. Doch unter dem Druck der wachsenden Vielfältigkeit und Kompliziertheit unserer Zivilisation wird die Reichweite dieser fragmentarischen Eindrücke und schematisierten Reaktionen allzu sehr ausgedehnt; und auch im Geistigen zeigt sich dies im zunehmenden Einfluß von ungeprüften Schlagworten und Schablonen. Das schafft eine gespenstisch-starre Welt von nahezu formlosen Erfahrungsbrokken, versehen mit subjektiv gewählten Kennzeichen und Symbolen, welche hauptsächlich auf das Selbstinteresse und vorgefaßte Meinungen bezogen sind und wenig über die Dinge oder Ideen selber aussagen. Wenn man in einer solchen, so stark vom Ichbezug bestimmten Welt lebt, dann hat die Wirklichkeitserkenntnis wenig Raum. Die beiden Grundirrtümer des «Ich» und «Mein» werden notwendig an Stärke zunehmen, und ihre feinen Faserwurzeln werden so weit und tief reichen, daß es unmöglich wird, sie durch intellektuelle Mittel zu entfernen. Diese fragmentarischen und subjektiv gefärbten Eindrücke führen auch leicht zu jenen vier Fehlurteilen über die Wirklichkeit *(vipallāsa)*, welche Vergängliches für beständig nehmen, Leidhaftes für glückbringend, Ichloses für ichhaft und Unreines für rein.

Es ist daher ratsam, daß man gelegentlich auch ganz vertraute Alltagseindrücke und die eigenen Routinereaktionen dem Reinen Beobachten und einer genaueren Prüfung unterwirft. Und wo neue Entscheidungen nötig sind, sollte das beobachtende und prüfende Innehalten nie fehlen.

Von einer solchen Gewöhnung an das beobachtende Innehalten wird auch die meditative Klarblicksweisheit gewinnen. Deren Objekte, die eigenen körperlichen und geistigen Vorgänge, werden sich in ihrem vollen und wahren Lichte zeigen können, wenn der beschränkende und verfälschende Ichbezug ausgeschaltet ist. Die Beobachtung ihres vollen Lebensablaufs, ihres Entstehens und Vergehens, wird das Gesetz der Vergänglichkeit eindringlich illustrieren. Im gleichen beobachtenden Innehalten werden diese Vorgänge auch in ihrer ganzen Vielfältigkeit erscheinen, als ein Gefüge von unpersönlichen Einzelkräften, Abhängigkeiten, Beziehungen und Zusammenhängen; und damit werden sie ihre trügerische Scheineinheit verlieren. Die Monotonie und das Unbefriedigende im unablässigen Ablauf solcher flüchtiger, substanzloser Vorgänge wird sich der Beobachtung immer stärker aufdrängen, und so wird sich auch das Leidensmerkmal *(dukkhalakkhaṇa)* der Existenz der eigenen Erfahrung darbieten. Derart können, durch das einfache Mittel des beobachtenden Innehaltens, alle drei Daseinsmerkmale zu Gegenständen der Klarblicksweisheit gemacht werden.

Spontaneität

Es braucht nicht befürchtet zu werden, daß Gewöhnung an das Innehalten vor einer Betätigung jede spontane Äußerung wertvoller Art ausschalten oder lähmen wird. Im Gegenteil, das Innehalten selber wird durch Übung zu einem spontanen Vorgang werden und einen geistigen Auswahlmechanismus ermöglichen, der mit immer größerer Sicherheit und Reaktionsgeschwindigkeit das als unheilsam Erkannte ausschließt. Wie gewisse Reflexbewegungen spontane Schutzmaßnahmen unseres Körpers sind, so soll auch das Innehalten zu einem geistig-sittlichen Selbstschutz ausgebildet werden. Ebenso wie ein Mensch mit einem durchschnittlichen sittlichen Niveau vor Diebstahl oder Mord instinktiv zurückschreckt, so kann durch das beobachtende Innehalten der Bereich solch spontan funktionierender Sicherungen systematisch erweitert und das sittliche Feingefühl gestärkt werden. Auch falsche Denkgewohnheiten kann man in gleicher Weise durch rechte und heilsame ersetzen.

Die Hemmung und Ausschaltung übler Impulse bringt auch eine größere Entfaltungsmöglichkeit für die guten Impulse mit sich. Jenes Gute in uns, das sich zunächst nur gegen innere Widerstände, nach einem Kampf der Motive, durchsetzen konnte, vermag sich nun frei und spontan zu äußern. Es wird mit größerer Verläßlichkeit auftreten und auch mit größerer Wirkungs- und Überzeugungskraft auf andere. Hier öffnet sich ein Weg, auf dem man allmählich das «vorbedachte Gute» *(sasankhārika-kusala-citta)* in ein spontanes *(asankhārika)* verwandeln kann, welches, nach der Wertskala des Abhidhamma, den ersten Rang einnimmt, sofern es mit Wissen verbunden ist. Es ist also nur die Spontaneität des Unheilsamen, die durch das beobachtende Innehalten gebrochen werden soll.

Bei einer weisen Benutzung der in der Buddha-Lehre gegebenen Hilfen, gibt es tatsächlich nichts, was dieser gewaltlosen, mit dem Innehalten beginnenden Satipaṭṭhāna-Methode widerstehen kann.

Verlangsamung

Die Übung im Innehalten setzt dem Ungestüm der Impulse und der unachtsamen Voreiligkeit eine bewußte Verlangsamung entgegen. Im raschen Tempo unserer Zeit erscheint es freilich kaum angängig, eine Funktionsverlangsamung in den Arbeitstag einzuführen. Doch gerade als Gegenmittel gegen die unheilsamen Folgen der «modernen Hast» ist es geboten, in der Freizeit Verlangsamung und Innehalten bewußt zu pflegen; dies allein schon aus rein praktischen und gesundheitlichen Erwägungen. Denn Verlangsamung hilft körperliche und geistige Spannungen lösen; sie lenkt die Aufmerksamkeit auf die einzelnen Phasen eines komplexen Vorgangs oder einer schwierigen Aufgabe und macht damit solche Vorgänge oder Aufgaben besser verständlich und behandelbar, wodurch sich notwendig Leistungsfähigkeit und Erfolgsaussichten erhöhen.

Für die Zwecke unserer Geistesschulung aber bedeutet die Verlangsamung eine wirksame Schulung in größerer Besonnenheit, Sinnenzügelung und Konzentration. Doch darüber hinaus hat sie noch manche spezielle Bedeutung. Im Kommentar zur Lehrrede lesen wir z. B., wie die Funktionsverlangsamung der *Wiedergewinnung eines verlorenen Meditationsobjektes* dienstbar gemacht wird: Ein Mönch hatte seinen Arm schnell gebeugt, ohne dabei, seiner Übungsregel gemäß, an sein Meditationsobjekt gedacht zu haben. Als er dessen gewahr wurde, nahm er den Arm in die frühere Stellung zurück und wiederholte die Bewegung langsam und besonnen. Sein Meditationsobjekt war offenbar der Lehrreden-Text: «Beim Beugen und Strecken ist er wissensklar in seinem Tun».

Von besonderer Wichtigkeit ist die bewußte Funktionsverlangsamung für die *Klarblicks-Erkenntnis*. Es ist in hohem Grade die Ablaufsgeschwindigkeit der Einzelvorgänge, die den Glauben an die unveränderte Fortdauer und Einheitlichkeit eines komplexen Vorgangs fördert. Daher gehört zu den wirksamsten Übungen in strikten Satipaṭṭhāna-Kursen die Verlangsamung und Analyse des Gehvorgangs. Dabei merkt man, daß der einzelne Schritt keineswegs eine geschlossene Einheit ist, und es wird zu einem immer stärker werdenden Eindruck, zu beobachten, wie jeder der Teilvorgänge entsteht und schwindet und nicht etwa zur nächsten Phase übergeht.

Über den unmittelbaren Übungszweck hinaus werden die Verlangsamungsübungen auch einen *ruhigeren Durchschnittsrhythmus* im täglichen Handeln, Sprechen und Denken bewirken. Gedanken, Gefühle und Sinneseindrücke werden dadurch die Möglichkeit erhalten, voll auszuklingen, bis zu ihren letzten feinsten Vibrationen. Diese leisen Ausschwingungen werden gewöhnlich unterbrochen durch ein ungeduldiges Greifen nach neuen Eindrücken, bevor die alten voll aufgenommen oder innerlich verarbeitet wurden. Besonders bedenkliche Dimensionen hat dies im modernen Großstadtmenschen angenommen, dessen Unrast nach immer neuen Reizen, in immer schnellerer Aufeinanderfolge verlangt. Dieses Trommelfeuer von Eindrücken stumpft nun wieder seine Sensitivität derart ab, daß die neuen Reize zunehmend stärker und gröber sein müssen, um flüchtige Befriedigung zu geben. Die Folge davon ist, daß bei vielen Zivilisationsmenschen die Empfänglichkeit für feinere ästhetische Werte abgenommen hat und ebenso auch die Fähigkeit zu echter, natürlicher Freude, ohne künstliche Reize. An deren Stelle ist eine kurzatmige Erregung getreten, die keine nachhaltige ästhetische oder gefühlsmäßige Befriedigung hinterläßt. Die Verlangsamung und Beruhigung des Lebensrhythmus, das Tieferwerden des Lebensatems wird sich auch hier wohltätig und glückmehrend auswirken.

Die hektische Kurzatmigkeit des modernen Geisteslebens ist auch zu einem guten Teil verantwortlich für die zunehmende Oberflächlichkeit und Vergröberung des Zivilisationsmenschen und für die so bedenkliche Zunahme von Nervenerkrankungen jeden Grades. Wird diesen Symptomen kein Einhalt geboten, so kann all dies recht wohl der erste Anfang sein für ein Absinken des durchschnittlichen Bewußtseinsniveaus. Diese Gefahr droht allen denen in Ost und West, die der nivellierende Einfluß des modernen Zivilisationslebens innerlich schutzlos und widerstandslos findet. Die hier dargestellte Geistesschulung vermag es, im Menschen jenen inneren Selbstschutz zu entwickeln, der ihm helfen wird, diesen Gefahren zu begegnen.

Um es nochmals kurz zusammenzufassen, können wir sagen, daß das beobachtende Innehalten die Qualität des menschlichen Bewußtseins in vierfacher Weise beeinflussen und erhöhen kann: 1. seine Intensität, 2. seine Klarheit, 3. seinen Beziehungsreichtum, 4. seine Wahlfreiheit.

1. Ein Gegenstand innehaltender und anhaltender Achtsamkeit wird einen starken und lang währenden Eindruck hinterlassen, nicht nur auf die der jeweiligen Wahrnehmung unmittelbar folgende Gedankenserie, sondern auch in die Zukunft hinein. Es ist diese Wirkungskraft von deutlichen Wahrnehmungen und klaren Gedanken, die der Maßstab für den *Intensitätsgrad* des Bewußtseins ist.

· 2. Flüchtige Wahrnehmungen oder Erwägungen werden nur den ersten Eindruck oder nur den für den Ichbezug wichtigen erfassen und lassen viele Aspekte des Objekts unbeachtet oder unklar. Dies hat zur Folge, daß das Gesamtbild des materiellen oder geistigen Objekts fragmentarisch oder verschwommen bleibt. Die innehaltende und anhaltende Achtsamkeit aber ergibt ein deutliches und umfassendes Bild des Gegenstandes und erzieht so zu einer wachsenden *Klarheit* der Bewußtseinsfunktion.

3. Wenn das Gesamtbild des Objekts klar und umfassend ist, so wird es auch in seiner reichen *Beziehungsvielfalt* erscheinen. In künstlicher Isolierung kann ein Objekt nie ganz verstanden werden, sondern nur, wenn es als Teil eines Gefüges in seiner bedingten und bedingenden Natur begriffen wird. Neue Zusammenhänge zu sehen, ist die Hauptquelle wissenschaftlicher Entdeckungen und neuer philosophischer Einsichten. Es ist der Sinn für den Beziehungsreichtum von Dingen, Ideen und Situationen, der, über das rein Analytische hinaus, zu einer Verfeinerung der Bewußtseinsqualität und zur Stärkung seines schöpferischen Vermögens führt.

4. Das beobachtende Innehalten zeigt dem Menschen *Wahl-möglichkeiten*, die er nicht sehen kann, wenn er von Impulsen getrieben oder durch Vorurteile beeinflußt ist. Das Reine Beob-achten erweitert somit den Bereich menschlicher Freiheit, indem es sittliche und andere für das Wohl des einzelnen und der Mensch-heit wichtige Entscheidungen ermöglicht, wo sonst blindes Vor-urteil und eingeübte egozentrische Reaktionen die unbestrittene Herrschaft hatten.

Der Einfluß auf Gedächtnis, Unterbewußtsein und Intuition

Das beobachtende Innehalten fördert nicht nur die Entfaltung der vollbewußten Kräfte des Geistes, sondern vermag auch einen Einfluß auszuüben auf die Struktur des Unterbewußten und die von ihm genährten Funktionen des Gedächtnisses und der Intui-tion. Dies wird ermöglicht besonders durch die ersten drei der oben erwähnten Faktoren, nämlich durch die stärkere Intensität und Deutlichkeit, sowie den größeren Beziehungsreichtum der oberbewußten Vorgänge. Doch auch ihre durch die Ausweitung der Wahlfreiheit gewonnene größere «Souveränität» mag einen formativen Einfluß auf die unterschwelligen Vorgänge haben.

Wenn wir klar aufgefaßte Eindrücke achtsam bis zu ihrer End-phase verfolgen und diese langsam ausklingen lassen, so werden sie, wenn sie derart ins Unterbewußtsein sinken, sich gewiß unter-scheiden von unklaren Eindrücken und solchen mit abrupter oder verschwommener Endphase. Wir dürfen es für sehr wahrschein-lich halten, daß sie auch innerhalb des Unterbewußtseins «arti-kulierter» und deutlicher sein werden und damit leichter verfüg-bar für das Oberbewußtsein. Solange sie freilich nur vereinzelt auftreten, mögen sie sich im Durchschnittsniveau des Unterbe-wußten verlieren und keinen merkbaren Einfluß haben. Nehmen aber diese deutlichen Eindrücke durch bewußte Förderung zu, so werden ihre unterschwelligen Auswirkungen allmählich im Be-reich des Unterbewußten eine Sonderstellung einnehmen und immer mehr von den normalen und schwächeren unterbewußten Vorgängen anziehen und assimilieren können; und zwar je nach dem Grade ihrer Kraft und Deutlichkeit und der Weite ihres Assoziationskreises (für den der oben erwähnte «Beziehungsreichtum» ausschlaggebend ist). Eine weitere und ebenso wichtige Auswirkung wird sein, daß die unterbewußten *unheilsamen* und üblen Tendenzen schon auf dieser unterschwelligen Ebene einen stärkeren Widerstand finden und uns daher mit ihren Durchbrüchen ins Oberbewußte seltener überraschen werden. So mag die Übung in Rechter Achtsamkeit allmählich eine tiefreichende *Strukturwandlung des Unterbewußten* bewirken, ohne daß es dafür nötig ist, in diese Tiefenbereiche selber, etwa mit den Hilfsmitteln der Psychoanalyse, hinabzusteigen. Der Jünger der Achtsamkeitsübung wacht an der Schwelle und verläßt sie nicht.[36]

Voll ausgereifte Eindrücke werden auch leichter und genauer erinnert werden: *leichter* wegen der größeren Bewußtseinsintensität, die stärkere «Engramme» erzeugt; *genauer* wegen der deutlichen Erfassung aller markanten Objektmerkmale, so daß die Gefahr von Entstellungen in der Rückerinnerung verringert wird. Und die Beziehungsvielfalt des ursprünglichen Wahrnehmungs- und Bewußtseinsaktes wird *beides* bewirken, ein leichteres und ein genaueres Erinnern. Wir erwähnten früher, daß das Pāli-Wort *sati* sowohl Achtsamkeit wie auch Gedächtniskraft bedeutet, und wir haben nun hier eine kausale Beziehung zwischen beiden festgestellt, nämlich eine Stärkung der *Gedächtniskraft* durch Rechte Achtsamkeit.[37]

Wenn immer größere Teile des Unterbewußten auf die Stufe leichterer Verfügbarkeit gehoben werden, so wird sich dadurch eine starke und immer breiter werdende Brücke zwischen Unterbewußtsein und Oberbewußtsein bilden. Auf dieser kann sich dann der «Verkehrsstrom» in beiden Richtungen ohne Hindernis und Stauung bewegen, so daß eine gegenseitige Befruchtung der beiden Gebiete stattfinden kann. Die derart enger gewordene Beziehung zwischen Ober- und Unterbewußtsein, die wir in diesem Bilde ausdrückten (und es soll nicht mehr als ein Bild sein), besagt in anderen Worten, daß in einem solchen Geiste die *Intuition* einen größeren Platz einnehmen wird. Denn Intuition entsteht ja nicht aus dem Nichts (obwohl sie in ihrer Plötzlichkeit als ein Gnadengeschenk erscheint), sondern erwächst aus dem dunklen Humusboden des Unterbewußten. Gute Nährstoffe für die Intuition werden jene vorerwähnten leichter verfügbaren Sonderbereiche des Unterbewußten bilden, die Erinnerungen bergen, welche aus deutlichen, voll ausgereiften Eindrücken stammen. Auch hier wird es die Beziehungsvielfalt solcher Eindrücke sein, die sich als fruchtbar erweist. Denn Erinnerungen, die auch die Zusammenhänge und Beziehungen des erinnerten Gegenstandes oder Gedankens einschließen, werden einen stärker organischen Charakter haben als Erinnerungen an unbezogene, isolierte Objekte. Sie werden eine ungleich stärkere Anregung sein für die intuitive Fähigkeit, die ja eben darin besteht, neue Zusammenhänge zu sehen und zu schaffen. Dies gilt auch für Errungenschaften in den Künsten und Wissenschaften, die gleichfalls durch das hier beschriebene Wachstum der intuitiven Fähigkeit befruchtet werden können.

Still, in den verborgenen unterschwelligen Tiefen vollzieht sich das Werk des Sammelns und Koordinierens der unterbewußten Niederschläge von Erfahrung und Erkenntnis, bis schließlich das Ergebnis reif ist, um als «Intuition» in Erscheinung zu treten. Der Durchbruch der Intuition kann manchmal ausgelöst werden durch ganz unscheinbare Alltagsgeschehnisse, sofern sie bei ihrem früheren Auftreten durch beobachtendes Innehalten an Bedeutungsgehalt und Anregungskraft gewonnen hatten. Das Innehalten und Stillehalten beim Reinen Beobachten vermag in den kleinen Dingen des Alltags ihre Tiefendimension zu entdecken und so der Intuition reiche Nahrung zu geben. Dies gilt auch für den intuitiven Klarblick *(vipassanā)*, der auf dem buddhistischen Heilsweg das Hauptwerkzeug der inneren Befreiungsarbeit ist. Die buddhistische Überlieferung berichtet von vielen Fällen, wo Mönche den entscheidenden Durchbruch zum vollen Klarblick oder gar zur Heiligkeit nicht während der Übung ihres lang gepflegten Meditationsobjekts erfuhren, sondern bei ganz anderen Anlässen wie etwa dem Anblick eines Waldbrandes, einer Luftspiegelung, eines Schaumballs am Wasserrand oder auch beim Stolpern auf dem Wege. Alltagsgeschehnisse, durch die es zur Auslösung der Intuition kommt, erhalten freilich ihre Bedeutung und Anregungskraft nur durch vorherige Vertrautheit des Übenden mit den kleinen Dingen des Alltags. Diese Vertrautheit aber entsteht eben durch ein nachdenkliches Innehalten, durch ein behutsames Ausklingenlassen der Eindrücke, wodurch sich ein unterschwelliges Reservoir von leicht verfügbaren Erinnerungen bildet. Wenn nun solche Eindrücke mit lehrgemäßen Erkenntnissen verbunden waren, so werden sie imstande sein, den intuitiven Klarblick anzuregen und ihn sogar bis zu seiner Reife in der Heiligkeit hinaufzuführen.

Das langsame Ausklingenlassen von Eindrücken bereitet aber nicht nur den Nährboden für die Intuition, sondern erleichtert auch ihr Festhalten, ihre Auswertung und sogar ihre Wiederholung. Seit jeher ist es eine Klage der Inspirierten gewesen, daß Intuitionen so schnell aufblitzen und schwinden, daß der nachhinkende Gedanke manchmal kaum noch ihren letzten Schimmer einfängt. Wenn aber der Geist im beobachtenden Innehalten und im langsamen Ausklingenlassen von Eindrücken geschult ist und wenn dadurch auch das Unterbewußte in der oben beschriebenen Weise beeinflußt wurde, so mag auch der intuitive Moment einen langsameren, stärkeren und voll ausklingenden Rhythmus gewinnen; und man wird ihn dann trotz seiner Flüchtigkeit klar erfassen und voll auswerten können. Wenn man dann dieses allmähliche Abklingen der Intuition mit behutsamer, gleichsam «schwingender» Achtsamkeit begleitet, so mag es manchmal möglich sein, diese feinen Gedankenschwingungen vor ihrem völligen Schwinden wieder ansteigen zu lassen und zu einem nochmaligen Höhepunkt zu führen.

Die volle Auswertung eines einzelnen Moments der Intuition mag von entscheidender Bedeutung sein für den Fortschritt auf dem Heilsweg der Buddha-Lehre. Wenn jedoch der geistige Zugriff zu langsam oder zu schwach ist, so mag eine flüchtige intuitive Klarblickserkenntnis entgleiten, bevor man sie voll für das Werk der inneren Befreiung auswerten kann; und es mag sein, daß eine solche Intuition sich erst nach Jahren oder überhaupt nicht mehr im gegenwärtigen Leben des Übenden wiederholt. Schulung im beobachtenden Innehalten aber wird es leichter machen, einen flüchtigen intuitiven Moment tief und voll zu erfassen.

Das Vorstehende wird es verständlich machen, warum die alten Meister als eine der Funktionen der Achtsamkeit «das Nicht-Entgleitenlassen» *(apilāpanatā)* nannten.

4. UNMITTELBARKEIT DER ANSCHAUUNG

> *«Ich wollte, daß ich mich von allem entwöhnen könnte, daß ich von neuem sehen, von neuem hören, von neuem fühlen könnte. Die Gewohnheit verdirbt unsere Philosophie.»*
>
> Georg Chr. Lichtenberg

Wir haben bereits vorher von der impulsiven Spontaneität des Unheilsamen gesprochen. Wir sahen dabei, wie das beobachtende Innehalten einer Unmittelbarkeit der unheilsamen oder übereilten Reaktion entgegenwirkt und damit jener Unmittelbarkeit der Anschauung Raum gibt, von der wir jetzt sprechen wollen. Unter Unmittelbarkeit der Anschauung verstehen wir die Gewinnung eines unverfälschten Wirklichkeitsbildes, ohne daß sich dabei spontan auftretende Leidenschaften, emotionelle und intellektuelle Vorurteile oder verfälschende Assoziationen als «Mittelglieder» dazwischendrängen.

Die Macht der Gewohnheit

Spontane Reaktionen kommen nicht nur aus leidenschaftlichen Impulsen, sondern sind sehr häufig Ergebnis der Gewohnheit, und in dieser Form haben sie einen starken und besonders weitreichenden Einfluß zum Guten oder Schlechten. Ihr Einfluß zum Guten zeigt sich in der Kraft der Übung, mit der man einmal erworbene Fähigkeiten vor dem Verlust oder dem Vergessen sichert und sich ganz zu eigen macht. Der Einfluß zum Schlechten aber ist der Zwangscharakter der Gewohnheit, ihre lähmende und abstumpfende, unbeweglich und unbeeinflußbar machende Wirkung. Mit diesem negativen Aspekt wollen wir uns nunmehr befassen.

Gewohnheit breitet ihr dichtmaschiges Netz über weite Gebiete unseres Lebens und Denkens. Immer mehr sucht sie in dieses Netz einzufangen, selbst flüchtige Impulse. Denn auch ganz gelegentlich auftretende, zunächst nur schwache Launen, Neigungen oder Wünsche können durch ungehemmte Wiederholung zu schwer zu entwurzelnden Gewohnheiten werden, zu Automatismen, die nicht mehr in Frage gestellt werden. Fortgesetzte Wiederholung der Drangbefriedigung schafft Gewohnheit, die schließlich einen Zwangscharakter annimmt. Die betreffende Betätigung, an die man sich gewöhnt hat, mag zuerst gar nicht sehr lust- oder wertbetont gewesen sein. Beim ersten Vorkommen würde es oft gar keine Schwierigkeit gemacht haben, auf sie zu verzichten oder sie sogar mit ihrem Gegenteil zu vertauschen. Durch die Wiederholung aber wird Gewohntes allmählich gleichbedeutend mit «angenehm» und das sie unterbrechende Ungewohnte mit «unangenehm» oder «feindlich». Eine gewohnte Handlungs- oder Betrachtungsweise gilt instinktiv als «richtig», eine ungewohnte als «abwegig» oder «falsch». Die Bindung erfolgt hier weniger an die Funktions- oder Denkweise um ihrer selbst willen als an die Annehmlichkeit der Routine, an die ungestörte Fortsetzung einer liebgewordenen Gewohnheit. Die oft sehr beträchtliche Stärke dieser Bindung erklärt sich zunächst aus dem dem Körperlichen wie dem Geistigen innewohnenden Beharrungsdrang. Durch die Gewohnheit erhalten dann die betreffende Denk- und Handlungsweise und der darauf gerichtete Wille ein damit ursprünglich gar nicht verbundenes Gewicht, eine so starke Wertbetonung, daß man sie schließlich zu den unabdingbaren Ansprüchen seiner Persönlichkeit zählt. In dieser Überbetonung mag dann eine ursprüngliche belanglose Alltagsgewohnheit in tiefe Schichten des Unterbewußten sinken und kann so beträchtlich zur starren Festlegung des Charakters und zur Einengung seiner Entwicklungsmöglichkeiten beitragen. Es ist also die Macht der Gewohnheit, die hier, und oft ganz unnötigerweise, eine neue Fessel geschmiedet, neue Zuneigungen und Abneigungen erzeugt und damit Keime für neues Leiden gepflanzt hat.

In der Lehrrede von den «Grundlagen der Achtsamkeit» heißt es: «und welche Fessel, durch diese beiden (nämlich Sinnenorgane und Objekt) bedingt, entsteht, auch die kennt er. Wie es zur Entstehung einer nicht entstandenen Fessel kommt, auch das kennt er.» Bei Erwägung dieser Textworte möge man auch an den bedeutenden Anteil denken, den ungeprüfte Gewohnheiten an der Neubildung und Stärkung innerer Fesseln haben.

Ein Überhandnehmen gedankenlos angenommener Gewohnheiten des Handelns und Denkens bedeutet eine große Gefahr für die Formbarkeit und die Entwicklungsmöglichkeiten des Geistes, zumal die Gewohnheitsbildung ohnehin einen starken Expansionsdrang hat, und dies besonders in einer Zeit zunehmender Arbeitsteilung und Standardisierung. Gewohnheitsbildung ermöglicht eine Vereinfachung der Funktionsweise, und das macht sie natürlich in einer immer komplexer werdenden Zivilisation sehr anziehend. Doch der Expansionsdrang der Gewohnheitsbildung hat auch tiefe Wurzeln in der Natur des Bewußtsein. Viele aktive Bewußtseinszustände eines gewissen Stärkegrades haben nämlich eine, freilich nie ganz unbestrittene, Tendenz, sich zu wiederholen. Diese Wiederholungstendenz kommt nicht nur aus dem oben erwähnten Beharrungsdrang, sondern auch aus einer Art «Willen zur Macht», nämlich aus dem Bestreben mancher Bewußtseinszustände, stärkeren Einfluß zu gewinnen; aus peripherischen und untergeordneten zu, sei es auch noch so bescheidenen, Zentren zu werden, denen sich andere, schwächere Tendenzen anpassen und unterordnen müssen. Es ist das Streben solcher «machtlüsterner» Bewußtseinszustände, zu einer vorherrschenden Charaktereigenschaft zu werden, die häufig zum Zentrum einer neuen Persönlichkeitsbildung in einer künftigen Existenz wird. Vergleichsweise denke man hierbei an den Dominierungswillen ehrgeiziger und egozentrischer Personen und, als biologische Analogie, an den Expansionsdrang krankhafter Zellwucherungen wie Krebs.

Im menschlichen Geist gibt es zahllose Keime für die Bildung neuer Persönlichkeitszentren im Ablauf der Wiedergeburten, und wir sollten geloben, all diese potentiellen Lebewesen in uns vom Triebrad des Daseinskreislaufs zu erlösen, wie es der Sechste Zen-Patriarch ausdrückte.

Bei solch doppelt tiefer Verwurzelung im Beharrungsdrang und im Machtwillen bedarf die Gewohnheitsbildung keineswegs immer einer absichtlichen Förderung, sondern kann sich auch auswirken, wenn die betreffende körperliche oder geistige Tätigkeit gedankenlos unternommen wird oder, wenn sie unheilsamen Charakter hat, ohne inneren Widerstand bleibt. Aus unbeachteten Keimen kleiner schlechter Gewohnheiten ist vieles entstanden, das zu einer starken, schwer zu brechenden Fessel wurde.

Das Innehalten zum und beim Reinen Beobachten gibt die Möglichkeit für eine *unmittelbare Anschauung* der jeweiligen inneren oder äußeren Situation und damit für neue, durch Wiederholungstendenz und Gewohnheit unbeeinflußte Entscheidungen. So kann verhindert werden, daß Handlungsweisen und Geisteshaltungen sich rein automatisch wiederholen und das Reservoir unterbewußter Tendenzen sich dadurch fortwährend mit neuen zeugungskräftigen Keimen des Unheilsamen füllt. Denn schon wenn diese Keime die Widerstandserfahrung des Innehaltens mit sich nehmen, werden sie viel von ihrer Zeugungskraft und Wiederholungstendenz eingebüßt haben, und es wird leichter sein, ihrer beim Wiederauftreten Herr zu werden.

Man mißverstehe nicht das hier Gesagte: Gewohnheit, die «Amme des Menschen», kann und soll nicht etwa ganz aus unserem Leben verschwinden. Bedeutet es doch, besonders unter dem

Druck heutiger Lebensanforderungen, eine beträchtliche Vereinfachung und Kraftersparnis, wenn man kleine Alltagsverrichtungen und die routinehaften Teile beruflicher Arbeit gleichsam
mit halber Aufmerksamkeit und doch zuverlässig ausführen
kann. Doch auch die Gleichmäßigkeit gewohnter Arbeitsleistung
hat ihren toten Punkt, an dem sie nachzulassen beginnt. Auch
Routine zeigt Ermüdungserscheinungen, wenn sie allzu lange
ohne den belebenden Antrieb eines neuen Interesses geblieben ist.
Nach der wohltätig vereinfachenden und manchmal gar die Lei-
stungen verbessernden «Macht der Gewohnheit» stellt sich dann
ihr abstumpfender und lähmender Einfluß ein.

Die «kleinen Gewohnheiten» sollen also keineswegs ganz «ab-
geschafft» werden. Doch wir sollten uns regelmäßig vergewissern,
daß wir die Herrschaft über sie behalten, d. h. sie auch aufgeben
oder ändern können, wenn wir es wünschen. Dies geschieht dadurch, daß wir von Zeit zu Zeit das Reine (d. h. durch Gewohnheiten unbeeinflußte) Beobachten auf die betreffende Handlungs-
oder Denkweise lenken und so wieder zu einer *Unmittelbarkeit
der Anschauung* gelangen. Hierdurch werden altvertraute Dinge
und auch Menschen, deren man schon fast überdrüssig wurde,
wieder frisch und eindruckskräftig. Man gewinnt wieder Abstand
von ihnen und von der eigenen Reaktion auf sie. Man erinnert
sich wieder an die Möglichkeit, daß man Tätigkeiten auf andere
Weise ausüben, Dinge und Menschen anders betrachten und anders als bisher auf sie reagieren kann. Die so gewonnene Unmittelbarkeit der Anschauung kann und soll man dann benutzen,
um diese oder jene schlechte Angewohnheit auch tatsächlich zu
brechen und altgewohnte Werturteile über Menschen und Dinge
zu prüfen und, wenn nötig, zu revidieren. Je früher man damit
beginnt, um so leichter wird diese Entwöhnung gelingen. Die so
erworbene Fähigkeit, *kleine* Gewohnheiten aufzugeben, wird
ihre Wichtigkeit erweisen, wenn es einmal gilt, wirklich gefähr-
liche üble Gewohnheiten zu entwurzeln oder sich mit tief ein-
schneidenden Lebensveränderungen abzufinden. Die Auflocke-
rung und Verbeweglichung des Alltagslebens und Alltagsdenkens

durch gelegentliche Entwöhnungen und durch wiedergewonnene Unmittelbarkeit wird einen wohltuenden Einfluß auf die Frische des Lebensgefühls und der geistigen Tätigkeit eines sich in solcher Weise Schulenden ausüben. In diesen aufgelockerten Boden des Geistes wird es auch leichter sein, den Samen meditativer Geistesschulung zu pflanzen und ihn zu kräftigem Wachstum zu bringen.

Assoziierendes Denken

Die Bildung von gewohnheitsmäßigen Einstellungen, Werturteilen und Entscheidungen erfolgt auf dem Wege eng verknüpfter und automatisch ablaufender Gedankenassoziationen. Von den Dingen und Ideen, Situationen und Menschen, denen wir begegnen, wählen wir gewisse Merkmale und Kennzeichen aus und assoziieren, d. h. verknüpfen diese mehr oder weniger eng mit unseren Reaktionen darauf. Bei einer Wiederholung gleicher oder ähnlicher Eindrücke werden diese zunächst mit den früher ausgewählten Merkmalen assoziiert und darauf mit den damaligen Reaktionen. Jene Merkmale dienen also als Signale, welche stereotype Reaktionen und Reaktionsketten auslösen. Diese Funktionsweise erspart dem Menschen die immer wieder erneute Anstrengung, jede einzelne Phase einer Reaktionskette sorgsam zu prüfen und einzeln zu entscheiden. Ebenso wie bei eingeübten Handgriffen bedeutet das eine beträchtliche Vereinfachung und macht Kräfte frei für andere Aufgaben. In der Entwicklungsgeschichte des menschlichen Geistes war daher das assoziative Denken ein großer Fortschritt gegenüber einer Wahrnehmungswelt isolierter Eindrücke. Es war ein wichtiger Schritt, denn er ermöglichte es dem Menschen, aus Erfahrungen zu lernen, allgemeine Schlüsse aus ihnen zu ziehen, und das führte ihn auch zur Entdeckung und Anwendung kausaler Gesetzmäßigkeit.

Doch neben diesen großen Vorteilen birgt das assoziative Denken auch beträchtliche Schwächen und Gefahren, wenn es ohne sorgfältige Prüfung und in falscher Weise angewandt wird.

1. Vereinzelte irrige oder unvollständige Beobachtungen sowie Fehl- und Vorurteile können sich durch den Mechanismus des assoziierenden Denkens leicht wiederholen und zu Gewohnheitsreaktionen werden.

2. Die Beschränkung auf Teilaspekte im Beobachten und Beurteilen, die für die Zwecke einer bestimmten Situation ausreichend war, kann sich als unzulänglich und nachteilig erweisen, wenn sie, mechanisch assoziierend, auf andere Umstände angewandt wird.

3. Gar nicht selten sind auch Fälle, in denen eine starke instinktive Abneigung gegen Dinge, Orte oder Menschen empfunden wird, bloß weil sie in irgendeiner Weise an unangenehme Erfahrungen erinnern, ohne aber mit ihnen direkt verbunden zu sein. Solche oberflächlichen und abwegigen Assoziationen können starke und folgenschwere Vorurteile erzeugen.

Diese wenigen Beispiele zeigen, wie sehr unsere assoziationsbedingten Gewohnheiten und gewohnheitsformenden Assoziationen einer regelmäßigen kritischen Prüfung bedürfen. Eben dies ist wiederum eine wichtige Funktion des Reinen Beobachtens. Wenn man in *unmittelbarer Anschauung* aus dem Wiederholungszwang der gewohnten Perspektiven heraustritt, gibt man den Dingen gleichsam die Möglichkeit, sich voll auszusprechen, und man bekommt dadurch vieles zu hören, was bisher von der monotonen Melodie des reinen Assoziierens übertönt wurde.

Angesichts der oben genannten Gefahren, die einem ungeprüften assoziierenden Denken innewohnen, wird es nun besser verständlich sein, warum der Buddha so oft und eindringlich riet, selbst einfachen Wahrnehmungsvorgängen bis auf den Grund zu gehen. So heißt es im *Sutta-Nipāta*:

«Wahrnehmung verstehend, kann die Flut er kreuzen,
Ein Weiser, der von jedem Greifen unbefleckt.» Vers 779

«Was immer du auch wahrnimmst,
Sei es oben, unten oder quer inmitten,
Ergötzen hieran meide und das Eingewöhnen.» Vers 1055

Wenn die Achtsamkeit schon an der Eingangspforte der Sinnen-
eindrücke als Wächter eingesetzt wird, so wird man die Zugang
Heischenden leichter prüfen und unerwünschte Eindringlinge
fernhalten können. So kann die ursprüngliche Helligkeit des Geistes *(pabhassaraṁ cittaṁ)* gewahrt und können die «hinzukom-
menden Trübungen» ausgeschaltet werden (Aṅguttara-Nikāya I).

Die Lehrrede von den «Grundlagen der Achtsamkeit» bietet
eine umfassende Schulung des Geistes in unmittelbar frischer und
unverfälschter Anschauung der Wirklichkeit, die das Körperliche
und das Geistige des Menschen sowie seine ganze Erfahrungswelt
erfaßt. Die Anwendung dieser Betrachtungsweise auf sich selber
(ajjhatta), auf andere *(bahiddhā)* und auf beide (siehe Seite 54)
hilft, falsche Vorstellungen zu entdecken und künftig zu meiden,
wie sie sich durch irriges assoziatives Denken und unzutreffende
Analogien ergeben.

Eine Hauptquelle falscher Assoziationen sind die vier Fehl-
urteile *(vipallāsa,* wtl.: Verkehrtheiten), welche 1. Vergängliches
für beständig, 2. Leidhaftes für Glück, 3. Ich- und Substanzloses
für ein beharrendes Selbst oder substanzhaft und 4. Unreines
und Unschönes für rein und schön halten. Diese verkehrten Be-
trachtungsweisen entstehen durch einseitige und unvollständige
Auswahl der an Dingen, Menschen und Ideen beobachteten Merkmale oder durch deren gänzlich falsche Auffassung sowie durch
die Assoziation davon mit den eigenen Leidenschaften und falschen Theorien. Wenn wir aber mit Hilfe des Reinen Beobachtens
unsere Vorstellungen allmählich von diesen vier Fehlurteilen
«dissoziieren», werden wir stetigen Fortschritt in der unmittelbaren und unverfälschten Anschauung der Wirklichkeit machen
können.

Ergriffenheit

Die Ergriffenheit *(saṁvega)* beim wahrhaft Ergreifenden ist die
auslösende Kraft, welche im Jünger einer geistigen Schulung das
Zaudern und den Beharrungsdrang überwindet und dem Werk

innerer Befreiung Antrieb, Ernst und Stetigkeit zu verleihen vermag.

Diese Ergriffenheit erwächst in der Klarblicksübung aus der unmittelbaren Anschauung der eigenen körperlichen und geistigen Vorgänge, worin sich ihre Vergänglichkeit, Leidhaftigkeit und Ichlosigkeit in direkter Erfahrung und mit wachsender Eindruckskraft offenbart.

Auch die Außenwelt, unsere nächste Umgebung, ist voll von ergreifenden Dingen, doch die meisten Menschen sehen sie nicht mehr, weil Gewohnheit ihre Augen und ihr Herz stumpf gemacht hat. Auch das intellektuelle und gefühlsmäßige Erlebnis der Buddha-Lehre wird allmählich seine ursprüngliche Frische und anregende Kraft verlieren, wenn man dieses Erlebnis nicht immer wieder aus der Fülle der Wirklichkeit variiert und erneuert. Dies eben vermag die aus dem Reinen Beobachten gewonnene Unmittelbarkeit der Anschauung. Sie belebt aufs neue die gewohnten Eindrücke, so daß sie wieder zu uns zu sprechen beginnen. Bei so neugewonnener und wachgehaltener Empfänglichkeit wird dann auch der wiederholte Anblick gewohnten Leidens nicht mehr auf ein abgestumpftes und verhärtetes Gemüt treffen, sondern wird gerade durch die Wiederholung ein verstärkter Anlaß zur Ergriffenheit werden. Es mag der langvertraute Bettler an der Straßenecke sein, ein toter Schmetterling oder die Krankheit eines Freundes, welche in uns Ergriffenheit auslösen und den ernsten Entschluß wecken, den Pfad der Leidensaufhebung entschlossen zu gehen.

Wir kennen den schönen alten Bericht von den «Ausfahrten» des Prinzen Siddhattha, des künftigen Buddha, auf denen er die entscheidenden Begegnungen erfuhr mit Alter, Krankheit und Tod. Dies mag recht wohl ein getreuer Tatsachenbericht sein. Denn wir wissen, daß im Leben großer Menschen sich häufig symbolhafte Geschehnisse und Begegnungen ereignen, die dem Handeln und Denken jener Großen eine entscheidende Wendung geben. Ihr ganzes Leben erhält dadurch einen symbolhaften Charakter, der ihm nicht erst durch Interpreten verliehen zu werden

154

braucht. Doch, ohne daß dadurch der tiefe Sinn und Wahrheitsgehalt jenes alten Berichtes beeinträchtigt wird, mag es sich auch so abgespielt haben, daß der junge Prinz schon vorher Alte, Kranke und Tote gesehen hatte. Doch in der sorgsam gewahrten, künstlichen Abgeschlossenheit seines «kleinen Glückes», in die ihn sein Vater, d. i. die ererbte Gewohnheit, versetzte, mag solch Anblick des Leidens nur sein fleischliches Auge getroffen, nicht aber sein Herz berührt haben. Erst nach dem Ausbrechen aus der Gewohnheit – dem goldenen Käfig seines Palastlebens – sah er das Leiden gleichsam zum ersten Male und wurde jener Ergriffenheit fähig, die ihn auf den Pfad der Buddhaschaft drängte.

Auch an jeden von uns Heutigen wendet sich jener alte Bericht, und dies ist eine seiner Botschaften an uns: Je unmittelbarer, klarer und tiefer unser Geist und Herz auf die Leiderfahrung reagieren, die aus den gewohnten Alltagsvorgängen zu uns spricht, desto weniger wird es für den sie achtsam Verstehenden ihrer Wiederholung bedürfen, sei es in diesem Leben oder in künftigen Geburten. Daher sagten die alten Meister der Lehre:

«Dies eben ist die Wirkensstätte,
Hier öffnet sich der Heilige Pfad,
Und viele Quellen der Ergriffenheit sind hier.
So laß' ergreifen dich von Dingen, die ergreifend sind,
Und bist ergriffen du, nimm auf den rechten Kampf!»

IX. SCHLUSSWORTE

SATIPAṬṬHĀNA UND DIE KULTUR DES HERZENS

Satipaṭṭhāna, der Schulungsweg in Rechter Achtsamkeit, stellt *Kultur des Geistes* im eigentlichen und höchsten Sinne dar. Man mag aber vielleicht aus der Lehrrede und den vorstehenden Ausführungen den Eindruck empfangen, daß es sich hier um eine sehr verstandeskühle, nüchterne und dem Sittlichen gegenüber indifferente Lehre handelt, welche die *Kultur des Herzens* vernachlässigt. Dieser scheinbare Mangel erklärt sich dadurch, daß der Buddha bei anderen Gelegenheiten, und zwar sehr häufig und eindringlich, von der Sittlichkeit als dem Anfang und der unerläßlichen Grundlage jeder höheren geistigen Entwicklung gesprochen hat. Diese Tatsache war allen Anhängern der Buddha-Lehre bekannt und bedurfte daher in dieser, einem besonderen Gegenstand gewidmeten Lehrrede keiner ausdrücklichen Erwähnung. Doch um Zweifeln, Einwendungen und vor allem tatsächlichen Unterlassungen vorzubeugen, sind einige Worte hierüber am Platze.

Sittlichkeit, welche die Beziehungen des Einzelnen zum Mitmenschen regelt, kann wohl durch Gebote, Regeln und Gesetze gestützt und geschützt und durch die Vernunft begründet werden, doch ihre einzig sicheren Wurzeln liegen in einer wahren Kultur des Herzens. Diese findet in der Buddha-Lehre den denkbar vollkommensten Ausdruck in den vier «Erhabenen Weilungen» oder «Göttergleichen Zuständen» *(brahma-vihāra)*, nämlich: Liebe, Mitleid, Mitfreude und Gleichmut. Darüber gibt die buddhistische Literatur genügende Auskunft. Nur dieses sei noch hierzu bemerkt: Es ist ein tiefes Wohlwollen für alles Lebendige oder (in Nyanatilokas schöner Prägung) die All-Güte *(mettā)*, welche die Grundlage für die anderen drei Eigenschaften bildet, ebenso wie für jedes Veredlungsstreben. Der Jünger der hier gelehrten Achtsamkeits-Schulung wird daher seine Achtsamkeit zunächst darauf zu lenken haben, daß sein Denken, Sprechen und Handeln nie der uneingeschränkten Güte ermangelt. In diesem Sinne heißt es in dem klassischen buddhistischen Text, dem «Lied von der Güte» *(Mettā-Sutta):*

> «Voll Güte zu der ganzen Welt
> Entfalte ohne Schranken man den Geist:
> Nach oben hin, nach unten, quer inmitten,
> Von Herzens-Enge, Haß und Feindschaft frei!
>
> Ob stehend, gehend, sitzend oder liegend,
> Wie immer man von Schlaffheit frei,
> Auf *diese Achtsamkeit* soll man sich gründen.
> Als göttlich Weilen gilt dies schon hienieden.»

Ferner sagte der Erhabene:

«Mich selbst werde ich schützen, so sind die Grundlagen der Achtsamkeit zu üben. Den Anderen werde ich schützen, so sind die Grundlagen der Achtsamkeit zu üben. Sich selbst schützend, schützt man den Anderen; den Anderen schützend, schützt man sich selbst.

Und wie, o Mönche, schützt man, indem man sich selber schützt, den Anderen? Durch regelmäßige Übung, durch Geistes-Entfaltung, durch ihre häufige Betätigung.

Und wie, o Mönche, schützt man sich selber, indem man den anderen schützt? Durch Geduld, Gewaltlosigkeit, Güte und Mitleid.» (Saṁyutta-Nikāya 47, 19)

SATIPAṬṬHĀNA ALS WEG DER SELBSTHILFE

Zu Beginn dieser Ausführungen war die Botschaft des Buddha und besonders ihr Kernstück, die Lehre von der Entfaltung Rechter Achtsamkeit, als ein «Weg der Hilfe» bezeichnet worden.

Auf Grund der nun abgeschlossenen Darstellung mag er jetzt genauer als ein Weg der *Selbst*hilfe beschrieben werden, die im Grunde die eigentlich wirkliche Hilfe ist. Wohl kann die Hilfe, die man von anderen Menschen erhält, von entscheidender Bedeutung sein – wie etwa die Hilfe durch Erziehung und Belehrung, durch menschliche Anteilnahme, materiellen und praktischen Beistand. Doch ein gut Teil Selbsthilfe ist auch hierbei unerläßlich: willige Annahme und rechte Nutzung dieser Hilfe. In noch weit höherem Maße aber trifft dies für die Hilfe auf dem Wege der Geistesschulung und Leidbefreiung zu. Hier ist es erst die Selbsthilfe, durch die die vom Buddha aufgezeigte Hilfs*möglichkeit* ihre tatsächliche Erfüllung finden kann.

> «Du selber tust die böse Tat,
> du selber schändest dich durch sie;
> du selber läßt die böse Tat,
> allein du selber läuterst dich.
> Du selber machst dich unrein – rein.
> Wie sollte dies ein anderer tun!»
>
> Dhammapada, Vers 165
> Übersetzt von J. Lenga

> «Ihr selber müßt euch eifrig mühen.
> Der Buddha weist euch nur den Weg.»
>
> Dhammapada, Vers 276
> Übersetzt von J. Lenga

Diese Verkündung einer Hilfsmöglichkeit kann allerdings kaum hoch genug geschätzt werden. Ganz abgesehen vom Wichtigsten, dem klaren Aufzeigen des Rettungsweges, muß allein schon die überzeugende Kunde, daß es eine Hilfe überhaupt *gibt*, als eine wahrhaft frohe Botschaft gelten in einer Welt, die sich bis zu einem Gefühl der völligen Hilflosigkeit völlig verstrickt hat in selbstgeschaffene Fesseln. Die Menschheit hat wahrlich guten Grund, an einer Hilfe zu zweifeln und zu verzweifeln, denn allzu oft waren von unkundiger Hand Versuche gemacht worden, die Fesseln zu lösen. Diese Versuche hatten aber nur zur Folge, daß die Fesseln hier oder dort mit dem Ergebnis einer teilweisen Erleichterung gelockert wurden, daß sie aber, eben durch solch unkundiges Vorgehen, an anderen Stellen des leidenden Körpers sich nur um so straffer zusammenzogen und um so tiefer ins Fleisch schnitten.

Doch es gibt in der Tat eine Hilfe, und sie ward gefunden und erprobt: vom Buddha und seinen Heiligen Jüngern, die ihm folgten. Diejenigen unter den Menschen aller Zeiten, «deren Augen nicht völlig mit Staub bedeckt sind», werden diese Erleuchteten als solche erkennen und sie nicht verwechseln mit jenen Lehrern teilweiser und daher trügerischer Hilfe, von denen wir sprachen. Die wahren Helfer sind erkennbar an der einzigartigen Harmonie und Anregungskraft, Folgerichtigkeit und Natürlichkeit, Einfachheit und Tiefe, die sich in ihrer Lehre wie in ihrem Leben offenbaren. Diese wahren Helfer sind erkennbar am Lächeln des tiefen Verstehens, der mitleidvollen Güte und der tröstlichen Heilsgewißheit, das auf ihren Lippen liegt und gleichfalls ihr ganzes Leben und Lehren erfüllt. Es wird im Empfänglichen eine Zuversicht wecken, die bis zur Zweifellosigkeit des auf dem Erlösungs-Pfade Gesicherten wachsen wird.

Dieses Lächeln auf dem Antlitz des Erleuchteten spricht: Auch Du kannst das Ziel erreichen! «Geöffnet sind die Tore des Todlosen!» Bald nachdem der Buddha durch jene Tore der Erleuchtung geschritten war, hat er verkündet:

> «*Mir gleich* ja werden jene Sieger sein,
> Die Trieb-Versiegung sich erwirken!»
>
> Mittlere Sammlung 26

Wahrlich eine Botschaft stärksten Glaubens an die Möglichkeiten des menschlichen Geistes! Eine Botschaft, die dem schweren Werk der Selbst-Hilfe das ihm so nötige Selbst-Vertrauen gibt.

Doch das Aufzeigen des Weges als der einzigen Hilfe, die selbst ein Buddha geben kann, geschah nicht in einer gleichgültigen Weise: es war weder ein flüchtiger Fingerzeig auf den Weg und seine ungefähre Richtung, noch wurde den Wanderern ein «bloßes

Stück Papier» in die Hand gedrückt mit einer komplizierten Wegkarte oder gar nur einem verlockenden Bild des Ziels. Die Pilger wurden nicht einfach sich selber überlassen, – mit ihrem ausgezehrten Körper und Geist, der den Schwierigkeiten des Weges gewiß nicht gewachsen war. Das «Aufzeigen des Weges» enthielt auch den Hinweis auf die für die lange Reise unerläßliche *Wegzehrung*, welche die Wanderer selber mit sich tragen, ohne daß es viele von ihnen in ihrer Benommenheit, in ihrer «Geistesabwesenheit» merken. Mit allem Nachdruck hat es der Buddha immer wieder betont, daß der Mensch im vollen Besitz der für die Selbsthilfe nötigen Kräfte, Fähigkeiten und Hilfsmittel ist oder doch, allein schon durch seine menschliche Geburt, die Möglichkeit hat, sie zu erwerben. Die einfachste und umfassendste Weise, in der der Buddha über diese «Hilfsmittel im Menschen» sprach, ist eben die Lehrrede von den «Grundlagen der Achtsamkeit». Ihr Sinn mag zusammengefaßt werden in den zwei Worten: «Sei achtsam!» D. h. sei achtsam auf deinen eigenen Geist! Und warum? Er birgt alles: die ganze Welt des Leidens und ihren Ursprung, aber auch das Ende des Leidens mit dem Weg, der dazu führt. All dies ist abhängig von unserem eigenen Geist, von der Richtung, welche die Geistesströmung erhält durch eben den Moment der Geistestätigkeit, der jetzt gerade anhebt.

Satipaṭṭhāna, das sich eben mit diesem entscheidenden gegenwärtigen Geistmoment befaßt, muß notwendigerweise eine Lehre des *Selbstvertrauens* sein, denn in diesem eben gegenwärtigen, unmerklich kurzen und doch weltentiefen Bewußtseinsaugenblick ist man notwendig *allein*. Doch wahres Selbstvertrauen (im Gegensatz zum blinden Dünkel) muß in sehr vielen erst allmählich entwickelt werden. Denn die Menschen, unkundig und unbeholfen in der Benutzung ihres Hauptwerkzeuges «Geist», haben sich daran gewöhnt, sich auf andere zu verlassen oder den Gruppengewohnheiten zu folgen. So ist dieses Geistwerkzeug tatsächlich durch Vernachlässigung unzuverlässig geworden und bietet keine geeignete Basis mehr für begründetes Selbstvertrauen. Daher beginnt Satipaṭṭhāna mit den einfachen ersten Schritten, die auch

dem seiner selbst Unsichersten möglich sind, und führt in allmäh-
lichem Anstieg zu jener höchsten Meisterschaft über das eigene
Leben und den eigenen Geist, die mit den Worten beschrieben
wurde: «Auf sich selber gestützt in der Satzung des Meisters».

Satipaṭṭhāna, mit der Einfachheit, die einer Lehre angemessen
ist, die als der «Einzige Weg» bezeichnet wird, beginnt mit etwas
scheinbar sehr Geringem, mit einer der elementarsten Geistesfunktionen: der *Achtsamkeit* oder dem ersten Aufmerken auf
Eindrücke. Dies ist allerdings etwas so Alltägliches und Vertrau-
tes, daß sich auf der Selbstbeobachtung und Kontrolle hierüber
leicht die ersten Schritte des auszubildenden Selbstvertrauens gründen können. Ebenso vertraut sind die ersten *Objekte* dieser Achtsamkeit: es sind die kleinen Betätigungen des Alltagslebens selbst.
Was die Achtsamkeit zuerst mit ihnen tut, ist: sie aus den ausge-
fahrenen Gleisen der Gewohnheit herauszunehmen, um sie sorgfältig zu betrachten, zu prüfen und zu verbessern.

Die sichtbaren *Verbesserungen und Fortschritte* in der Alltags-
arbeit und den Lebensumständen, bewirkt durch Achtsamkeit,
Gründlichkeit und Umsicht, werden zusätzliche Ermutigung
geben für die höheren Zwecke der Selbsthilfe. Ein sichtbarer
Fortschritt wird sich auch im allgemeinen Geisteszustand zeigen:
der beruhigende Einfluß besonnenen Handelns und Denkens wird
ein Gefühl des Wohlbefindens und der inneren Sicherheit erzeugen, wo bisher Unzufriedenheit und Mißstimmung herrschten.
Wenn in dieser Weise die Bürde des Alltagslebens etwas erleichtert wurde, so wird dies ein sichtbarer Beweis sein für die leid-
lindernde Wirkung der Satipaṭṭhāna-Methode und wird das Vertrauen in ihre leid*vernichtende* Kraft stärken.

Die wachsende Achtsamkeit im Reinen Beobachten wird den
Menschen empfänglich machen für die Belehrung, die aus den
Dingen selber kommt. Dann werden *die kleinen Dinge des Alltags* und die einfachen, vertrauten Vorgänge in der Natur zu
Lehrern tiefer Weisheit werden. Sie werden allmählich ihre gewaltige Tiefendimension enthüllen und die höchsten Erkenntnisse
des Erleuchteten künden. Wenn man langsam die stille Sprache

dieser kleinen und einfachen Dinge verstehen lernt, dann wird auch das Vertrauen zum eigenen Geist und seinen verborgenen Reichtümern wachsen.

Im Besitz solch direkter Belehrungen wird man es allmählich lernen, auf unnötige gedankliche Komplikationen und Konstruktionen zu verzichten. Wenn man sieht, wie das Leben an Klarheit und Leichtigkeit gewinnt durch den wählenden, vereinfachenden und lenkenden Einfluß Rechter Achtsamkeit, dann wird man allmählich alles Unnötige an Lebensgewohnheiten und Bedürfnissen von sich abtun.

Satipaṭṭhāna vermag es, wieder *Einfachheit und Natürlichkeit* einer Welt zu geben, die mehr und mehr kompliziert, problematisch und entartet wird. Es lehrt diese Tugenden vor allem um ihrer selbst willen, aber auch um damit die Aufgaben der Selbsthilfe zu erleichtern.

Gewiß, die Welt ist vielfältig in ihrer Fülle, und als ein unübersehbares Beziehungsgefüge ist sie ihrer Natur nach kompliziert. Doch nicht notwendig ist es, daß ihre Vielfältigkeit und Kompliziertheit unbegrenzt wächst und daß sie vermehrt wird durch Unwissen und Unfähigkeit, ungezügelte Leidenschaften und wachsende Lebensansprüche der Menschen. Satipaṭṭhāna vermag es, all diesen eben genannten Faktoren wachsender Lebensverwicklung wirksam zu begegnen.

Um der Vielfältigkeit des Lebens gewachsen zu sein, gibt die Achtsamkeits-Schulung dem Menschen in erster Linie erhöhte *Anpassungsfähigkeit,* Geistesgegenwart und die «Geschicklichkeit in der Wahl der rechten Mittel» (siehe «Wissensklarheit über die Eignung», Seite 45).

Was das *unvermeidliche* Maß der Lebensvielfalt betrifft, so kann es, in einem gewissen Umfang, sehr wohl durch die Achtsamkeits-Schulung gemeistert werden. Für diesen Zweck lehrt Satipaṭṭhāna den Menschen, seine Angelegenheiten in Ordnung und übersichtlich zu halten sowie, auch in sittlicher Beziehung, ohne «Rückstände». Es lehrt: die Zügel der Kontrolle zu benutzen und in der Gewalt zu behalten; die zahlreichen Einzeltatsachen in den Rahmen eines wirklichkeitsgemäßen Weltbildes sinnvoll *einzu*ordnen und sie einem starken und edlen Lebenszweck *unter*zuordnen.

Was die *einer Verringerung fähigen* Komplikationen betrifft, so führt Satipaṭṭhāna zu einer zunehmenden *Vereinfachung der Lebensbedürfnisse.* Dies ist besonders wichtig angesichts der bedrohlich wachsenden modernen Tendenz, fortwährend künstlich neue Bedürfnisse zu schaffen und zu propagieren. Hier liegt gewiß auch eine der mittelbaren Kriegsursachen, während die *Wurzel* dieser Tendenz, d. i. Begehrlichkeit, eine *Haupt*ursache für Kriege und sozialen Unfrieden darstellt. Für das materielle und geistige Wohl der Menschheit ist es unerläßlich, diese Entwicklung in Grenzen und unter Kontrolle zu halten. Was aber unseren besonderen Gegenstand, die geistige Selbsthilfe, betrifft: Wie kann der menschliche Geist das für die Selbsthilfe nötige Maß der Selbstgenügsamkeit besitzen, wenn er sich fortwährend für neue eingebildete Bedürfnisse abmühen muß, was auch eine zunehmende Abhängigkeit von anderen einschließt? Einfachheit der Lebensweise sollte gepflegt werden um der Schönheit wie um der Freiheit willen, die ihr eignet.

Wenden wir uns nun den vermeidbaren *inneren* Komplikationen zu oder wenigstens einigen von ihnen. Im allgemeinen lehrt hierzu Satipaṭṭhāna, den Geist, das Hauptwerkzeug des Menschen, richtig zu benutzen, es zu verfeinern, und zeigt auch die rechten Zwecke für seinen Gebrauch.

Eine Hauptquelle innerer und äußerer Komplikationen ist unnötiges und unerwünschtes *Einmischen* oder Eingreifen. Der Drang dazu wird wirksam bekämpft durch die Gewöhnung an die Haltung des Reinen Beobachtens, welches den direkten Gegensatz zur Einmischungs-Sucht bildet. Weiterhin wird die «Wissensklarheit», als eine Erziehung zum umsichtigen Handeln, sorgfältig den Zweck und die Eignung des beabsichtigten Eingreifens prüfen und meistens raten, davon abzulassen.

Ferner sind viele innere Komplikationen verursacht durch *extreme Haltungen* und durch eine unweise Auseinandersetzung mit den verschiedenen *Gegensatzpaaren,* die sich im Leben manifestieren. Extreme Haltungen begrenzen die Handlungs- und Denkfähigkeit sowie die Erkenntnisfähigkeit des Menschen; sie verringern seine Unabhängigkeit und die Möglichkeiten der Selbsthilfe. Durch Unkenntnis der Gesetze, welche die Gegensatzpaare bestimmen, oder durch Parteinahme in ihrem ewigen Konflikt kommt man in die Gefahr, ein hilfloses Spielzeug zu werden ihrer gesetzmäßig wiederkehrenden Bewegungen. Satipaṭṭhāna, als ein Ausdruck des Mittleren Pfades, ist ein Weg, der sich *über* die Extreme und Gegensätze erhebt. Satipaṭṭhāna bewirkt einen Ausgleich einseitiger Entwicklung: es füllt aus, wo Mangel ist, und beschränkt das Übermaß. Es verleiht einen Sinn für das rechte Maß im Leben und Denken; es strebt nach Harmonie und Gleichgewicht, ohne die kein stetiges Selbstvertrauen und keine wirksame Selbsthilfe möglich sind.

Als Beispiel sollen hier lediglich nochmals jene zwei gegensätzlichen Charaktertypen genannt werden, wie sie C. G. Jung formuliert und weiter differenziert hat: der introvertierte und der extravertierte, d. h. der nach innen oder außen gerichtete Typ, die sich teilweise decken mit Gegensätzen wie dem beschaulichen und aktiven, dem einsiedlerischen und geselligen Charakter usw. Jener Grundzug der Buddha-Lehre als ein Mittlerer Pfad ist so innig verwurzelt in Satipaṭṭhāna, daß diese Methode unmittelbar fähig ist, beide Typen sowohl anzuziehen wie auszugleichen.

Satipaṭṭhāna erstrebt eine *Niveauerhöhung des alltäglichen Lebens und Denkens* und beseitigt damit eine Hauptschwierigkeit der Meditation und jeden Strebens nach Verinnerlichung, nämlich die allzu große Kluft und Spannung zwischen dem oft unbeherrschten und von den geistigen Zielen unberührten Alltagsleben einerseits und den wenigen Stunden künstlich gesteigerter Sammlung, Selbstbeherrschung und ideellen Vorrangs auf der anderen Seite. Die Achtsamkeits-Übung bewirkt eine Niveauangleichung, die einen größeren Erfolg in der Meditation und eine größere Harmonisierung des Lebens mit sich bringen wird. Viele, entmutigt durch das Bewußtsein jener Kluft und durch erfolglose Bemühungen in geistiger Übung, haben den Weg des Selbstvertrauens und der Selbsthilfe verlassen und sich Lehren ausgeliefert, welche behaupten, daß der Mensch nur durch die Gnade eines Gottes erlöst werden könne.

Eine weitere Ursache innerer Verwicklungen ist der starke und unberechenbare Einfluß des *Unterbewußten.* Reines Beobachten bewirkt eine wachsende Vertrautheit mit den feinsten Schwingungen des Körpers und des Geistes und damit einen näheren und «freundlicheren» Kontakt mit dem Unterbewußten. Dieser wird noch begünstigt durch die Haltung vorsichtigen «Wartens und Lauschens», welche für das Reine Beobachten bezeichnend ist und die sich von einem groben und schädlichen Eingreifen in das Gefüge des Unterbewußten fernhält. Hierdurch sowie durch das sich stetig ausbreitende Licht der Bewußtseinshelle werden die «oberen Schichten» der Unterbewußtseins-Tiefe mehr «artikuliert» in ihrem Ausdruck und einer organischen Einordnung sowie der bewußten Kontrolle leichter zugänglich. Indem so das aus dem Unterbewußten auftauchende Unberechenbare, Unzugängliche und Unlenksame eingeschränkt wird, erhält Selbstvertrauen und Selbsthilfe eine tiefer gesicherte Basis.

Satipaṭṭhāna bedarf keiner komplizierter «Techniken» oder äußerlicher Hilfsmittel. Das tägliche Leben ist sein Arbeitsmaterial. Es hat nichts zu tun mit exotischem Kult oder Ritus und verleiht keine «Einweihungen» oder «esoterisches Wissen», außer denjenigen Weihen und Einsichten, die Wachstumsergebnis des sich entfaltenden Geistes sind.

Satipaṭṭhāna benutzt die Lebensbedingungen, die es gerade vorfindet. Es ist daher nicht abhängig von einem Leben in *Klausen* und völliger *Einsamkeit,* obwohl das Bedürfnis danach in vielen wachsen mag. Zeitweilige Zurückgezogenheit für Perioden strengerer Übung wird jedoch hilfreich sein. Satipaṭṭhāna ist ein Weg der *Selbstbefreiung.* Auf der unerschütterlichen Grundlage des Karma-Gesetzes stehend, kennt es weder «stellvertretende Erlösung» noch eine Erlösung durch göttliche Gnade noch Mittlerschaft von Priestern.

Satipaṭṭhāna ist *frei von Dogmen,* vom Glauben an eine göttliche Offenbarung oder an irgendwelche äußere Autorität, die ein «Opfer des Intellekts» fordert.

Satipaṭṭhāna gründet sich lediglich auf Erkenntnisse erster Hand, d. h. auf die unmittelbare Anschauung durch eigene Erfahrung und eigenes Denken. Dies ist die einzige Quelle einer Erkenntnis von lebens-gestaltender und schließlich lebens-überwindender Kraft. Satipaṭṭhāna lehrt, diese Erkenntnisquelle zu reinigen, zu erweitern und zu vertiefen.

Der erste Lehranstoß durch den Buddha ist freilich unentbehrlich in einer Welt, wo «Einzel-Erleuchtete» (*Pacceka*-Buddhas; d. h. Selbst-Denker im höchsten Sinne) nur sehr, sehr selten erscheinen. Doch im Geiste dieser entschiedenen Schulung in den Grundlagen der Achtsamkeit wird das Wort des Buddha nur angenommen in derselben Weise wie die ausführlichen Beschreibungen und Ratschläge eines, der die ganze Länge des Weges gegangen ist und daher Vertrauen verdient. Doch das in dieser Weise *mittelbar* erworbene Wissen wird zum wirklichen geistigen Besitz des Jüngers nur im Grade der *unmittelbaren* Bestätigung durch die eigene Erfahrung.

«Wohl verkündet ist vom Erhabenen die Lehre, sichtbar, mit unmittelbarer Wirksamkeit, (sprechend): ‹Komm und sieh!›, zum Ziele führend, dem Denkenden aus sich selber heraus verständlich!»

Dieser Charakter der Satipaṭṭhāna-Methode als einer Botschaft des Selbstvertrauens und der Selbsthilfe wurde vom Erleuchteten selber ausdrücklich betont, in Worten, die er während der letzten Tage seines Lebens sprach, – ein Umstand, der ihnen besonderen Nachdruck und Weihe verleiht:

«Daher, o Ananda, seid euch selber Insel, seid euch selber Zuflucht, nehmt keine andere Zuflucht! Die Lehre sei euch Insel, die Lehre sei euch Zuflucht, nehmt keine andere Zuflucht! Und wie, o Ananda, ist der Mönch sich selber Insel und Zuflucht, hat er keine andere Zuflucht? Wie hat er die Lehre als Insel und Zuflucht und hat keine andere Zuflucht?

Da weilt, Ananda, ein Mönch beim Körper in Betrachtung des Körpers – bei den Gefühlen in Betrachtung der Gefühle – beim Geist in Betrachtung des Geistes – bei den Geistobjekten in Betrachtung der Geistobjekte, eifrig, achtsam und wissensklar, nach Überwindung von Begierde und Trübsal hinsichtlich der Welt.

So, o Ananda, ist ein Mönch sich selber Insel und Zuflucht, hat keine andere Zuflucht; hat er die Lehre als Insel und Zuflucht, hat keine andere Zuflucht.

Und diejenigen, o Ananda, welche jetzt oder nach meinem Dahinscheiden sich selber Insel und Zuflucht sind, keine andere Zuflucht nehmen; die die Lehre als Insel und Zuflucht und keine andere Zuflucht haben, – diese Mönche, o Ananda, werden das Höchste gewinnen, wenn sie gewillt sind zu streben.»

Mahā-Parinibbāna-Sutta

X. DIE GRÖSSERE LEHRREDE
VON DEN GRUNDLAGEN DER ACHTSAMKEIT

Mahā-Satipaṭṭhāna-Sutta

Die 22. Lehrrede aus der «Langen Sammlung» (*Dīgha-Nikāya*)

EINLEITUNG

Die «Lehrrede von den Grundlagen der Achsamkeit» *(Sati-paṭṭhāna-Sutta)* findet sich an zwei Stellen des Pāli-Kanons: 1. in der «Mittleren Sammlung» *(Majjhima-Nikāya)* als 10. Rede, 2. in der «Langen Sammlung» *(Dīgha-Nikāya)* als 22. Rede, mit dem Titel «Die große (oder größere) Lehrrede von den Grundlagen der Achtsamkeit» *(Mahā-Satipaṭṭhāna-Sutta)*. Diese zweite Fassung unterscheidet sich von der ersten lediglich durch eine ausführliche Behandlung der Vier Heiligen Wahrheiten, eingefügt in den hierauf bezüglichen Abschnitt der «Geistobjekt-Betrachtung». Diese zweite, längere Fassung wurde für die Wiedergabe in diesem Buche gewählt, um dem Leser die Grundwahrheiten der Buddha-Lehre auch in diesem Rahmen zu bieten.

Eine Erklärung des Original-Pālititels der Lehrrede findet sich auf Seite 23 des Buches.

Keine andere Lehrrede des Buddha, nicht einmal die «Predigt von Benares», genießt in den buddhistischen Ländern Südostasiens, dem Verbreitungsgebiet des Theravāda-Buddhismus, solche Hochschätzung und Verehrung wie diese «Lehrrede von den Grundlagen der Achtsamkeit». Wenn zum Beispiel auf *Sri Lankā,* der Insel Ceylon, fromme Laien an Vollmondtagen oder anderen Feiertagen acht der zehn Mönchsregeln auf sich nehmen und die Nacht und den Tag im Kloster verbringen, dann ist es vor allem das Satipaṭṭhāna-Sutta, das sie bei solchen Gelegenheiten rezitieren oder für die Meditation benutzen. Ein verehrter singhalesischer Mitmönch (der Ehrwürdige Nyanaloka, der fürsorgliche Helfer vieler europäischer Mönche in Ceylon) erzählte dem Verfasser, daß in seinem Elternhause ein Text dieser Lehrrede, ehrfurchtsvoll in ein sauberes Tuch eingeschlagen, aufbewahrt wurde. Häufig wurde das Buch abends aus der Hülle genommen und vom Vater im Familienkreise vorgelesen, ein Brauch, der durchaus nicht vereinzelt ist. Auch dem Sterbenden pflegt man, als eine Art letzter geistiger Wegzehrung, diesen Lehrtext vorzutragen.

Obwohl wir seit langem im Zeitalter des Buchdrucks leben, ist es in Ceylon immer noch üblich, daß fromme Laien Palmblattmanuskripte dieser Lehrrede schreiben lassen und der Bibliothek des örtlichen Klosters als Geschenk darbieten. In einem alten Kloster in der Nähe von Kandy sah der Verfasser nahezu zweihundert Palmblattmanuskripte dieser Lehrrede, zum Teil mit kostbaren Deckeln aus Silber oder Elfenbein.

Mit dieser großen Verehrung für die Lehrrede hat freilich das wirkliche Verständnis für die Eigenart des darin gelehrten Übungsweges keineswegs Schritt gehalten. Wenn sich trotzdem eine solche hohe Wertschätzung dieses Textes durch die Jahrhunderte hindurch lebendig erhalten hat, so mag dies zunächst auf den Nachdruck zurückzuführen sein, mit dem der Buddha selber von Satipaṭṭhāna sprach. Es mag aber auch recht wohl eine Auswirkung davon sein, daß einmal eine alte und starke Tradition in der erfolgreichen Praxis dieses Übungsweges bestanden haben muß. Daß er heute wieder in voller Deutlichkeit aufgezeigt werden kann und weithin zugänglich geworden ist, ist sicherlich jenen burmesischen Meditationsmeistern zu danken, von denen an anderer Stelle dieses Buches gesprochen wurde.

* *
*

VEREHRUNG IHM, DEM ERHABENEN, HEILIGEN,
VOLLKOMMEN ERWACHTEN!

Die größere Lehrrede
von den Grundlagen der Achtsamkeit

So habe ich gehört. Einst weilte der Erhabene unter dem Kuru-Volk, bei einer Ortschaft der Kuru mit Namen Kammāsadamma. Dort nun wandte sich der Erhabene an die Mönche: «Ihr Mönche!» – «Ehrwürdiger!» antworteten da jene Mönche dem Erhabenen. Und der Erhabene sprach also:

«Der einzige Weg [38] ist dies, o Mönche, zur Läuterung der Wesen [39], zur Überwindung von Kummer und Klage, zum Schwinden von Schmerz und Trübsal, zur Gewinnung der rechten Methode [40], zur Verwirklichung des Nibbāna, nämlich die vier Grundlagen der Achtsamkeit. [41] Welche vier?

Da weilt, o Mönche, der Mönch beim Körper in Betrachtung des Körpers [42], eifrig, wissensklar und achtsam, nach Verwindung von Begierde und Trübsal hinsichtlich der Welt [43]; er weilt bei den Gefühlen in Betrachtung der Gefühle, eifrig, wissensklar und achtsam, nach Verwindung von Begierde und Trübsal hinsichtlich der Welt; er weilt beim Geist in Betrachtung des Geistes, eifrig, wissensklar und achtsam, nach Verwindung von Begierde und Trübsal hinsichtlich der Welt; er weilt bei den Geistobjekten in Betrachtung der Geistobjekte, eifrig, wissensklar und achtsam, nach Verwindung von Begierde und Trübsal hinsichtlich der Welt.

1. DIE KÖRPERBETRACHTUNG

Wie nun, o Mönche, weilt der Mönch beim Körper in Betrachtung des Körpers?

Die Atmungs-Achtsamkeit

Da ist hier, o Mönche, der Mönch in den Wald gegangen, an den Fuß eines Baumes oder in eine leere Behausung. Er setzt sich nieder, mit verschränkten Beinen, den Körper gerade aufgerichtet, die Achtsamkeit vor sich gegenwärtig haltend, und achtsam eben atmet er ein, achtsam atmet er aus.

Lang einatmend, weiß er: ‹Ich atme lang ein›; lang ausatmend, weiß er: ‹Ich atme lang aus›. Kurz einatmend, weiß er: ‹Ich atme kurz ein›; kurz ausatmend, weiß er: ‹Ich atme kurz aus›. ‹Den ganzen (Atem-)Körper empfindend, werde ich einatmen› [44], so

übt er; ‹Den ganzen (Atem-)Körper empfindend, werde ich ausatmen›, so übt er. ‹Die (Atem-)Körper-Funktion beruhigend[45],
werde ich einatmen›, so übt er; ‹Die (Atem-)Körper-Funktion
beruhigend, werde ich ausatmen›, so übt er.

Gleichwie, o Mönche, ein geschickter Drechsler oder Drechsler-
geselle, wenn er lang anzieht, weiß: ‹Ich ziehe lang an›; wenn er
kurz anzieht, weiß: ‹Ich ziehe kurz an›, – ebenso, o Mönche, weiß
da der Mönch, wenn er lang einatmet: ‹Ich atme lang ein›; lang
ausatmend weiß er: ‹Ich atme lang aus› . . .

Die Übungsanweisung

So weilt er nach innen beim (eigenen Atem-)Körper in Betrachtung des Körpers; oder er weilt nach außen beim Körper (anderer) in Betrachtung des Körpers; oder er weilt nach innen und
außen, (abwechselnd) beim (eigenen und fremden) Körper in Betrachtung des Körpers.[46]

Die Dinge in ihrem Entstehen betrachtend, weilt er beim Körper; die Dinge in ihrem Vergehen betrachtend, weilt er beim
Körper; die Dinge (abwechselnd) in ihrem Entstehen und Vergehen betrachtend, weilt er beim Körper.[47]

‹Ein Körper ist da›[48], so ist seine Achtsamkeit gegenwärtig,
eben nur soweit es der Erkenntnis dient, soweit es der Achtsamkeit dient.[49] Unabhängig[50] lebt er, und an nichts in der Welt ist
er angehangen.

So auch, o Mönche, weilt der Mönch beim Körper in Betrachtung des Körpers.

Die vier Körperhaltungen

Und weiter noch, o Mönche: Gehend weiß da der Mönch: ‹Ich
gehe›; stehend weiß er: ‹Ich stehe›; sitzend weiß er: ‹Ich sitze›;
liegend weiß er: ‹Ich liege›. Wie auch immer seine Körperstellung
ist, so eben weiß er es.

So weilt er nach innen beim eigenen Körper in Betrachtung des Körpers; oder er weilt nach außen beim Körper (anderer) in Betrachtung des Körpers; oder er weilt nach innen und außen beim Körper in Betrachtung des Körpers. Die Dinge in ihrem Entstehen betrachtend, weilt er beim Körper; die Dinge in ihrem Vergehen betrachtend, weilt er beim Körper; die Dinge in ihrem Entstehen und Vergehen betrachtend, weilt er beim Körper.[51] ‹Ein Körper ist da›, so ist seine Achtsamkeit gegenwärtig, eben nur soweit es der Erkenntnis dient, soweit es der Achtsamkeit dient. Unabhängig lebt er, und an nichts in der Welt ist er angehangen.

So auch, o Mönche, weilt der Mönch beim Körper in Betrachtung des Körpers.

Die Wissensklarheit

Und weiter noch, o Mönche: da ist der Mönch beim Hingehen und Zurückgehen wissensklar in seinem Tun; beim Hinblicken und Wegblicken ist er wissensklar in seinem Tun; beim Beugen und Strecken ist er wissensklar in seinem Tun; beim Tragen der Gewänder und der Schale ist er wissensklar in seinem Tun; beim Essen, Trinken, Kauen und Schmecken ist er wissensklar in seinem Tun; beim Entleeren von Kot und Urin ist er wissensklar in seinem Tun; beim Gehen, Stehen, Sitzen, (Ein-)schlafen, Wachen, Reden und Schweigen ist er wissensklar in seinem Tun.

So weilt er nach innen beim Körper in Betrachtung des Körpers; oder er weilt nach außen beim Körper in Betrachtung des Körpers; oder er weilt nach innen und außen beim Körper in Betrachtung des Körpers. Die Dinge in ihrem Entstehen betrachtend, weilt er beim Körper; die Dinge in ihrem Vergehen betrachtend, weilt er beim Körper; die Dinge in ihrem Entstehen und Vergehen betrachtend, weilt er beim Körper. ‹Ein Körper ist da›, so ist seine Achtsamkeit gegenwärtig, eben nur soweit es der Erkenntnis dient, soweit es der Achtsamkeit dient. Unabhängig lebt er, und an nichts in der Welt ist er angehangen.

So auch, o Mönche, weilt der Mönch beim Körper in Betrachtung des Körpers.

Erwägung der Widerlichkeit des Körpers

Und weiter noch, o Mönche: da betrachtet der Mönch eben diesen Körper von den Fußsohlen aufwärts und von den Haarspitzen abwärts, den von Haut umschlossenen, mit vielerlei Unreinheit gefüllten: ‹In diesem Körper gibt es Kopfhaare, Körperhaare, Nägel, Zähne, Haut, Fleisch, Sehnen, Knochen, Knochenmark, Nieren, Herz, Leber, Zwerchfell, Milz, Lunge, Darm, Weichteile, Magen, Kot, Galle, Schleim, Eiter, Blut, Schweiß, Fett, Tränen, Gewebesaft, Speichel, Nasenschleim, Gelenköl, Urin.›[52]

Gleichwie da, o Mönche, ein beiderseitig offener Korb wäre, gefüllt mit verschiedenerlei Körnern, wie Hülsenreis des Hoch- und Tieflands, Mugga- und Māsa-Bohnen, Sesamkörnern und enthülstem Reis. Den möchte ein Mann mit guten Augen öffnen und betrachten: ‹Dies ist Hülsenreis des Hoch- und Tieflands, dies sind Mugga- und Māsa-Bohnen, Sesamkörner und enthülster Reis›. Ebenso, o Mönche, betrachtet der Mönch eben diesen Körper von den Fußsohlen aufwärts und von den Haarspitzen abwärts, den von Haut umschlossenen, mit vielerlei Unreinheit gefüllten: ‹In diesem Körper gibt es Kopfhaare ... Urin›.

So weilt er nach innen beim Körper in Betrachtung des Körpers; oder er weilt nach außen beim Körper in Betrachtung des Körpers; oder er weilt nach innen und außen beim Körper in Betrachtung des Körpers. Die Dinge in ihrem Entstehen betrachtend, weilt er beim Körper; die Dinge in ihrem Vergehen betrachtend, weilt er beim Körper; die Dinge in ihrem Entstehen und Vergehen betrachtend, weilt er beim Körper. ‹Ein Körper ist da›, so ist seine Achtsamkeit gegenwärtig, eben nur soweit es der Erkenntnis dient, soweit es der Achtsamkeit dient. Unabhängig lebt er, und an nichts in der Welt ist er angehangen.

So auch, o Mönche, weilt der Mönch beim Körper in Betrachtung des Körpers.

Erwägung der Elemente

Und weiter noch, o Mönche: da betrachtet der Mönch eben diesen Körper, in seiner jeweiligen Stellung und Haltung, nach den Elementen: ‹Es gibt da in diesem Körper das Erd-Element, das Wasser-Element, das Hitze-Element und das Wind-Element›.[53]

Gleichwie da, o Mönche, ein geschickter Schlächter oder Schlächtergeselle, der eine Kuh geschlachtet und in Stücke zerlegt hat, sich an der Kreuzung vierer Straßen niedersetzt, – ebenso, o Mönche, betrachtet der Mönch eben diesen Körper, in seiner jeweiligen Stellung und Haltung nach den Elementen: ‹Es gibt da in diesem Körper das Erd-Element, das Wasser-Element, das Hitze-Element und das Wind-Element›.

So weilt er nach innen beim Körper in Betrachtung des Körpers; oder er weilt nach außen beim Körper in Betrachtung des Körpers; oder er weilt nach innen und außen beim Körper in Betrachtung des Körpers. Die Dinge in ihrem Entstehen betrachtend, weilt er beim Körper; die Dinge in ihrem Vergehen betrachtend, weilt er beim Körper; die Dinge in ihrem Entstehen und Vergehen betrachtend, weilt er beim Körper. ‹Ein Körper ist da›, so ist seine Achtsamkeit gegenwärtig, eben nur soweit es der Erkenntnis dient, soweit es der Achtsamkeit dient. Unabhängig lebt er, und an nichts in der Welt ist er angehangen.

So auch, o Mönche, weilt der Mönch beim Körper in Betrachtung des Körpers.

Die neun Leichenfeldbetrachtungen

1. Und weiter noch, o Mönche: als sähe der Mönch einen Körper, auf das Leichenfeld geworfen, einen Tag nach dem Tode, zwei Tage nach dem Tode oder drei Tage nach dem Tode, aufgedunsen, verfärbt und verfaulend. Da wendet er es auf eben diesen (seinen eigenen) Körper an: ‹Auch dieser Körper ist so geartet, so beschaffen, wird dem nicht entgehen!›

So weilt er nach innen beim Körper in Betrachtung des Körpers; oder er weilt nach außen beim Körper in Betrachtung des Körpers; oder er weilt nach innen und außen beim Körper in Betrachtung des Körpers. Die Dinge in ihrem Entstehen betrachtend, weilt er beim Körper; die Dinge in ihrem Vergehen betrachtend, weilt er beim Körper; die Dinge in ihrem Entstehen und Vergehen betrachtend, weilt er beim Körper. ‹Ein Körper ist da›, so ist seine Achtsamkeit gegenwärtig, eben nur soweit es der Erkenntnis dient, soweit es der Achtsamkeit dient. Unabhängig lebt er, und an nichts in der Welt ist er angehangen.

So auch, o Mönche, weilt der Mönch beim Körper in Betrachtung des Körpers.

2. Und weiter noch, o Mönche: als sähe der Mönch einen Körper, auf das Leichenfeld geworfen, von Krähen zerfressen, von Adlern zerfressen, von Geiern zerfressen, von Hunden zerfressen, von Schakalen zerfressen oder von den vielerlei Würmerarten zerfressen. Da wendet er es auf eben diesen (seinen eigenen) Körper an: ‹Auch dieser Körper ist so geartet, so beschaffen, wird dem nicht entgehen!›

So weilt er nach innen beim Körper in Betrachtung des Körpers; oder er weilt nach außen beim Körper in Betrachtung des Körpers; oder er weilt nach innen und außen beim Körper in Betrachtung des Körpers. Die Dinge in ihrem Entstehen betrachtend, weilt er beim Körper; die Dinge in ihrem Vergehen betrachtend, weilt er beim Körper; die Dinge in ihrem Entstehen und Vergehen betrachtend, weilt er beim Körper. ‹Ein Körper ist da›, so ist seine Achtsamkeit gegenwärtig, eben nur soweit es der Erkenntnis dient, soweit es der Achtsamkeit dient. Unabhängig lebt er, und an nichts in der Welt ist er angehangen.

So auch, o Mönche, weilt der Mönch beim Körper in Betrachtung des Körpers.

Und weiter noch, o Mönche: als sähe der Mönch einen Körper, auf das Leichenfeld geworfen,

3. ein Knochengerippe, fleischbehangen, blutig, von den Sehnen zusammengehalten,

4. ein Knochengerippe, fleischentblößt, blutbefleckt, von den Sehnen zusammengehalten,

5. ein Knochengerippe, ohne Fleisch, ohne Blut, von den Sehnen zusammengehalten,

6. die Knochen, ohne Zusammenhalt, in alle Richtungen verstreut: hier ein Handknochen, da ein Fußknochen, da ein Beinknochen, da ein Schenkelknochen, da ein Hüftknochen, da ein Rückenwirbel, da der Schädel.

7. die Knochen gebleicht, muschelfarbig,

8. die Knochen zuhauf, jahrelang (daliegend),

9. die Knochen modernd, zu Staub geworden.

Da wendet er es auf eben diesen (seinen eigenen) Körper an: ‹Auch dieser Körper ist so geartet, so beschaffen, wird dem nicht entgehen!›

So weilt er nach innen beim Körper in Betrachtung des Körpers; oder er weilt nach außen beim Körper in Betrachtung des Körpers; oder er weilt nach innen und außen beim Körper in Betrachtung des Körpers. Die Dinge in ihrem Entstehen betrachtend, weilt er beim Körper; die Dinge in ihrem Vergehen betrachtend, weilt er beim Körper; die Dinge in ihrem Entstehen und Vergehen betrachtend, weilt er beim Körper. ‹Ein Körper ist da›, so ist seine Achtsamkeit gegenwärtig, eben nur soweit es der Erkenntnis dient, soweit es der Achtsamkeit dient. Unabhängig lebt er, und an nichts in der Welt ist er angehangen.

So auch, o Mönche, weilt der Mönch beim Körper in Betrachtung des Körpers.

2. DIE GEFÜHLSBETRACHTUNG

Wie nun, o Mönche, weilt der Mönch bei den Gefühlen in der Betrachtung der Gefühle?

Wenn da, o Mönche, der Mönch ein freudiges Gefühl empfindet, so weiß er: ‹Ein freudiges Gefühl empfinde ich›; wenn er ein leidiges Gefühl empfindet, so weiß er: ‹Ein leidiges Gefühl emp-

finde ich›; wenn er ein weder freudiges noch leidiges Gefühl empfindet, so weiß er: ‹Ein weder freudiges noch leidiges Gefühl
empfinde ich›. Wenn er ein sinnengebundenes[54] freudiges Gefühl
empfindet, so weiß er: ‹Ein sinnengebundenes freudiges Gefühl
empfinde ich›; wenn er ein sinnenfreies[54] freudiges Gefühl empfindet, so weiß er: ‹Ein sinnenfreies freudiges Gefühl empfinde
ich›; wenn er ein sinnengebundenes leidiges Gefühl empfindet,
so weiß er: ‹Ein sinnengebundenes leidiges Gefühl empfinde ich›;
wenn er ein sinnenfreies leidiges Gefühl empfindet, so weiß er:
‹Ein sinnenfreies leidiges Gefühl empfinde ich›; wenn er ein sinnengebundenes weder freudiges noch leidiges Gefühl empfindet,
so weiß er: ‹Ein sinnengebundenes weder freudiges noch leidiges
Gefühl empfinde ich›; wenn er ein sinnenfreies weder freudiges
noch leidiges Gefühl empfindet, so weiß er: ‹Ein sinnenfreies
weder freudiges noch leidiges Gefühl empfinde ich›.

So weilt er nach innen bei den Gefühlen in Betrachtung der
Gefühle; oder er weilt nach außen bei den Gefühlen in Betrachtung der Gefühle; oder er weilt nach innen und außen bei den Gefühlen in Betrachtung der Gefühle. Die Dinge in ihrem Entstehen betrachtend, weilt er bei den Gefühlen; die Dinge in ihrem
Vergehen betrachtend, weilt er bei den Gefühlen; die Dinge in
ihrem Entstehen und Vergehen betrachtend, weilt er bei den Gefühlen.[55] ‹Gefühle sind da!›, so ist seine Achtsamkeit gegenwärtig, eben nur soweit es der Erkenntnis dient, soweit es der Achtsamkeit dient. Unabhängig lebt er, und an nichts in der Welt ist
er angehangen.

So auch, o Mönche, weilt der Mönch bei den Gefühlen in Betrachtung der Gefühle.

3. DIE GEISTBETRACHTUNG

Wie nun, o Mönche, weilt der Mönch beim Geist in der Betrachtung des Geistes?

Da weiß der Mönch vom lustbehafteten Geist: ‹Lustbehaftet ist der Geist›; er weiß vom lustfreien Geist: ‹Lustfrei ist der Geist›; er weiß vom haßbehafteten Geist: ‹Haßbehaftet ist der Geist›; er weiß vom haßfreien Geist: ‹Haßfrei ist der Geist›; er weiß vom verblendeten Geist: ‹Verblendet ist der Geist›; er weiß vom unverblendeten Geist: ‹Unverblendet ist der Geist›; er weiß vom gehemmten[56] Geist: ‹Gehemmt ist der Geist›; er weiß vom zerstreuten[57] Geist: ‹Zerstreut ist der Geist›; er weiß vom entwickelten Geist: ‹Entwickelt[58] ist der Geist›; er weiß vom unentwickelten Geist: ‹Unentwickelt[59] ist der Geist›; er weiß vom übertreffbaren Geist: ‹Übertreffbar[60] ist der Geist›; er weiß vom unübertreffbaren Geist: ‹Unübertreffbar[61] ist der Geist›; er weiß vom gesammelten Geist: ‹Gesammelt ist der Geist›; er weiß vom ungesammelten Geist: ‹Ungesammelt ist der Geist›; er weiß vom befreiten Geist: ‹Befreit[62] ist der Geist›; er weiß vom unbefreiten Geist: ‹Unbefreit ist der Geist›.

So weilt er nach innen beim Geist in Betrachtung des Geistes; oder er weilt nach außen beim Geist in Betrachtung des Geistes; oder er weilt nach innen und außen beim Geist in Betrachtung des Geistes. Die Dinge in ihrem Entstehen betrachtend, weilt er beim Geiste; die Dinge in ihrem Vergehen betrachtend, weilt er beim Geiste; die Dinge in ihrem Entstehen und Vergehen betrachtend, weilt er beim Geiste.[63] ‹Geist ist da!›, so ist seine Achtsamkeit gegenwärtig, eben nur soweit es der Erkenntnis dient, soweit es der Achtsamkeit dient. Unabhängig lebt er, und an nichts in der Welt ist er angehangen.

So auch, o Mönche, weilt der Mönch beim Geist in Betrachtung des Geistes.

4. DIE GEISTOBJEKTBETRACHTUNG

Wie nun, o Mönche, weilt der Mönch bei den Geistobjekten in Betrachtung der Geistobjekte?

Die fünf Hemmungen

Da weilt, o Mönche, der Mönch bei den Geistobjekten in Betrachtung der Geistobjekte, nämlich bei den fünf Hemmungen.[64]

Wie nun, o Mönche, weilt der Mönch bei den Geistobjekten in Betrachtung der Geistobjekte, nämlich bei den fünf Hemmungen?

Da weiß hier, o Mönche, der Mönch, wenn in ihm *Sinnenverlangen*[65] da ist: ‹Sinnen-Verlangen ist in mir›. Er weiß, wenn in ihm kein Sinnenverlangen da ist: ‹Kein Sinnenverlangen ist in mir›. Wie es zur Entstehung unentstandenen Sinnenverlangens kommt, auch das weiß er; wie es zum Aufgeben entstandenen Sinnenverlangens kommt, auch das weiß er; und wie es künftig nicht mehr zum Entstehen des aufgegebenen Sinnenverlangens kommt, auch das weiß er.

Er weiß, wenn in ihm *Haß* da ist: ‹Haß ist in mir›. Er weiß, wenn in ihm kein Haß da ist: ‹Kein Haß ist in mir›. . . .

Er weiß, wenn in ihm *Starrheit und Müdigkeit* da ist: ‹Starrheit und Müdigkeit ist in mir›. Er weiß, wenn in ihm keine Starrheit und Müdigkeit da ist: ‹Keine Starrheit und Müdigkeit ist in mir›. . . .

Er weiß, wenn in ihm *Aufgeregtheit und Gewissensunruhe* da ist: ‹Aufgeregtheit und Gewissensunruhe ist in mir›. Er weiß, wenn in ihm keine Aufgeregtheit und Gewissensunruhe da ist: ‹Keine Aufgeregtheit und Gewissensunruhe ist in mir›. . . .

Er weiß, wenn in ihm *Zweifel* da ist: ‹Zweifel ist in mir›. Er weiß, wenn in ihm kein Zweifel da ist: ‹Kein Zweifel ist in mir›. Wie es zur Entstehung unentstandenen Zweifels kommt, auch das weiß er; wie es zum Aufgeben entstandenen Zweifels kommt, auch das weiß er; und wie es künftig nicht mehr zum Entstehen des aufgegebenen Zweifels kommt, auch das weiß er.

So weilt er nach innen bei den Geistobjekten in Betrachtung der Geistobjekte; oder er weilt nach außen bei den Geistobjekten in Betrachtung der Geistobjekte; oder er weilt nach innen und außen bei den Geistobjekten in Betrachtung der Geistobjekte. Die Dinge in ihrem Entstehen betrachtend, weilt er bei den Geistobjekten; oder die Dinge in ihrem Vergehen betrachtend, weilt er bei den Geistobjekten; oder die Dinge in ihrem Entstehen und Vergehen betrachtend, weilt er bei den Geistobjekten.[66] ‹Geistobjekte sind da›, so ist seine Achtsamkeit gegenwärtig, eben nur soweit es der Erkenntnis dient, soweit es der Achtsamkeit dient. Unabhängig lebt er, und an nichts in der Welt ist er angehangen.

So, o Mönche, weilt der Mönch bei den Geistobjekten in Betrachtung der Geistobjekte, nämlich bei den fünf Hemmungen.

Die fünf Gruppen des Anhangens

Und weiter noch, o Mönche: da weilt der Mönch bei den Geistobjekten in Betrachtung der Geistobjekte, nämlich bei den fünf Gruppen des Anhangens.[67]

Wie nun, o Mönche, weilt der Mönch bei den Geistobjekten in Betrachtung der Geistobjekte, nämlich bei den fünf Gruppen des Anhangens?

Da (weiß) hier ein Mönch: ‹So ist die Körperlichkeit; so ist die Entstehung der Körperlichkeit; so ist der Untergang der Körperlichkeit. So ist das Gefühl; so ist die Enstehung des Gefühls; so ist der Untergang des Gefühls. So ist die Wahrnehmung; so ist die Entstehung der Wahrnehmung; so ist der Untergang der Wahrnehmung. So sind die geistigen Gestaltungen; so ist die Entstehung der geistigen Gestaltungen; so ist der Untergang der geistigen Gestaltungen. So ist Bewußtsein; so ist die Entstehung des Bewußtseins; so ist der Untergang des Bewußtseins.›

So weilt er nach innen bei den Geistobjekten . . .[68]

So auch, o Mönche, weilt der Mönch bei den Geistobjekten in Betrachtung der Geistobjekte, nämlich bei den fünf Gruppen des Anhangens.

Und weiter noch, o Mönche: da weilt der Mönch bei den Geist-objekten in Betrachtung der Geistobjekte, nämlich bei den sechs inneren und äußeren Sinnengrundlagen.

Wie nun, o Mönche, weilt der Mönch bei den Geistobjekten in Betrachtung der Geistobjekte, nämlich bei den sechs inneren und äußeren Sinnengrundlagen?

Da kennt hier, o Mönche, der Mönch das Auge, und er kennt die Sehobjekte; und welche Fessel [69] durch diese beiden bedingt entsteht, auch die kennt er. Wie es zum Entstehen der nicht ent-standenen Fessel kommt, auch das kennt er; wie es zum Aufgeben der entstandenen Fessel kommt, auch das kennt er; und wie es künftig nicht mehr zum Entstehen der aufgegebenen Fessel kommt, auch das kennt er.

Er kennt das Ohr und kennt die Töne ... die Nase und die Düfte ... die Zunge und die Geschmäcke ... den Leib und die berührbaren Objekte ... den Geist und die Geistobjekte; und welche Fessel durch diese beiden bedingt entsteht, auch die kennt er. Wie es zum Entstehen der nicht entstandenen Fessel kommt, auch das kennt er; wie es zum Aufgeben der entstandenen Fessel kommt, auch das kennt er; und wie es künftig nicht mehr zum Entstehen der aufgegebenen Fessel kommt, auch das kennt er.

So weilt er nach innen bei den Geistobjekten ... [70]

So auch, o Mönche, weilt der Mönch bei den Geistobjekten in Betrachtung der Geistobjekte, nämlich bei den sechs inneren und äußeren Sinnengrundlagen.

Die sieben Erleuchtungsglieder

Und weiter noch, o Mönche: da weilt der Mönch bei den Geist-objekten in Betrachtung der Geistobjekte, nämlich bei den sieben Gliedern der Erleuchtung.

Wie nun, o Mönche, weilt der Mönch bei den Geistobjekten in Betrachtung der Geistobjekte, nämlich bei den sieben Gliedern der Erleuchtung?

Da weiß hier, o Mönche, der Mönch, wenn in ihm das Erleuchtungsglied *Achtsamkeit* da ist: ‹Das Erleuchtungsglied Achtsamkeit ist in mir vorhanden›. Er weiß, wenn in ihm das Erleuchtungsglied Achtsamkeit nicht da ist: ‹Das Erleuchtungsglied Achtsamkeit ist in mir nicht vorhanden›. Wie es zur Entstehung des unentstandenen Erleuchtungsgliedes Achtsamkeit kommt, auch das weiß er; wie es zur Entfaltung und Vollendung des entstandenen Erleuchtungsgliedes Achtsamkeit kommt, auch das weiß er.

Er weiß, wenn in ihm das Erleuchtungsglied *Lehr-Ergründung*[71] da ist . . . das Erleuchtungsglied *Tatkraft* . . . das Erleuchtungsglied *Entzücken* . . . das Erleuchtungsglied *Ruhe* . . . das Erleuchtungsglied *Sammlung* . . . das Erleuchtungsglied *Gleichmut* da ist: ‹Das Erleuchtungsglied Gleichmut ist in mir vorhanden›. Er weiß, wenn in ihm das Erleuchtungsglied Gleichmut nicht da ist: ‹Das Erleuchtungsglied Gleichmut ist in mir nicht vorhanden.› Wie es zur Entstehung des unentstandenen Erleuchtungsgliedes Gleichmut kommt, auch das weiß er; wie es zur Entfaltung und Vollendung des entstandenen Erleuchtungsgliedes Gleichmut kommt, auch das weiß er.

So weilt er nach innen bei den Geistobjekten . . .[72]

So auch, o Mönche, weilt der Mönch bei den Geistobjekten in Betrachtung der Geistobjekte, nämlich bei den sieben Gliedern der Erleuchtung.

Die vier Wahrheiten

Und weiter noch, o Mönche: da weilt der Mönch bei den Geistobjekten in Betrachtung der Geistobjekte, nämlich bei den vier Edlen Wahrheiten.

Wie nun, o Mönche, weilt der Mönch bei den Geistobjekten in Betrachtung der Geistobjekte, nämlich bei den vier Edlen Wahrheiten?

Da weiß hier, o Mönche, der Mönch der Wirklichkeit gemäß: ‹Dies ist das Leiden›; er weiß der Wirklichkeit gemäß: ‹Dies ist die Entstehung des Leidens›; er weiß der Wirklichkeit gemäß: ‹Dies ist die Aufhebung des Leidens›; er weiß der Wirklichkeit gemäß: ‹Dies ist der zur Aufhebung des Leidens führende Weg.›

Was nun, ihr Mönche, ist die edle Wahrheit vom *Leiden*? Geburt ist Leiden, Altern ist Leiden, Sterben ist Leiden, Sorge, Jammer, Schmerz, Trübsal und Verzweiflung sind Leiden; mit Unliebem vereint sein, ist Leiden; von Liebem getrennt sein, ist Leiden; nicht erlangen, was man begehrt, ist Leiden; kurz gesagt, die fünf Gruppen des Anhangens sind Leiden.

Was nun, ihr Mönche, ist die Geburt? Die Geburt der Wesen in dieser oder jener Wesensgattung, das Geborenwerden, die Empfängnis, das Insdaseintreten, das Erscheinen der Daseinsgruppen, das Erlangen der Sinnenorgane: das nennt man die Geburt.

Was nun, ihr Mönche, ist das Altern? Was da bei diesen und jenen Wesen, in dieser oder jener Wesensgattung Altern ist und Altwerden, der Zerfall der Zähne, das Ergrauen und Runzeligwerden, das Versiegen der Lebenskräfte, das Absterben der Sinnenorgane; das nennt man das Altern.

Was nun, ihr Mönche, ist das Sterben? Was da bei diesen und jenen Wesen das Abscheiden ist aus dieser oder jener Wesensgattung, Hinscheiden, Auflösung, Hinschwinden, Tod, Sterben, Ableben, Auflösung der Daseinsgruppen, das Zurücklassen der Leiche: das nennt man das Sterben.

Was nun ist die Sorge? Was da bei einem von irgendeinem Verlust oder Leiden Betroffenen Sorge ist, Besorgnis, Besorgtsein, innerliche Sorge, innerliches Besorgtsein: das nennt man Sorge.

Was nun, ihr Mönche, ist Jammer? Was da bei einem von irgendeinem Verlust oder Leiden Betroffenen Jammer und Klage ist, Jammern und Klagen, Jammer- und Klagezustand: das nennt man Jammer.

Was nun, ihr Mönche, ist Schmerz? Was da körperlich schmerzhaft und unangenehm ist, was durch Körpereindrücke bedingt, an schmerzhaftem und unangenehmem Gefühl besteht: das nennt man Schmerz.

Was nun, ihr Mönche, ist Trübsal? Was da geistig schmerzhaft und unangenehm ist, was durch geistige Eindrücke bedingt, an schmerzhaftem und unangenehmem Gefühl besteht: das nennt man Trübsal.

Was nun, ihr Mönche, ist Verzweiflung? Was da bei einem von irgendeinem Verlust oder Leiden Betroffenen Trostlosigkeit und Verzweiflung ist, trostloser und verzweifelter Geisteszustand: das nennt man Verzweiflung.

Was nun, ihr Mönche, ist das Leiden im Vereintsein mit Unliebem? Was da für einen unerwünschte, unerfreuliche, unangenehme (Objekte sind, wie) Formen, Töne, Gerüche, Geschmäcke, Berührungen, Gedanken; oder (Wesen,) die einem Schaden wünschen, Unheil, Unannehmlichkeit und Unsicherheit wünschen – die Begegnung mit solchen, die Zusammenkunft, das Zusammentreffen, die Verbindung mit ihnen: das ist das Leiden im Vereintsein mit Unliebem.

Was nun, ihr Mönche, ist das Leiden im Getrenntsein von Liebem? Was da für einen erwünschte, erfreuliche, angenehme (Objekte sind, wie) Formen, Töne, Gerüche, Geschmäcke, Berührungen, Gedanken; oder (Wesen,) die einem Gutes wünschen, Glück, Wohlbefinden und Sicherheit wünschen – der Begegnung mit solchen ermangeln, mit ihnen nicht zusammenkommen und zusammentreffen, mit ihnen nicht verbunden sein: das ist das Leiden im Getrenntsein von Liebem.

Was nun, ihr Mönche, ist das Leiden beim Nichterlangen dessen, was man wünscht? Da steigt in den der Wiedergeburt unterworfenen Wesen der Wunsch auf: «Ach, daß wir doch nicht mehr der Wiedergeburt unterworfen wären, daß uns doch keine Wiedergeburt mehr bevorstünde!» . . . Den dem Altern, dem Sterben, den Sorgen, Klagen, Schmerzen, der Trübsal und Verzweiflung unterworfenen Wesen steigt der Wunsch auf: «Ach, daß wir doch nicht mehr diesen Dingen unterworfen wären, daß uns doch diese

Dinge nicht mehr bevorstünden!» Solches aber läßt sich nicht durch Wünschen erreichen. Das ist das Leiden beim Nichterlangen dessen, was man wünscht.

Inwiefern aber, ihr Mönche, sind, kurz gesagt, die fünf Gruppen des Anhaftens das Leiden? Es sind dies die Körperlichkeits-Gruppe, die Gefühls-Gruppe, die Wahrnehmungs-Gruppe, die Geistformationen-Gruppe und die Bewußtseins-Gruppe. Diese sind, kurz gesagt, das Leiden.

Dies, ihr Mönche, ist die edle Wahrheit vom Leiden.

Was nun, ihr Mönche, ist die edle Wahrheit von der *Entstehung des Leidens?* [73]

Es ist dies jenes Wiederdasein erzeugende, bald hier, bald dort sich ergötzende Begehren, nämlich das sinnliche Begehren, das Daseins-Begehren und das Nichtseins-Begehren.

Wo aber entsteht dieses Begehren, wo faßt es Wurzel? Bei den lieblichen und angenehmen Dingen in der Welt, da entsteht dieses Begehren, da faßt es Wurzel.

Auge, Ohr, Nase, Zunge, Körper, Geist; Formen, Töne, Düfte, Säfte, Körpereindrücke und Geistobjekte sind etwas Liebliches und Angenehmes. Bewußtsein, Bewußtseinseindruck, aus dem Bewußtseinseindruck entstandenes Gefühl, Wahrnehmung, Wille, Begehren, Gedankenfassen und Überlegen, die durch Formen, Töne, Düfte, Säfte, Körpereindrücke und Geistobjekte bedingt sind, alle diese sind etwas Liebliches und Angenehmes. Da entsteht dieses Begehren, da faßt es Wurzel.

Dies, ihr Mönche, ist die edle Wahrheit von der Entstehung des Leidens.

Was nun, ihr Mönche, ist die edle Wahrheit von der *Aufhebung des Leidens?* [74] Eben jenes Begehrens restlose Vernichtung und Aufhebung, sein Aufgeben, seine Entäußerung, die Befreiung davon, das Nichthaften daran.

Wo aber, ihr Mönche, gelangt jenes Begehren zum Schwinden, wo gelangt es zur Aufhebung? Was es da in der Welt an Lieblichem und Angenehmem gibt, dort gelangt jenes Begehren zum Schwinden, dort gelangt es zur Aufhebung.

Auge, Ohr, Nase, Zunge, Körper, Geist; Formen, Töne, Düfte, Säfte, Körpereindrücke und Geistobjekte sind etwas Liebliches und Angenehmes. Bewußtsein, Bewußtseinseindruck, aus dem Bewußtseinseindruck entstandenes Gefühl, Wahrnehmung, Wille, Begehren, Gedankenfassen und Überlegen, die durch Formen, Töne, Düfte, Säfte, Körpereindrücke und Geistobjekte bedingt sind, alle diese sind etwas Liebliches und Angenehmes. Da gelangt dieses Begehren zum Schwinden, da gelangt es zur Aufhebung.

Was nun, ihr Mönche, ist die edle Wahrheit von dem *zur Leidensaufhebung führenden Pfade?* Es ist dieser edle achtfache Pfad, nämlich: Rechte Erkenntnis, rechte Gesinnung, rechte Rede, rechtes Tun, rechter Lebensunterhalt, rechte Anstrengung, rechte Achtsamkeit und rechte Sammlung.

Was nun ist rechte Erkenntnis? Das Erkennen des Leidens, das Erkennen der Leidensentstehung, das Erkennen der Leidensaufhebung, das Erkennen des zur Leidensaufhebung führenden Pfades. Das gilt als rechte Erkenntnis.

Was nun ist rechte Gesinnung? Entsagende Gesinnung, haßlose Gesinnung, friedfertige Gesinnung. Das gilt als rechte Gesinnung.

Was nun ist rechte Rede? Abstehen vom Lügen, Abstehen von Zwischenträgerei, Abstehen von roher Rede, Abstehen von törichtem Geplapper. Das gilt als rechte Rede.

Was nun ist rechtes Tun? Abstehen vom Töten lebender Wesen, Abstehen von Aneignung fremden Eigentums, Abstehen von unrechtem Wandel in Sinnenlüsten. Das gilt als rechtes Tun.

Was nun ist rechter Lebensunterhalt? Da gibt der edle Jünger einen verkehrten Beruf auf und erwirbt seinen Lebensunterhalt durch rechte Beschäftigung. Das gilt als rechter Lebensunterhalt.

Was nun ist rechte Anstrengung? Da erzeugt der Mönch in sich den Willen, strengt sich an, setzt seine Tatkraft ein, spornt seinen Geist an und kämpft, um die noch nicht aufgestiegenen üblen, unheilsamen Dinge nicht aufsteigen zu lassen ... um die bereits aufgestiegenen üblen, unheilsamen Dinge zu überwinden ... um die noch nicht aufgestiegenen heilsamen Dinge zum Aufsteigen zu bringen ... um die bereits aufgestiegenen heilsamen Dinge zu erhalten, nicht schwinden zu lassen, sondern zur Zunahme, Entwicklung, vollen Entfaltung zu bringen. Das gilt als rechte Anstrengung.

Was nun ist rechte Achtsamkeit? Da weilt der Mönch beim Körper in Betrachtung des Körpers, eifrig, wissensklar und achtsam, nach Verwindung von Begierde und Trübsal hinsichtlich der Welt. Er weilt bei den Gefühlen in Betrachtung der Gefühle ... beim Geist in Betrachtung des Geistes ... bei den Geistobjekten in Betrachtung der Geistobjekte, eifrig, wissensklar und achtsam, nach Verwindung von Begierde und Trübsal hinsichtlich der Welt. Das gilt als rechte Achtsamkeit.

Was nun ist rechte Sammlung? Da verweilt der Mönch, abgeschieden von den Sinnendingen, abgeschieden von den unheilsamen Geisteszuständen, im Gewinne der von Gedankenfassen und Überlegen begleiteten, durch Abgeschiedenheit gezeugten, von Verzückung und Glück erfüllten ersten Vertiefung.

Nach Stillung von Gedankenfassen und Überlegen aber gewinnt er den inneren Frieden und die Einheit des Geistes, die von Gedankenfassen und Überlegen freie, durch Sammlung gezeugte und von Verzückung und Glücksgefühl erfüllte zweite Vertiefung.

Nach Abwendung von der Verzückung aber verweilt er gleichmütig, achtsam, klar bewußt, und er empfindet in seinem Inneren ein Glück, von dem die Edlen sagen: «Glücklich weilt der Gleichmütige, Achtsame»; und so gewinnt er die dritte Vertiefung.

Nach Überwindung von Wohl- und Wehegefühl und zufolge des schon früher erreichten Schwindens von Frohsinn und Trübsal gewinnt er den leidlosen, freudlosen, durch Gleichmut und Achtsamkeit geläuterten Zustand der vierten Vertiefung. Dies gilt als rechte Sammlung.

Das, ihr Mönche, ist die edle Wahrheit von dem zur Leidensaufhebung führenden Pfade.

So weilt er nach innen bei den Geistobjekten in Betrachtung der Geistobjekte; oder er weilt nach außen bei den Geistobjekten in Betrachtung der Geistobjekte; oder er weilt nach innen und außen bei den Geistobjekten in Betrachtung der Geistobjekte. Die Dinge in ihrem Entstehen betrachtend, weilt er bei den Geistobjekten; die Dinge in ihrem Vergehen betrachtend, weilt er bei den Geistobjekten; die Dinge in ihrem Entstehen und Vergehen betrachtend, weilt er bei den Geistobjekten.[75] «Geistobjekte sind da», so ist seine Achtsamkeit gegenwärtig, eben nur soweit es der Erkenntnis dient, soweit es der Achtsamkeit dient. Unabhängig lebt er, und an nichts in der Welt ist er angehangen.

So auch, ihr Mönche, weilt der Mönch bei den Geistobjekten in Betrachtung der Geistobjekte, nämlich bei den vier edlen Wahrheiten.

Wahrlich, ihr Mönche, wer auch immer diese vier Grundlagen der Achtsamkeit derart für sieben Jahre übt, bei dem ist eines von zwei Ergebnissen zu erwarten: entweder die (höchste) Erkenntnis[76] bei Lebzeiten oder, wenn noch ein Haftensrest da ist, die Nichtwiederkehr.[77]

Dahingestellt seien die sieben Jahre: wer auch immer diese vier Grundlagen der Achtsamkeit sechs Jahre... fünf Jahre... vier Jahre... drei Jahre... zwei Jahre... ein Jahr derart übt...

Dahingestellt sei das eine Jahr: wer auch immer diese vier Grundlagen der Achtsamkeit sieben Monate... sechs Monate... fünf Monate... vier Monate... drei Monate... zwei Monate... einen Monat... einen halben Monat derart übt...

Dahingestellt sei der halbe Monat: wer auch immer diese vier Grundlagen der Achtsamkeit derart sieben Tage übt, bei dem ist eines von zwei Ergebnissen zu erwarten: entweder die (höchste) Erkenntnis bei Lebzeiten oder, wenn noch ein Haftensrest da ist, die Nichtwiederkehr.

Der einzige Weg ist dies, o Mönche, zur Läuterung der Wesen, zur Überwindung von Kummer und Klage, zum Schwinden von Schmerz und Trübsal, zur Gewinnung der rechten Methode, zur Verwirklichung des Nibbāna, nämlich die vier Grundlagen der Achtsamkeit. Was derart gesagt wurde, in bezug hierauf wurde es gesagt.»

Also sprach der Erhabene. Befriedigt freuten sich jene Mönche über das Wort des Erhabenen.

ANMERKUNGEN

1 Saṁyutta-Nikāya, 1. Saṁy., No. 23.

2 Samyutta-Nikāya, 2. Saṁy., No., 17.

3 *Nibbāna* (Sanskr.: Nirvāṇa) ist das höchste Ziel der Buddha-Lehre. Es bildet den Inhalt der vierten Edlen Wahrheit von der Aufhebung des Leidens. Es wird erreicht durch die völlige und endgültige Überwindung von Gier, Haß und Wahn, die jeglicher Wiedergeburt, und damit dem Leiden, ein Ende setzt.

4 Saṁyutta-Nikāya, 2. Saṁy., No. 7.

5 Siehe *Der einzige Weg. Buddhistische Texte zur Geistesschulung in rechter Achtsamkeit.* Übers. v. Nyanaponika (Verlag Christiani, Konstanz), S. 123 ff.

6 Wörtliche Wiedergabe in der Übersetzung der Lehrrede (Kap. X).

7 Siehe «Der einzige Weg», Text 74.

8 Siehe «Der einzige Weg», Motto und Text 14.

9 Siehe Seite 143 f.

10 Die, hier behandelte Art der Wissensklarheit heißt in der Pāli-Sprache *gocara-sampajañña*, mit vielleicht beabsichtigter Verwendung des gleichen Begriffes *gocara*, wie im obigen Buddha-Wort.

11 Siehe «Der einzige Weg», Texte 62, 67.

12 Für ein Verständnis dieses Kapitels empfiehlt sich eine vorherige Lektüre der Lehrrede (Kap. X).

13 Siehe *Visuddhi-Magga. Der Weg zur Reinheit.* Übers. von Nyanatiloka. (Verlag Christiani, Konstanz), S. 790.

14 Siehe «Der einzige Weg», Texte 37–40.

15 Siehe Kap. VII und «Der einzige Weg», Texte 41–43.

16 Siehe «Der einzige Weg», Texte 44–46.

17 Siehe «Der einzige Weg», Texte 47, 48.

18 Siehe «Visuddhi-Magga», S 280 ff.

19 Auf der 2. Stufe, der Einmalwiederkehr, wird das Sinnenverlangen abgeschwächt; auf der 3. Stufe, der Nichtwiederkehr, wird es gänzlich und für immer aufgehoben.

20 Siehe «Der einzige Weg», Texte 49–52.

21 Siehe «Der einzige Weg», Texte 53, 54.

22 Über diese Lehrbegriffe siehe Nyanatiloka, *Buddhistisches Wörterbuch* (Verlag Christiani, Konstanz).

23 Saṁyutta-Nikāya, 12. Saṁy., No. 70; Geigers Übers., II, S. 167.

24 Siehe «Der einzige Weg», Texte 53, 54.

25 Über diese drei Objektgruppen siehe nächstes Kapitel, im Abschnitt «Übungsprogramm».

26 *Sayadó* (englische Schreibung: *Sayadaw*), burmesisch für «großer Lehrer», ist eine Ehrenbezeichnung für ältere oder bedeutende Mönche.

27 Aussprache: *Saasana jieta.*

28 *The Heart of Buddhist Meditation* (London 1962, Rider & Co.).

29 *Practical Insight Meditation* (Buddhist Publication Society, Kandy, Sri Lanka).

30 In der Zeitschrift *The Light of the Dhamma*, vol. III, 4; V, 3 (Union of
Burma Buddha Sasana Council, Kaba Aye, Rangoon).

31 *The Progress of Insight*, transl. by Nyanaponika Thera. With the Pāli
Text. (Buddhist Publication Society, Kandy, Sri Lanka).

32 «Freudige Ergriffenheit» (oder Verzückung) gehört zu den fünf Vertie-
fungsgliedern *(jhānaṅga);* siehe «Buddhistisches Wörterbuch».

33 Zum «Gleichgewicht der geistigen Fähigkeiten» siehe «Anguttara-Nikāya»,
Sechserbuch, No. 55; «Visuddhi-Magga», Seite 153 ff.

34 Diese drei sind: die Erleuchtungsglieder Lehr-Ergründung, Tatkraft und
Entzücken. Siehe «Visuddhi-Magga», S. 155.

35 Diese drei sind: die Erleuchtungsglieder Ruhe, Sammlung und Gleichmut.
Siehe «Visuddhi-Magga», S. 157.

36 Siehe «Der einzige Weg», Text 60.

37 Siehe «Der einzige Weg», Text 65.

38 *Ekāyano maggo:* der einzige oder direkte Weg. Satipaṭṭhāna wird als der
eine oder einzige Weg bezeichnet, «weil es keinen anderen Weg gibt, der
zum Nibbāna führt. Man mag nun einwerfen, daß es doch außerdem noch
andere Glieder des (achtfachen) Weges zur Leidensaufhebung gibt, wie
Rechte Erkenntnis, Rechte Gesinnung usw. Dies trifft wohl zu; doch alle
diese sind in den ‹Grundlagen der Achtsamkeit› inbegriffen, da sie ohne
diese nicht bestehen können» (Subkom.).

   Satipaṭṭhāna ist ein *direkter* und einheitlicher Weg, «kein zwiefältiger,
sich verzweigender Pfad» (Kom.); denn ohne Abwege und Umwege dient
dieser Übungsweg schon von Beginn an direkt der erlösenden Klarblickserkenntnis.

39 *Zur Läuterung der Wesen:* zur Läuterung des Geistes von seiner Verun-
reinigung durch Gier, Haß und Verblendung; sowie zur Klärung des Geistes von aller Verworrenheit.

40 Die *rechte Methode* ist der Edle Achtfache Pfad zur Leidensaufhebung.

41 Oder: das vierfache Gegenwärtighalten der Achtsamkeit *(cattāro satipaṭṭhāna).*

42 *Beim Körper in Betrachtung des Körpers:* Die Wiederholung des Wortes
«Körper» (und im folgenden von «Gefühl» usw.) soll den Meditierenden
daran erinnern, sich klar zu sein, ob er innerhalb des jeweiligen Achtsam-
keitsgebietes geblieben oder in ein anderes Gebiet abgeschweift ist. Wenn
der Übende z. B. einen Körpervorgang betrachtet, mag seine Achtsamkeit
unversehens auf ein Gefühl abgelenkt werden, das durch den körperlichen
Vorgang hervorgerufen wurde. Der Übende soll dann klar darüber sein,
daß er sein Thema der Körper-Betrachtung verlassen hat und sich im Gebiet der Gefühls-Betrachtung befindet.

43 *Nach Verwindung von Begierde und Trübsal hinsichtlich der Welt:* Dies
bezieht sich auf eine zeitweilige Ausschaltung von jeder Form von Anhänglichkeit oder Abneigung während der Meditation; nicht aber auf
deren endgültige und restlose Überwindung, die erst auf der Stufe der
«Nichtwiederkehr» *(anāgāmitā)* erfolgt, d. h. auf der Stufe vor Erreichung
der vollkommenen Heiligkeit *(arahatta).* Der Sinn dieser Textstelle ist
zunächst, daß man sich unmittelbar vor der Meditation von weltlichen

191

Wünschen und Sorgen freihalten soll; ferner bezieht es sich auf Geisteszustände, die während der Meditation auftreten mögen: Anhänglichkeit
an Glücksgefühle, Selbstzufriedenheit über Erfolg bei der Übung usw.;
Mißmut über Mißerfolg oder über Störungen, Entmutigung usw. – Der
Kommentar sagt hierzu:

«Weil im Ausdruck ‹Begierde› das Sinnenverlangen *(kāmacchanda)* und
in ‹Trübsal› der Haß *(byāpāda)* inbegriffen ist, ist hiermit auch das Aufgeben der Hemmungen *(nīvaraṇa)* behandelt, nämlich durch Erwähnung
der zwei stärksten dieser Hemmungen.

Im Besonderen wird damit noch dies zum Ausdruck gebracht: Mit ‹Überwindung der Begierde› ist gemeint: das Aufgeben der im Körperglück
wurzelnden Befriedigung, das Aufgeben der Freude am Körper, das Aufgeben des Überwältigtseins durch die unwirkliche Schönheit, durch das
unwirkliche Glück des Körpers. Mit ‹Überwindung der Trübsal› ist gemeint: das Aufgeben der im Körperunglück wurzelnden Unbefriedigung,
das Aufgeben der Unlust an der Körperbetrachtung und des Zurück-
schreckens vor der wirklichen Unreinheit und Glücklosigkeit des Körpers.

Hierdurch wird des Meditierenden meditative Macht und Befähigung
beleuchtet. Denn eben dies ist die Macht der Meditation: daß man sich
frei macht von Befriedigtsein und Unbefriedigtsein, daß man Lust und
Unlust meistert und frei wird vom Hingerissensein durch Unwirkliches
und vom Zurückschrecken vor der Wirklichkeit.»

Hinsichtlich der Welt: Da für den Übenden sein Meditationsobjekt
seine ganze Welt sein soll, erklärt der Kommentar: «Der Körper ist die
Welt», nämlich bei der Übung der Körperbetrachtung. Das entsprechende
gilt für die drei anderen Betrachtungen. Alle vier Betrachtungen umfassen
die fünf Daseinsgruppen *(khandha)*, die auch in diesem Zusammenhang
als «die Welt» erklärt werden (im Vibhaṅga des Abhidhamma Piṭaka).

44 Das bedeutet: Anfang, Mitte und Ende jedes einzelnen Atemzuges klar
wahrnehmend, d. h. ohne Achtsamkeitslücke während der Dauer jeder
Ein- und Ausatmung.

45 Kom.: «Die grobgeartete Körperfunktion (des Atmens) besänftigend, ver-
feinernd, stillend und beruhigend.» – Zu diesem gesamten Abschnitt siehe
Kap. VII: Atmungs-Achtsamkeit.

46 *Nach innen:* beim eigenen Atem; *nach außen:* beim Atem anderer; entweder bei sich bietender Gelegenheit durch direkte Beobachtung (z. B. bei
heftigem Atmen) oder vom eigenen Atem auf den anderer schlußfol-
gernd. – *Nach innen und außen:* in unmittelbarer Folge die eigenen Atemzüge und die anderer betrachtend – als von gleicher Beschaffenheit. – Die
gleiche Erklärung dieser drei Begriffe gilt mit entsprechenden Änderungen
auch für die anderen Übungen und Betrachtungen. Beim Gefühl, dem Geist
und den Geistobjekten erfolgt die Betrachtung «nach außen» normaler-
weise nur durch Schlußfolgerung; außer bei der seltenen Befähigung der
«Herzensdurchschauung» (Gedankenlesen) oder wenn man durch körperliche Symptome auf die Gefühle und Gedanken anderer schließen kann.

Hierzu und zum folgenden siehe Kap. IV (Übungsanweisung), und
«Der einzige Weg», Texte 34, 35.

47 *Die Dinge in ihrem Entstehen betrachtend (samudayadhammānupassi).* –
Kom.: «‹Die Dinge› sind der Körper, (Gefühl) usw. Die Entstehungsfaktoren für den Atem sind der grobstoffliche Körper, die Nasenlöcher
und der Geist. Die Vergehensfaktoren sind die Auflösung des Körpers
und der Nasenlöcher sowie das Aufhören geistiger Tätigkeit». – *Entstehen
und Vergehen betrachtend:* in unmittelbarer Folge.
Dem Kom. zufolge kann das Pāli-Wort *dhamma* (in *samudayadhamma*)
auch die natürliche Beschaffenheit oder Gesetzmäßigkeit eines Dinges bezeichnen. Demgemäß wäre zu übersetzen: «die Entstehungsnatur betrachtend». – Siehe «Der einzige Weg», Text 33.

48 Siehe Kap. IV: Übungsanwendung.

49 *Erkenntnis* bezieht sich auf die vierfache Wissensklarheit (siehe S. 42 f.);
Achtsamkeit ist das Reine Beobachten. – Gedanken über die vier Betrach-
tungsgegenstände können durch Zuwendung zu ihren physiologischen,
psychologischen und philosophischen Aspekten leicht ins Uferlose führen
und sollen daher auf die Zwecke der Übung beschränkt werden.

50 Siehe Kap. IV: Übungsanweisung.

51 Alle Objekte der Körperbetrachtung, mit Ausnahme des Atems, haben als
Entstehungsfaktoren: Nichtwissen, Begehren, Kamma, Nahrung und das
allgemeine Merkmal des Insdaseintretens. Die Vergehensfaktoren sind die
Aufhebung der ersten vier und das allgemeine Merkmal der Veränderung.

52 Mit der in späterer Literatur erfolgten Hinzufügung von «Gehirn in der
Hirnschale» sind es 32 Körperteile. Diese sind ein häufiges Meditationsobjekt in buddhistischen Ländern. Siehe «Visuddhi Magga», Kap. VIII, 8.

53 Diese vier Elemente oder Grundeigenschaften der Materie werden von der
buddhistischen Tradition erklärt als Ausdehnung (oder Härte), Kohäsion,
Temperatur und Vibration (Bewegung). Siehe «Visuddhi Magga», Kap.
XI, 2.

54 Über die sinnengebundenen und sinnenfreien Gefühle siehe «Mittlere
Sammlung der Lehrreden» No. 137, wo sie als «verbunden mit dem Haus-
leben oder der Entsagung» erklärt werden.

55 Die Entstehungsfaktoren des Gefühls sind: Nichtwissen, Begehren, Kamma,
Sinneseindruck *(phassa)* und das allgemeine Merkmal des Insdaseintretens.
Die Vergehensfaktoren sind die Aufhebung der ersten vier und das all-
gemeine Merkmal der Veränderung.

56 *saṅkhitta,* wtl. zusammengezogen: Darunter fallen geistige Starre, Verkrampfung, Stumpfheit, Schwerfälligkeit, Trägheit, Verschlossenheit,
langsame Reaktionsweise.

57 *vikkhitta:* Darunter fallen: Zerfahrenheit, Aufgeregtheit, leichte Ablenk-
barkeit, Abwechslungssucht, überschnelle Reaktionsweise.

58 *Entwickelt (mahaggata,* wtl. groß geworden): das Meditationsbewußtsein
der feinkörperlichen und unkörperlichen Vertiefungen.

59 *Unentwickelt (amahaggata):* das gewöhnliche Bewußtsein der Sinnensphäre.

60 *Übertreffbar (sa-uttara;* wtl. mit Höherem) ist das Normalbewußtsein
der Sinnensphäre.

61 *Unübertrefflbar (an-uttara;* wtl. ohne Höheres) sind die Bewußtseinszustände der feinkörperlichen und unkörperlichen Sphäre, da sie von keinem
weltlichen Bewußtsein übertroffen werden.

62 *Befreit:* zeitweilig befreit von den geistigen Befleckungen *(kilesa);* entweder durch die Klarblicksmeditation, die von einzelnen unheilsamen
Zuständen durch Entwicklung ihres Gegensatzes befreit *(tad-anga-vimutti),*
oder durch zeitweilige Zurückdrängung der Hemmungen *(nīvaraṇa)* in
den Vertiefungen *(vikkhambhana-vimutti).* – Da diese Lehrrede vom
vorbereitenden Übungsweg *(pubbabhāga-magga)* des noch unerlösten
Weltlings *(puthujjana)* handelt, ist hier, dem Kom. zufolge, nicht die endgültige, sondern eine zeitweilige oder teilweise Befreiung gemeint.

63 Für den Geist (oder das Bewußtsein) sind die Entstehungsfaktoren: Nichtwissen, Begehren, Kamma, Geist und Körper *(nāma-rūpa)* und das allgemeine Merkmal des Insdaseintretens. Die Vergehensfaktoren sind die Aufhebung der ersten vier und das allgemeine Merkmal der Veränderung.

64 Diese fünf Hemmungen *(nīvaraṇa)* sind die Haupthindernisse in der Geistesentwicklung. Sie müssen zeitweilig aufgehoben sein für die Erreichung
der Vertiefungen *(jhāna)* und in dem für die höheren Klarblicksstufen
erforderlichen Konzentrationsgrad.

65 Dies bezieht sich auf alle fünf Sinnenobjekte.

66 Die Entstehungsbedingungen sind hier die für das Auftreten der Hemmungen förderlichen Bedingungen, wie unweise Betrachtung lust- oder
haßerregender Objekte usw. Die Vergehensfaktoren sind die Bedingungen
für das Nichtauftreten oder Schwinden der Hemmungen, wie die Betrachtung der Körperunreinheit, die Entfaltung der Güte usw.

67 *Die Gruppen des Anhangens (upādānakkhandha)* bilden die sogen. Persönlichkeit, und da sie auch die jeweilige Objektwelt des betreffenden
Lebewesens einschließen, umfassen sie auch die gesamte jeweils gegebene
«Welt» (s. Anm. 43) und können daher auch als Daseinsgruppen bezeichnet werden. Das Anhangen *(upādāna)* an ihnen hält den Daseinskreislauf
von Geburt, Sterben und Wiedergeburt im Gange. Diese Gruppen sind
keine für sich existierenden Realitäten, sondern sind begriffliche Klassi-
fizierungen der jeweiligen körperlichen und geistigen Vorgänge.

68 Die Entstehungsfaktoren für die Gruppe ‹Körperlichkeit› sind die für die
Körperhaltungen gegebenen (Anm. 51); für die Gruppen ‹Gefühl›, ‹Wahrnehmung› und ‹geistige Gestaltungen›, wie in Anm. 55; für ‹Bewußtsein›,
wie in Anm. 63.

69 Die zehn Fesseln *(saṁyojana)* sind: 1. Persönlichkeitsglauben, 2. Zweifel-
sucht, 3. Hang an Regeln und Riten, 4. Sinnengier, 5. Haß, 6. Begehren
nach feinkörperlichem Dasein, 7. Begehren nach unkörperlichem Dasein,
8. Dünkel, 9. Unruhe, 10. Nichtwissen.

70 Die Entstehens- und Vergehensfaktoren der zehn körperlichen Sinnengrundlagen sind die gleichen wie in Anm. 51; für die Geist-Grundlage wie
in Anm. 63; für die Geistobjekt-Grundlage wie in Anm. 55.

71 *Lehr-Ergründung* ist eine häufig gewählte Übersetzung für *dhamma-vicaya.*
Den alten Kommentaren zufolge, bedeutet jedoch hier das Wort *dhamma*
nicht die Lehre des Buddha, sondern die körperlichen und geistigen Vor-

gänge *(rūpa-* und *nāma-dhammā)*, wie sie durch das erste Erleuchtungsglied, die Achtsamkeit, erfaßt werden. In diesem wahrscheinlich hier gemeinten Sinne kann der Begriff wiedergegeben werden mit ‹Ergründung der Daseinsfaktoren› oder ‹Wirklichkeitsergründung›.

72 Die Entstehens- und Vergehensfaktoren sind hier die Bedingungen für das Entstehen und Schwinden der jeweiligen Erleuchtungsglieder.

73 Zusätzlich zur üblichen Erklärung der ‹Wahrheit von der Leidensentstehung› im ersten Abschnitt wird hier, in dieser längeren Fassung der Lehrrede, aufgezeigt, wie das Begehren entsteht aus den für begehrenswert gehaltenen sechs Wahrnehmungsarten und den sich daran anknüpfenden geistigen Funktionen. Nur wenn man die Entstehung des Begehrens in den konkreten Einzelfällen kennt und sie genau beobachtet, kann man sein Entstehen vermeiden oder sein Anwachsen verhindern. Diese Textstelle mag als Illustrierung dienen zum Abschnitt der Lehrrede von den sechs Sinnengrundlagen und insbesondere zu den Worten: «Welche Fessel durch diese beiden (z. B. Auge und Sehobjekte) bedingt entsteht, auch diese kennt er. Wie es zur Entstehung der noch nicht entstandenen Fessel kommt, auch dies kennt er». Diese Erklärung der zweiten Wahrheit veranschaulichen auch die Textworte «Die Dinge in ihrem Entstehen betrachtend . . . ».

74 Die Wahrheit von der Leidensaufhebung wird hier gleichfalls auf die Einzelerfahrung zurückgeführt. Man kann die zeitweise Aufhebung des Begehrens erfahren, wenn man sein Entstehen mit Achtsamkeit beobachtet. Denn, wenn Reines Beobachten da ist, hat das Begehren keinen Raum; es kann nicht mit solcher Achtsamkeit gleichzeitig bestehen. Dieser Abschnitt illustriert die Textstellen: «Wie es zum Aufheben der (aus den Sinnengrundlagen) entstandenen Fesseln kommt, auch dies kennt er», und «Die Dinge in ihrem Vergehen betrachtend». – Wiederholte Erfahrung darin, wie Begehren in Einzelfällen schwindet oder zum Schwinden gebracht werden kann, gibt eine Vorahnung der endgültigen Aufhebung jeglichen Begehrens und wird die Überzeugung stärken, daß ein solches Ziel erreichbar ist.

75 Die Entstehens- und Vergehensfaktoren der Wahrheiten sind zu verstehen als Entstehen und Schwinden von Leiden und Begehren sowie als diejenigen Bedingungen, die das Beschreiten des Edlen achtfachen Pfades entweder fördern oder hindern. Die dritte Wahrheit ist hier nicht eingeschlossen, da es für Nibbāna weder Entstehen noch Vergehen gibt.

76 Die *höchste Erkenntnis (aññā)* ist das Wissen von der erreichten endgültigen Befreiung auf der Stufe der Heiligkeit *(arahatta)*.

77 *Nichtwiederkehr (anāgāmitā)* ist die dritte der vier Heiligkeitsstufen, wo keine Wiederkehr zur Sinnenwelt mehr erfolgt. Ein Nichtwiederkehrer wird nur noch einmal in einer hohen Götterwelt, den Reinen Gefilden *(suddhāvāsa)* wiedergeboren und erreicht dort die volle Heiligkeit, d. i. Nibbāna.

Alle Buchtitel, die unter dem Verlag Christiani Konstanz angeführt werden, sind jetzt beim Verlag Beyerlein & Steinschulte erhältlich

REGISTER

VERLAGSPROGRAMM

Der Ehrwürdige Nyānaponika als Autor

Kommentar zur Lehrrede von den Grundlagen der Achtsamkeit. Mit Subkommentar in Auswahl übersetzt. 151 Seiten. DM 15,80.

Im Lichte des Dhamma. Buddhistische Texte. Herausgegeben von Kurt Onken. 294 Seiten. DM 34,80.

Der einzige Weg. Buddhistische Texte zur Geistesschulung in rechter Achtsamkeit. Aus dem Pāli und Sanskrit übersetzt und erläutert. 144 Seiten. DM 16,80.

Die Wurzeln von Gut und Böse. Aus dem Pali übersetzt, kommentiert und eingeleitet. 146 Seiten. DM 17,80.

Der Ehrwürdige Nyānaponika als Herausgeber

Das Wort des Buddha. Eine systematische Übersicht der Lehre des Buddha. Ausgewählt, übersetzt und erläutert von Nyānatiloka. 118 Seiten. DM 15,80.

Buddhistisches Wörterbuch. Kurzgefaßtes Handbuch der buddhistischen Lehren und Begriffe von Nyānatiloka. 200 Seiten. DM 24,80.

Der Weg zur Erlösung. In den Worten der buddhistischen Urschriften. Ausgewählt und erläutert von Nyānatiloka. 268 Seiten. DM 21,80.

Die Lehrreden des Buddha

Die Lehrreden des Buddha und die Aussagen seiner zeitgenössischen Mönche und Nonnen sind die genaueste Überlieferung der Lehre des Erwachten. Sie bilden das Fundament aller buddhistischen Schulen. Wer zu einem tieferen Verständnis der Lehre des Buddha kommen will, sollte diese Texte studieren. Hier findet sich die klarste Quelle der Wahrheit, wie sie nur ein aus dem Wahne Erwachter darzulegen vermag.

Die Reden des Buddha. **Mittlere Sammlung.** Übersetzt von K.E. Neumann.
Die wohl wichtigste Lehrredensammlung überhaupt.
1200 Seiten Leinen. ISBN 3-931095-00-2. DM 98,–.

Die Reden des Buddha. **Längere Sammlung.** Übersetzt von K.E. Neumann.
Enthält einige der umfangreichsten und schönsten Lehrreden. Der Kommentarteil Neumanns in diesem Band ist eine herausragende Arbeit, die dem Leser einen riesigen Schatz von Aussagen Weiser und Mystiker aller Zeiten, besonders der christlichen Mystiker darreicht, die ihresgleichen sucht.
1063 Seiten, Leinen. ISBN 3-931095-15-0. DM 98,–.

Die Reden des Buddha. **Gruppierte Sammlung.** Aus dem Palikanon übersetzt von Wilhelm Geiger, Nyānaponika Mahāthera, Helmut Hecker. Erste deutschsprachige Gesamtausgabe.
Nach Themen der einzelnen Lehraussagen geordnet und daher besonders als Studiengrundlage geeignet. Diese Sammlung wurde auf dem 1. Konzil vom Kreise um Mahā Kassapo geordnet. Vorwiegend auf die Ruhe zugeschnitten, auf Meditationen. Bemerkenswert sind die besonders vielen symbolischen Gleichnisse. Von Mahā Kassapo leitet sich der Schauungs (Zen)-Buddhismus ab.
1480 Seiten, Leinen. ISBN 3-931095-16-9. DM 158,–.

UDANA. **Verse zum Aufatmen.**
Lehrtexte aus der Kürzeren Sammlung und anderen Werken des Palikanons. Übersetzt von Fritz Schäfer.
Udana heißt eine kurze Sammlung von ältesten und zentralen Aussagen des Buddha, meist in prägnanten Versen und von einem Bericht (sutta) über ihren Anlaß begleitet. Sie gehört zum „Dreikorb" (tipitaka), der ältesten Quelle der Lehre des Buddha.
300 Seiten, Paperback. ISBN 3-931095-17-7. DM 28,–.

Sutta Nipāta. **Frühbuddhistische Lehrdichtungen,** mit Auszügen aus den alten Kommentaren. Übersetzt, eingeleitet und erläutert von Nyānaponika. Hier werden die Lehraussagen des Buddha in konzentrierter Gedichtform dargeboten, die in ihrer Fülle an Schönem und Wahrem wohl einmalig sind.
400 Seiten, Paperback. ISBN 3-931095-06-1. DM 27,80.

WEITERE TITEL

Buddhismus und Kunst. Religion und Kunst im Lichte des Buddhismus. Von Hellmuth Hecker. Das buddhistische Kunstwerk. Von Karl Eugen Neumann. 136 Seiten. DM 12,80.

Wirklichkeit und Erlösung. Eine Welt- und Inschau im Geiste des Buddha. Von Max Ladner. 211 Seiten. DM 12,80.

Zur Erkenntnis geneigt. Eine Festschrift zum 85. Geburtstag des Ehrwürdigen Nyānaponika. Mit Beiträgen verschiedener Autoren. Herausgegeben von Kurt Onken. 224 Seiten. DM 29,80.

Bestellungen direkt an den Verlag oder bei jeder Buchhandlung.

VERLAG BEYERLEIN & STEINSCHULTE
Herrnschrot · D-95236 Stammbach
Tel. 0 92 56 / 4 60 · Fax 0 92 56 / 83 01